Published by Dream House Press
P.O. Box 13211, Coyote, CA 95013
Published in San Jose, CA, U.S.A.
E-mail: dreamhousepress@yahoo.com
Phone: (408) 274-4574
Fax: (408) 274-0786

ISBN: 0-967 1555-3-3

Library of Congress Control Number: 2001119692

Printed in Canada
Publication date: August 2002

Edited by
Victor M. Moreno
Arlette Ibarra
Angel Ramiro Montes de Oca

Cover Illustration and Production by
Hiram Duran Alvarez
Alvarez Design & Illustration
CasaRaza@pacbell.net

Sueños Del Del Lado Este

Por

Art Rodriquez

Dream House

Dedicatoria

Dedico este libro a mi primo Ramiro Montes de Oca, quien vive en Venustiano Carranza, Chiapas, México. Le agradezco todo su duro trabajo al hacer la traducción de "East Side Dreams" a "Sueños del Lado Este". Su trabajo será apreciado por todos los que lo lean y especialmente por mí. Le agradezco su amor y su hospitalidad cuando me recibe en su casa de Venustiano Carranza.

Reconocimientos

Quisera disculparme con algunas personas que hayan sido afectados en forma negativa o hayan sufrido alguna pena como resultado de mis acciones negativas durante mi juventud.

Para aquellos miembros de mi querida familia y a mis amigos, que han dejado de existir; con el reconocimiento de que ellos vivrán siempre en mi mente y en mi corazón.

Índice

PRÓLOGO DE LA TRADUCCIÓN EN ESPAÑOL

Le ofrecí a Art Rodríguez traducir "East Side Dreams" (Sueños del Lado Este) porque sentí la satisfacción de poder contar en español una historia que es una mescolanza.

Conforme leía "Sueños del Lado Este" y acompañaba a Art en el desarrollo de la historia de su vida, pasaba de un asombro a otro y al mismo tiempo me daba cuenta de que la línea que divide lo correcto de lo incorrecto puede ser casi invisible para los adolescentes... por lo mismo no la pueden ver con claridad, porque el joven más que con razón a veces se deja llevar por los instintos.

Esa etapa del crecimiento en que uno cree que las reglas y las normas impuestas chocan con la libertad. Robar un auto o una botella de licor más que delinquir parece un acto emocionante al que se atreven los valientes. Error que cometen los jóvenes que los lleva a alejarse de la sociedad y a recibir en pago de sus acciones: la corrección en la cárcel juvenil.

Aunque el joven ve esta experiencia como un reto, un sentimiento de amargura se va metiendo en su corazón y entonces los recuerdos de la familia y las buenas cosas de la vida comienzan a remorder la conciencia, para el que la tiene; para el que no, su corazón se va volviendo duro y sus sentimientos nobles, bondadosos y éticos van desapareciendo, convirtiéndose en hombres rudos con poco aprecio por la vida de los demás y la suya.

Ese es el mundo que explora Art, el de la libertad de las calles de la ciudad y el compañerismo de los amigos que buscan la emoción de la vida sin medir las consecuencias de sus actos, un mundo atractivo que lo llama a disfrutar del placer y la libertad sin freno; mientras crece en una familia que dicta normas estrictas que se deben cumplir diariamente, con un padre intolerante que piensa que educar es sinónimo de domar y que cada vez que puede usa el látigo de cuero creando en sus hijos resentimientos y que estos, al sentirse impotentes de enfrentar la autoridad paternal, se revelan a la autoridad del estado. En este enfrentamiento normalmente los jóvenes sacan la peor parte, porque el estado tiene medios drásticos para apartarlos de la sociedad, que para este punto ya no los tolera. Entonces la vida se pierde en una jaula, en una prisión. La vida que pudo ser buena, se reduce tratar de sobrevivir entre individuos rudos y poco amables.

Art Rodríguez nos cuenta la historia de su vida con gracia. Una historia fácil de leer y asombrosa, en la que la circunstancia parece adueñarse de las personas... Un deslizamiento a un mundo oscuro que parece no tener salida, al mismo tiempo que nos cuenta cómo su pueblo, San José, se transformaba y los entornos rurales se convierten en suburbanos.

Son muchos los jóvenes que truncan sus carreras, Art pudo haber sido uno de ellos. Un destino incierto se apoderaba de él y parecía no encontrar la iluminación, sus ojos no podían ver con claridad el futuro.

Sin embargo, aunque Art vive una vida emocionante y peligrosa que lo lleva a la cárcel juvenil y ahora tiene un pasado criminal, tiene el impulso para corregirse. Se enfrenta con una personalidad ruda y explosiva y con una fuerza interior que lo sujeta a sus malos hábitos: la borrachera y la drogadicción; pero por medio de una llamita interior que nunca se apagó en su alma, con lo rescatable de su formación familiar, su ética y su calidad humana, reúne el coraje para volver a lo que debió haber sido y sin culpar a otros de su situación se convierte en un individuo exitoso en los negocios; junto a Flora, su esposa, crían una buena familia, después de un primer intento fallido y el hombre renovado se convierte en un individuo maduro, bondadoso, útil y compasivo.

Esta historia es como un grito de advertencia dirigida a los jóvenes con el propósito de que hagan un alto en su camino y miren en forma anticipada adónde pueden ir a parar si no corrigen a tiempo sus acciones y si no dejan el tipo de vida que los puede llevar a la destrucción. La historia también es para los adultos como una muestra de que existen alternativas para la vida cuando todo parece oscuridad.

Al margen y sin pretensiones estos individuos mestizos, entre mexicanos y americanos, han creado una nueva cultura que no es mexicana ni americana: es una mezcla que enriquece a ambas; una cultura creada por ellos en la que se sienten a gusto para vivir, con sus propios valores, códigos de honor, nombres exóticos, e impulsos que se van consolidando en las generaciones de inmigrantes en los Estados Unidos. Con esta cultura han adquirido una identidad propia: La Cultura Chicana.

Angel Ramiro Montes de Oca
Provincia De Llanos
Chiapas, México
Octubre 2001

Capítulo Uno

EL PEOR DIA DE MI VIDA

Era el 8 de Abril de 1966. Tenía dieciséis años y mis padres ya se habían divorciado. Tita y Víctor, mis hermanos pequeños, jugaban en casa. ¿Mi actividad de fin de semana? Pasear con mis amigos por el vecindario. A veces salía con Eddie, mi hermano, quien es dos años mayor que yo. En la década de los años sesenta no era fácil que jóvenes como nosotros dispusiéramos de un auto para pasear, pero siempre lo deseábamos, especialmente los fines de semana cuando íbamos a los barrios vecinos buscando cómo divertirnos en las fiestas o en los bailes, si no lo conseguíamos teníamos que caminar mucho. Entonces alguien pedía un carro prestado o lo tomaba sin permiso; eso es lo que yo hice en muchas veces.

Ocasionalmente manejaba el CHEVY 56 de mi madre. Aún hoy cuando veo alguno de los amigos que me conocieron ellos suelen decirme: -Recuerdo tu CHEVY del 56-. Solía acompañar a mi mamá a la tienda y le decía -Vuelvo por ti.- Daba una vuelta en el CHEVY y no regresaba hasta tres horas después. Cuando regresaba, ella enfadada me preguntaba por qué me había tomado tanto tiempo volver... y yo le respondía -Mamá, tú sabes que largas son las líneas de carros que se forman en el "PINK ELEFANT" (elefante rosa)-. Ella me miraba de tal forma como si no supiera si le estaba mintiendo o no. El Pink Elephant era una pequeña plaza de tiendas familiares sobre King Road (camino del rey) en Virginia Place (lugar de Virginia) en el lado este de San José.

Ese día de primavera 'Redhead' vino a casa a buscar a mi hermano Eddie. Redhead era un amigo de mucho tiempo al que nosotros pusimos el apodo de cabeza colorada a causa de su cabello rojo. Le dije a Redhead que mi hermano Eddie había salido con Robert, y que no sabía si regresaría pronto. Entonces, Redhead me

1

dijo que regresaría más tarde. Cuando se iba, volteó y me preguntó si quería salir con él.

-Seguro- le contesté entusiasmado, y luego le pregunté "¿Cuándo?"

-En un par de horas- contestó, y agregó- Tengo que atender algunos asuntos. Regreso por ti, y averiguaremos juntos donde divertirnos.

-De acuerdo- le dije y luego pensé "¡Es tiempo de fiesta!" Estaba emocionado. Los muchachos mayores no me invitaban a menudo a salir con ellos. Una vez Eddie, me invitó a salir con sus amigos, pero nunca antes había salido con ellos solo. Cuando tienes dieciséis años y tu hermano tiene dieciocho, ¡Hay una gran diferencia! Me mantuve expectante en la ventana para ver cuando Redhead llegara. Y le dije a mi hermana que me avisara si lo veía aparecer.

Cuando Tita tenía catorce, manteníamos una relación muy cercana y pasábamos el tiempo con los mismos amigos; bajando un poco en la calle visitábamos la casa de las muchachas López. En la vecindad de las López, vivía mi amigo Dennis, y del otro lado de la casa de la familia López vivía mi otro amigo Art.

Estaba en el año previo de terminar la High School (preparatoria); y justamente había empezado una semana antes un trabajo de tiempo parcial ayudando al conserje de la escuela limpiando salones en Mayfair School (escuela Mayfair). Mi desempeño como estudiante era desastroso; mi mente se mantenía ocupada en otros asuntos que yo creía más emocionantes.

-Arturo- dijo Tita de pronto -tu amigo Redhead está aquí.

Fui a la cocina, donde mi madre se afanaba preparando la comida, le di un beso y le dije -Adiós mamá, te veo más tarde.

-O.K., m'ijo (mi hijo) te veo más tarde. Pórtate bien.

¡Qué poco sabía mi madre acerca de la bondad de su hijo!... Nosotros éramos pequeños delincuentes en las calles.

A causa del divorcio, mi padre había dejado la casa y se había regresado a México. Las noticias que nos llegaban de él eran esporádicas y el reflejo de la imagen paterna se perdía.

Ese día, aún no se terminaba la tarde, serían las cinco o las seis. Corrí hacia el carro y me metí saludando a Redhead -Hey, hombre, ¿Cómo te va?

-Bien- contestó Red, mientras retrocedía el auto para salir de la calle privada, luego agregó -¿Eddie, aún no regresa?

-No. Hoy no he sabido de él. No sé a dónde fue,- le dije a Red.

Redhead me dijo que no sabía donde encontrar a los otros amigos -Pero no te preocupes, encontraremos algo en que divertirnos-agregó para consolarme.

Conforme íbamos sobre Virginia Place, tuve un extraño presentimiento. ¿De qué?. No lo sabía. Un sentimiento extraño me decía que las cosas no iban bien. En la siguiente cuadra, nos dirgimos a la casa de mi amigo Art. Vi a Art y a Dennis platicando en el jardín frontal. Redhead bajó la marcha del auto, con el fin de atraer su atención. Art y Dennis voltearon, me vieron, y me saludaron agitando el brazo. Tuve el impulso de decirle a Redhead que renunciaba al paseo a causa del extraño sentimiento que tenía, pero en la confusión me quedé callado. No dije nada.

Cuando yo andaba con los más jóvenes nos gustaba mirar los pleitos callejeros. Cuando andaba con los mayores, buscábamos con quien armar una gran pelea, sin importar que los otros fueran mayores que nosotros.

Conforme avanzábamos sobre King Road, Redhead me dijo que quería vender su auto. Le pregunté cuánto quería por él.

-Cien dólares- me contestó.

-¡Vendido!- le dije emocionado. Yo no tenía dinero, pero le pregunté si podía esperarme por dos semanas. Con mi nuevo trabajo, tendría suficiente dinero para pagarle.

Fuimos a la casa de otro amigo y compramos cervezas. Durante tres horas, anduvimos por el pueblo mientras consumíamos las cervezas. Luego, paramos en la casa de otro amigo y compramos marihuana, que enrollamos formando tres rollitos que semejaban cigarros.Redhead prendió uno, y yo prendí el otro. Recuerdo que el efecto fue tan fuerte que no podía pensar correctamente y mi visión de líneas rectas ondulaba. Nos guardamos el otro para fumarlo después.

Anduvimos dando vueltas por el pueblo, mientras el efecto de la "hierba" se potencializaba por el consumo continuo de las cervezas. En ese tiempo, si los policías te sorprendían con cervezas, no había mucho de que preocuparse. Ellos te pedían que la tiraras y te dejaban ir. Sin embargo, si te encontraban marihuana, entonces de seguro ibas a prisión.

Capítulo Dos

DERRAMANDO LA CERVEZA

Pensando en aquellas épocas; recuerdo una vez que unos amigos y yo andábamos paseando por el pueblo. Decidimos comprar dos cajas de cervezas, y luego nos fuimos a las colinas. Aparcamos en un lugar quieto y apacible desde donde podíamos ver los destellos de las luces del pueblo de San José. Prendimos el aparato reproductor de cintas de ocho tracks y cada uno de los cuatro amigos abrió una cerveza, mientras disfrutábamos de la compañía y del paisaje oscuro con destellos de luces.

Habíamos estado ahí como una hora contando historias acerca de nuestras viejas amigas y hablando de nuestros grandes pleitos callejeros. De repente, saliendo de la oscuridad, unos resplandores de luces dirigidos a nosotros, nos deslumbraron. Parecía como si la noche se hubiera convertido en día. Al principio creí que era un OVNI que volaba sobre nosotros. Sorprendidos, vimos tres siluetas difusas que se acercaban a nosotros viniendo desde las luces. Entonces pensé -"¡¿Qué es esto?!"

La puerta se abrió del otro lado, y escuché una voz decir -¡Muchachos, salgan del auto!

Tres autos de la policía se arrimaron hasta nosotros deslumbrándonos más con sus luces. Obedecimos la orden y salimos del automóvil.

La calle en la que estábamos, era una que provenía del pueblo y se prolongaba hasta el Monte Hamilton, justo donde uno se da vuelta para regresar al pueblo. Algunas calles son construídas para comunicar las casas; sin embargo, en esa época ahí no había ninguna casa. Uno de los policías era el más rudo. Apuntándonos con un bastón nos dijo -Muchachos, colóquense en línea y tengan a mano sus identificaciones. Ninguno dijo nada. Habíamos ido a la colina a tomar cervezas y a disfrutar del paisaje, no molestábamos a nadie y de repente la policía rompía el encanto.

El tercer policía se había quedado observándonos con unos ojos que demostraban inexperiencia en su mirada. Pensé, que tal vez era un policía novato aprendiendo el trabajo. Mientras nosotros éramos revisados, el policía y el novato inspeccionaban el auto. Había cervezas por todos lados. Después que inspeccionaron vinieron hasta nosotros. El policía rudo nos preguntó en un modo sarcástico -¿Dónde consiguieron el dinero para comprar las cervezas?

Enfrenté al policía, y le dije -Oficial, nosotros trabajamos.

Yo sabía lo que él quería escuchar y eso fue lo que le dije; yo creo que esto me ayudó mucho cuando iba creciendo en las calles de San José. Tenía algunos amigos que trataron de pasarse de listos con los policías, y los policías siempre encontraron algún motivo para arrestarlos. Yo siempre sabía que decirle a los policías.

El policía rudo, se arrimó a cada uno de nosotros observando las identificaciones, y lanzándonos puyas verbales que presagiaban mal tiempo. Noté que el otro policía movía la cabeza como si estuviera pensando -¡Oh, HERMANO! ¿Qué está haciendo este tipo?

Entonces el policía rudo le dijo al otro -Está bien, vamos a investigar a estos muchachos- Y se dirigieron a sus autos; cuando iban a medio camino, se dio la vuelta y le gritó al policía novato -¡Asegúrate de que tiren toda la cerveza!

El policía le respondió -¡Hecho!- Entonces, nos dijo -Ya escucharon al hombre. Traigan esas dos cajas de cervezas y síganme.

En frente de donde habíamos estacionado el auto, había una peña escarpada. El policía se detuvo frente a nosotros y mirando hacia la peña nos ordenó -De acuerdo, muchachos, tiren la cerveza ahí.

Como yo traía la primera caja de cervezas, le pregunté -¿La aventamos ahí?

El me miró y luego dijo -¡Eso es lo que dije!- Entonces, empujé la caja sobre el terreno escarpado y mi amigo hizo lo mismo con la de él. Aunque estaba oscuro y no podíamos ver sobre la roca, me di cuenta que las cajas se deslizaron en la ladera como un metro y se detuvieron sin romperse y sin derramarse.

Una vez que hicimos lo indicado nos fuimos al carro a esperar que el otro policía checara con su radio nuestras identificaciones. Uno de los policías nos dijo que cuando dejáramos la colina, nos fuéramos a casa para evitar meternos en problemas. El policía que checó las identificaciones comenzó a devolvérnoslas; él dijo que todo estaba bien. Y nos dijo que nos mantuviéramos alejados de los problemas porque él no quería volvernos a ver esa noche.

-¡Vámonos!- les dijo a los otros policías. Conforme se iban, el policía rudo le preguntó al otro policía si habíamos tirado toda la cerveza. -Seguro que lo hicieron respondió-. Entonces, volteó y mirándonos en una intermitencia de parpadeos nos dijo -¡Muchachos, cuídense!

En la actualidad no hay muchos policías como aquel. Recogimos de nuevo las cajas de cervezas y mientras disfrutábamos del paisaje nos tomamos toda la cerveza, antes de irnos a casa.

◆◆◆

Conforme Redhead y yo paseábamos por el pueblo, buscamos al último de nuestros amigos. Pasamos por la casa de Robert. No lo encontramos. Volvimos a la casa en una hora. Vimos a Tino que iba en la calzada en su nuevo GTO de 1966. Con él iban mi hermano Eddie, Robert, Roy, Art J. y Tino, Redehead y yo nos regresamos para alcanzarlos y al emparejarnos abrimos las ventanas para disfrutar la música mientras platicábamos.

Parecía como que íbamos a pasar una noche agradable, recuerdo haber pensado en que esa noche todo marchaba bien, mientras nos emborrachábamos sin molestar a nadie. Repentinamente, y saliendo de quién sabe dónde, apareció un auto justo donde las dos calles se juntan. Todos volteamos a ver quien era. El carro se detuvo enfrente de la calzada, cuatro tipos iban en el auto. Uno de ellos, tenía sangre en la frente; era Ceasar. Él había estado en una pelea en una fiesta, y los otros lo habían sacado. Ceasar estaba muy molesto. Ceasar había tratado de mantenerse alejado de los problemas; recientemente, había sido liberado de la prisión. Alguien dijo que él había sido apresado por herir a algunos tipos, abriéndoles la cabeza con un machete. Otro de los que venían con Ceasar era Isaac, el hermano menor de Ceasar; el otro tipo, era Steve.

Capítulo Tres

EL CUCHILLO OSCILANTE

Ceasar tenía dos amigos: Noah e Indio, por quienes yo tenía un sentimiento de antipatía. Noah era muy amigo de mi hermana. Siempre que vi a Indio lo encontraba con sus amigos, en un grupito como de diez tipos. El sentimiento era recíproco porque Indio me miraba con dureza y levantaba el mentón con altivez y movía la cabeza en señal de disgusto. Dos veces lo detuve y le dije que había notado que se respaldaba en sus amigos; le dije que no me gustaba y que estaba consciente que yo no le caí bien. Agregué que algún día lo atraparía solo. Ambas veces que le hablé creí que él intentaría darme un golpe sorpresivo. Yo estaba listo, aunque sabía que sus amigos podían lanzarse sobre mí. Yo había escuchado que él había herido a dos personas, por lo que no era buena idea pelear con él cuando estaba rodeado de sus compañeros.

Un día Eddie y yo íbamos a algún lado con los gemelos Rudy y Joe. Pasamos por la casa donde los muchachos de Virginia Place se reunían, a unas cuantas casas de King Road. Serían como las 9 ó 10 de la noche. Noté que Indio estaba afuera husmeando enfrente del porche.

-Joe, ¡Detente!, Aquí hay un tipo al que he querido atrapar.- le dije.

Nos detuvimos dos casas adelante y salimos del carro. Los gemelos permanecieron atrás mientras nos dirigíamos al frente de la casa.

-¿Cuál es?- preguntó Eddie.

Lo señalé apuntando con la mano. Eddie iba exactamente detrás de mí, mientras caminaba rumbo a la casa. Cuando me acercaba,

Indio me vió.

-Órale ésse- dijo Indio en el momento en que yo movía el lado derecho de mi cuerpo para tomar impulso. Con toda mi fuerza le tiré un golpe con el propósito de noquearlo. Conforme mi puño se aproximaba a su cara intentó moverse, pero él no pudo hacerlo lo suficientemente rápido. Lo golpeé con tal fuerza que sentí como si sus pies se habían levantado del pasto. Voló por el aire y fue a caer como un muñeco. Tan pronto como cayó al suelo, me lancé sobre él golpeándolo repetidamente con el propósito de que no pudiera pararse. Entonces, la puerta de la casa se abrió.

Noah saltó desde el porche hacia mí. Antes de que él pudiera alcanzarme, Eddie estaba sobre él. Luego otros tipos salieron de la casa. Yo sabía que Indio no iba a poder pararse, por lo que lo dejé y comencé a golpear al otro tipo que había salido. ¡Una derecha! ¡Una izquierda! ¡Derecha! ¡Izquierda! El individuo cayó. Luego me arrimé a Noah y Eddie.

¡Había un cuchillo oscilante!... Comencé a golpear a Noah en la cara tan fuerte como pude. Una de las veces que le pegué, sentí un dolor punzante del lado derecho de la cintura, yo no sabía por qué. Noah estaba cubierto de su propia sangre e Indio yacía en el suelo noqueado. El dolor punzante que sentí fue el de la punta del cuchillo cuando hería mi cintura.

Ceasar corrió hacia el porche y llegó a donde estábamos, no sabiendo qué hacer. -Hey, hombre- gritó -¿Qué pasa? ¡Detente, hombre! ¡Cálmate! Hey, hombre, ¡DETENTE! ¡DETENTE!- Ceasar gritaba mientras se acercaba a nosotros y miraba asombrado a sus amigos tirados en el piso. Ceasar nos pedía que nos fuéramos.

Yo había hecho lo que me había propuesto; así que le dije -De acuerdo, hombre. De acuerdo. Nos vamos de aquí.

Indio era un tipo grande y delgado, Noah era de tamaño medio, pero grueso. Eddie era alto; pero delgado. Yo medía como un metro setenta y siete centímetros y de musculatura media. Ceasar era chaparro, pero era un tipo muy peligroso. Tenía una pésima reputación. Nadie interfería en sus asuntos, y nadie quería tener problemas con él.

Dos de sus amigos llevaron a Noah al hospital inmediatamente.

Al siguiente día, Tita estaba enojada con Eddie y conmigo por lo que le hicimos a su novio. Noah estuvo en el hospital un tiempo; alguien dijo que por poco se muere.

◆ ◆ ◆

Nosotros no sabíamos quién era Ceasar cuando fuimos a la casa de

Robert. El no era un amigo cercano de nosotros. Al pasar los años nos enteramos de que él era uno de los tipos del lado Este de San José.

En el carro de Ceasar, venía Steve, Isaac el hermano pequeño de Ceasar y Phillip. Ceasar sabía que nosotros éramos peleoneros y él nos necesitaba. Aparcaron el auto en la esquina de la calzada, mientras dejaban el motor encendido... Las puertas se abrieron y los cuatro se dirigieron a donde estábamos nosotros. Ceasar no se había limpiado la sangre de la cabeza y ésta comenzaba a secarse.

Ceasar se acercó al auto y respirando agitadamente dijo -¡Hey, amigos! ¡Necesito su ayuda! ¡Necesito ayuda para el lado Este!- Luego nos explicó que él había sido corrido de una fiesta porque era del lado Este. En aquellos días eran frecuentes las peleas entre los muchachos del lado Oeste con los del lado Este de San José.

Cada uno de nosotros volteó a ver al que tenía a un lado, y nos preguntábamos "¿Deberíamos ayudarle?" Ninguno de nosotros quería ir realmente. Por una cosa, no simpatizábamos con Ceasar y sus amigos. Y esa noche en especial no parecía ser una buena noche para las peleas. Sin embargo, Ahí estaba yo, un jovencito en el asiento de atrás, sobrecargado de marihuana y cerveza y queriendo ir a hacer algo esa noche.

-¡Vamos, hombres! ¡Vamos a ayudarles!- dije.

Alguien replicó -No me convence.

-¡Vamos!- grité de nuevo emocionado.

-¡Vamos, amigos! ¡Ustedes deberían ayudarnos!

Entonces alguien más dijo -¡Vamos a hacerlo! Amigos, ¡Por el lado Este!

-De acuerdo, vamos- dijeron los otros.

Antes de irnos, elaboramos un plan: Eddie mi hermano, Robert, Tino y Fred, irían en el GTO. Ellos llegarían primero, tratarían de entrar a la fiesta y estarían dentro cuando nosotros llegáramos. Cuando los muchachos de la fiesta vieran llegar a Ceasar acompañado de sus amigos del lado Este, entonces empezarían la pelea de nuevo. Este plan permitiría que nuestros amigos nos apoyaran iniciando otra pelea adentro.

La mayoría de los planes no funcionan de la forma en que uno se lo propone. Ceasar, su hermano Isaac, Steve y Phil iban en el primer carro; Redhead y yo en el otro carro siguiéndolos. El GTO venía detrás de nosotros. De camino a la fiesta, perdimos al GTO; Ceasar les había dado la dirección, ellos sabrían cómo llegar; Ceasar se mantuvo viendo hacia atrás asegurándose de que Red y yo lo siguiéramos. Ceasar se notaba hiperactivo moviéndose y volteando a ver continuamente. Nosotros ignorábamos contra quiénes habríamos de pelear. Ésto era una costumbre que se repetía todos los fines de semana, cada sábado peleábamos con alguien. Mientras íbamos al lugar de la fiesta, pensé -Uno de estos días vamos a matar a alguien; entonces, ¿Qué vamos a hacer? ¿Qué sería, entonces, de nuestras vidas?

Cuando pasamos por la KLIV, la estación de radio, admiré la enorme antena y sus luces rojas. Story Road (camino de historia), se convierte en Keyes Street (calle Keyes) de repente. Para entonces, se me había aclarado un poco la mente y no me sentía tan borracho como antes. Nos acercábamos al lugar. Estábamos cerca de Happy Hollow Park (parque llamado Happy Hollow).

Me encontraba reflexionando y anticipándome tratando de imaginar con quiénes nos encontraríamos en la fiesta. "¿Los conoceríamos?" Si los conocíamos, tal vez no pelearíamos con ellos. Ésto me molestaba porque yo ya había consentido en que tendríamos diversión y pleito. Aquellos muchachos de seguro no eran muy buenos individuos. Ellos eran peleadores callejeros como nosotros. Ellos patearon a Ceasar y a su hermano y todo porque eran del lado Este.

Cuando eres joven y tonto como era yo, no piensas en las consecuencias de tus actos. Cuando pienso en los sucesos de esa noche, recapacito "Ni siquiera conocía bien a Ceasar para dar mi vida por él ¿y qué si matábamos a alguien? ¿Para qué? ¿Por alguien que ni siquiera conocía? ¿Por una causa que ni siquiera era noble?"

Capítulo Cuatro

La gran pelea

Recordando 1966, Story Road era como una carretera vecinal como lo eran Senter Road y Keyes Street. Sobre Keyes y Senter, había casas que parecían pequeñas cabañas. Como seis en el lado norte de Keyes street. Del lado oeste de las casitas y en la vecindad había un viejo bar. Cerca de ese bar había algunas vías del tren. Cuando llegamos, cruzamos entre las vías y el bar. Aparcamos y bajamos de los automóviles.

Todos fuimos hasta donde el carro de Ceasar estaba y nos arrimamos a la cajuela abierta. Yo tomé una gran barra; otro agarró un gato mecánico. Alguien más tomó un rin. Tan pronto como todos estuvimos armados cerramos la cajuela.

-¡Vamos a terminar ésto!- dijo Ceasar.

El se encaminó por la banqueta rumbo al bar. La puerta del bar estaba abierta, yo pude ver a varios individuos sentados en bancos y tomando.

Dejamos el bar, y más adelante el escenario se presentaba en completa oscuridad y en silencio. Observé a Ceasar y no pude distinguir que llevaba en las manos.

Caminábamos en silencio. Parecía como si hubiésemos saltado de repente a un mundo asombroso y atractivo que producía espanto. Me preguntaba si los individuos que pretendíamos atacar, estarían alertados y estarían esperándonos para emboscarnos. Busqué a los que venían en el GTO, pero no había señales de ellos aún.

Ceasar estaba enojado y ansioso de sangre, porque estos tipos habían manchado su reputación. Por lo que podía ver, él no estaría dispuesto a esperar a los otros. O tal vez, nuestros amigos ya estaban adentro de la casa, en la fiesta... pero ellos no podían haber llegado tan rápido.

Las pequeñas casas estaban pintadas de blanco, y tenían pasto en la entrada. Enfrente de las casas, sobre las banquetas, había grandes árboles sembrados; detrás de las cabañas había un campo que se extendía y un bosquecito espeso. Detrás de los árboles corría un arroyo. En aquel tiempo, ahí se consideraba el fin del pueblo.

Escuchamos ajetreo en la casa. Todos volteábamos a ver tratando de discernir la oscuridad. La puerta estaba cerrada y las cortinas corridas. Parecía como si ellos supieran que nosotros veníamos porque todo estaba en silencio y en completa oscuridad para ser una fiesta. Todo mundo sabía el tipo de individuo que era Ceasar. Yo estaba seguro que todos esperaban que él regresara.

Estábamos enfrente de la casa, yo me encontraba como a diez pasos del porche y de la puerta. Ceasar comenzó a subir la escalerilla que daba al porche y se encaminó a la puerta, yo iba detrás de él. Llevaba en las manos la barra que había tomado de la cajuela del coche y la emoción me mantenía alerta pensando en lo que sucedería.

La puerta estaba cerrada con llave. Ceasar la golpeó. No hubo respuesta del interior. Entonces Ceasar comenzó a patear la puerta. La primera patada pareció no dañar la puerta. Yo permanecía expectante, esperando que la puerta se abriera. Estaba listo para empezar la pelea. Ceasar retrocedió y se impulsó dándole una patada más fuerte a la puerta y luego otra. La puerta se abrió de repente. Uno de los que estaban adentro se abalanzó sobre Ceasar.

Vi a Ceasar oponérsele y forcejeando lo hizo retroceder, empujándolo dentro de la casa. Yo buscaba un espacio en la puerta para meterme; los otros venían detrás de mí.

Alguien intentó golpearme. Mi barra estaba lista y en camino. ¡BOOM! Le pegué con ella en la cabeza; retrocedió y cayó. Di un paso dentro de la casa, otro individuo brincó sobre mí. Impulsé mi barra de nuevo. Justo cuando le iba a pegar, se asomó otro que intentaba cargar sobre mí. Mi barra le pegó a él en vez del que le había apuntado. Este tipo también cayó. La sensación entonces se convirtió en una semejante a un mundo que corría en cámara lenta.

Desde el rabillo del ojo, vi una sombra aproximándose a mí, balanceando un tubo de metal como de un metro de largo. Ya no podía hacer nada; el golpe era inminente. La barra me golpeó en la cabeza. Me pareció, entonces, que el tiempo se había detenido y que yo había quedado suspendido en él.

Conforme me enderezaba para ver la barra, vi al tipo preparándose a dar un paso hacia mí, todo ésto como si fuera en cámara lenta. ¡BOOM! Recibí el golpe asentado. Sentí como si mi cuerpo se deshilachara... y timbres y campanas parecían haber anidado en mi cabeza. Retrocedí, colgándome del marco de la puerta con una mano. Sentí que la sangre chorreaba por la espalda y por el cuello. Retrocedí de nuevo hasta llegar al porche. Entonces, caí arrodillado y rodé sobre el porche. Lo siguiente que ví, fue cuando me encontraba sobre el pasto del jardín frontal, cubierto de sangre. Una batalla formal se escenificaba a mi alrededor. Sentí que alguien me jalaba e intentaba levantarme. Volteé a ver; era mi hermano Eddie; luego vi a Robert, a Tino y a Roy corriendo hacia nosotros.

-¿Qué pasó? ¡Pensé que ustedes esperarían por nosotros!- me dijo, mientras me ayudaba a levantarme y me llevaba arrastrando hasta el automóvil.

Después de esos primeros minutos, mi cabeza comenzó a recuperarse del golpe. ¡Yo estaba sobrio de nuevo!. Tomé de nuevo mi barra y comencé a tirar golpes; golpeando a quien encontraba en mi camino... trataba de ir hacia adelante, pero fui retrocediendo hasta el automóvil. La batalla continuaba.

Vi al tipo que me había golpeado tirado en el porche y cubierto de sangre. Otro estaba siendo golpeado con un gato mecánico. Había más gente de la que habíamos pensado.

Las cosas habían perdido su estatismo y parecían moverse, cómo se movía la gente en esa marabunta. La gente gritando y las botellas rompiéndose. En medio del ruído pude escuchar una música que tal vez provenía del bar que estaba en el vecindario.

En un destello pude ver a uno de nuestros amigos correr al bar y lanzar una botella de cerveza adentro; los parroquianos del bar vinieron a pelear también contra nosotros. El lugar estaba lleno de gente gritando y combatiendo. Yo estaba peleando con alguien cerca del automóvil cuando Steve llegó corriendo, con ojos de susto.

-¡Vámonos de aquí!- Gritó.

Isaac también corrió hacia nosotros y gritó -¡Métete al auto! ¡Vámonos!

Era tiempo de abandonar el lugar. Ellos estaban espantados porque habían visto gente muriéndose. Vi a Redhead corriendo hacia el auto y juntos saltamos adentro.

-¡Bloqueen las puertas!- Gritó Redhead.

Puse el seguro de la mía; tan pronto como la bloqueé, tenía como a cinco tipos tratando de abrirla. Redhead trataba de encender el auto. ¡Estábamos en un gran problema!

Un individuo, de gran fortaleza, traía un tronco cargando y se colocó frente al auto. Para ese momento, en mi cabeza se había instalado un dolor muy fuerte y agudo, mientras sangraba profusamente. Perdía fuerzas. El auto todavía no encendía. El tipo grande que se había colocado enfrente, levantó el tronco sobre su cabeza y lo lanzó sobre el cristal del auto. Todos creíamos que el cristal se rompería. Conforme el tronco se aproximaba, yo pensé -¡Va a pegarme exactamente en la cara!- Redhead se cubrió el rostro con las manos y se inclinó sobre mí; yo no pude esconderme. Me encontraba muy mal y mi cabeza no dejaba de sangrar. El tronco golpeó el parabrisas ¡BOOM! No logró atravesarlo, pero lo rajó. ¡Qué alivio! En el nuevo intento que Redhead hizo para encender el auto, el motor encendió.

Otro individuo corrió a la parte de atrás del auto. Sin duda que estaba muy borracho, porque puso ambas manos en la defensa tratando de detener el auto. No podíamos esperar a que él lo soltara, así que Redhead puso el carro en reversa y soltó el embrague. El auto arrancó en reversa muy rápido. El tipo que sostenía el carro se dio cuenta que no era tan fuerte como pensaba. No pudo detener el auto. Yo miraba hacia atrás; lo vi un segundo; luego, al siguiente ya no lo ví. Lo siguiente que sentí fue que el carro saltaba sobre algo, y el tipo debajo del auto gritó. Redhead y yo nos vimos azorados.

-¿Qué más podíamos hacer?- dije.

Redhead puso el carro en primera y arrancó hacia adelante. De nuevo sentimos un brinco. Para este momento ya había como quince individuos rodeándonos. Como si nos pusiéramos de acuerdo y animáramos a Redhead, él puso de nuevo el auto en reversa y arrancó otra vez quemando las llantas. Conforme el auto rechinaba las llantas retrocediendo, sentimos de nuevo el sobresalto de las llantas traseras y el sobresalto de las llantas delanteras cuando pasaban sobre alguien.

Años después nos enteramos que a este tipo, tuvieron que removerle el hule de las llantas que se le había estampado en el estómago, con cirugía.

Capítulo Cinco

EL ESCAPE

Logramos alcanzar la calle retrocediendo. Hicimos un alto y Redhead hizo el cambio en la transmisión. Pude ver el otro auto con Isaac, Phil y Steve. Ellos también retrocedían al parejo de nosotros. Me pareció que un grupo como de veinticinco individuos venían persiguiéndolos. El estado de alerta en que nos encontrábamos nos decía que lo importante era escapar y no importaba si lo hacíamos en reversa o si teníamos que pasar sobre ellos... por lo que nuestros amigos estaban dispuestos, como nosotros, a huir.

Cuando avistamos el barrio Este de Story Road, vi los destellos de las luces rojas desplazándose hacia nosotros. Luego, ví que también sobre Senter Road venían luces rojas y destellantes corriendo hacia nosotros.

-¡¿Cómo vamos a salir de aquí?!- Gritó Redhead.

Busqué un lugar por donde pudiéramos escaparnos, entonces le dije -¡Corre entre las vías del tren!

Redhead se trepó a las vías y las atravesábamos aprisa. Sentí como si un gran vibrador nos agitara, especialmente cuando yo traía una herida de cuatro pulgadas en mi cabeza. Trataba de mantener mi cabeza en su sitio, mientras íbamos saltando sobre las vías del ferrocarril. El tiempo pareció alargarse mientras saltábamos de vía en vía y había perdido la noción de la ubicación, no sabía como habíamos salido ni donde nos encontrábamos.

Cuando volví en mí, íbamos deslizándonos por San Antonio Street (calle San Antonio). Y desde lejos podíamos ver como los autos de la policía pasaban 'volando' cuando atravesaban las calles. No nos lo decíamos, pero teníamos la certeza de que alguien había muerto en la pelea. Un auto de la policía venía hacia nosotros. Apagamos las luces, dimos vuelta a la esquina, bajando la velocidad y nos aparcamos.

Redhead dijo -¡Agáchense!- Me doblé sobre Red, y él se inclinó sobre mí.

El carro de la policía se arrimó a la esquina muy despacio. Vimos la torreta de luces y nos quedamos quietos. Siguió sin detenerse. Permanecimos ahí por unos minutos por si regresaba. No volvió; entonces Redhead volvió a encender el auto. Avanzamos lentamente dirigiéndonos a San Antonio Street, no muy lejos de King Road. Ibamos detrás de otro auto, cuando repentinamente y saliendo de quién sabe dónde, un auto de la policía apreció enfrente de nosotros. El oficial de la policía nos hacía señas para que nos detuviéramos en medio de la calle. Inmediatamente, me incliné hacia un lado para que el oficial no pudiera verme.

Nos detuvimos detrás del auto que también se había detenido enfrente, pero no podíamos oír que le decía el oficial al conductor. Redhead dijo entonces -¡no se muevan! ¡Ahí viene!

El auto de la policía se movió hasta el nuestro. En la calle reinaba la quietud, el silencio y la oscuridad. El auto de la policía se acercó despacio. Nosotros esperábamos... el oficial dijo -¿De dónde vienen?- Me pareció como si el hombre hubiese metido su cabeza al auto y la pregunta la hiciera encima de nosotros.

-Del trabajo- contestó Redhead, aparentando tranquilidad.

-¿Han visto algún conflicto por aquí?- preguntó de nuevo el oficial.

-No oficial, todo lo hemos visto tranquilo- le contestó Red tratando de sonar convincente.

-O.K. Váyanse a casa- nos dijo, mientras arrancaba su auto.

Nosotros continuamos por nuestro camino, estorbados todavía por el carro que iba adelante. Cuando llegamos a Jackson Avenue (avenida Jackson) en el lado Este, otro carro de policía pasó corriendo cerca de nosotros. Finalmente llegamos a la casa de Robert.

Todos los demás nos esperaban ahí, excepto Steve, Isaac, y Phil. Los había visto en su carro enfrente de nosotros, sobre la avenida, cuando abandonamos el sitio de la pelea. Todos los demás habían escapado. Ceasar había saltado al GTO y había regresado con mi hermano y los otros amigos.

Mis amigos querían ver que tan lastimado estaba yo. Ceasar y yo éramos los únicos heridos; mientras me examinaban, les contamos de la cantidad de policías que habíamos visto. Entonces alguien confirmó nuestras sospechas y nos dijo que alguien había muerto en la pelea. Todos hablábamos a gran velocidad, tratando de explicar lo que cada uno había visto y lo que había sentido.

¿Qué haríamos? Decidimos que me llevarían a un hospital de emergencias y que alguien más llevaría a Ceasar a otro hospital. Elaboramos un plan, diríamos que habíamos estado en la casa de Robert, y luego Ceasar y yo habíamos protagonizado una pelea a causa de un enojo que teníamos pendiente. Diríamos también que yo me había golpeado la cabeza al caer sobre una roca. ¡Una buena historia! Pero ¿Nos creerían? Alguien dijo que era oportuno que buscáramos hospitales en donde no llegaran los heridos de la pelea. Redhead se ofreció a llevarme a la sala de emergencias. Corrimos al auto y nos despedimos de los otros -Nos vemos más tarde.- les dijo. Bueno, al menos éso era lo que esperábamos.

Conforme avanzábamos sobre Capitol Avenue (avenida Capitol), mi cabeza volvió a sangrar. Yo sabía que tenía una gran herida. En la casa de Robert todos se asustaron al ver mi cabeza, y pensaban que estaba muy mal herido. Creían que tendrían que suturarme con muchas puntadas. Fue cuando nos dimos cuenta que los asientos del auto de Red estaban llenos de sangre.

Dimos vuelta en Jackson Avenue, una avenida pequeña que nos alejaba de las avenidas principales, con el propósito de evitar encontrarnos con los autos de la policía. Las cosas no parecían ir muy bien. Tuve el presentimiento de que las cosas no irían por buen camino esa noche. Habíamos participado en una pelea en donde habíamos lastimado gravemente a algunos individuos... y yo iba camino al hospital, buscando auxilio para mis heridas.

¿Qué diría mi madre? Ella había confiado en nosotros, y nosotros siempre nos metíamos en problemas a sus espaldas. ¡Mi pobre madre! Sería espantoso para ella enterarse de lo que había sucedido esa noche.

Conforme nos acercábamos al hospital, me preguntaba cómo les diría a las personas lo que me había sucedido. ¿Me creerían? Bueno, al menos yo sabía que era bueno para decir mentiras.

Estábamos en Bambi Lane (carril bambi); todo mundo parecía estar tranquilo. Ni Redhead ni yo hablábamos, sólo pensábamos. Probablemente él también se encontraba sumido en sus cavilaciones, e igual que yo se preguntaría qué vendría después.

Nos acercábamos a Jackson Avenue, y saliendo de diferentes partes, aparecieron varias luces iluminando el lugar. Volteé a ver detrás de nosotros. Venía un carro de la policía siguiéndonos. Venía tan cerca de nosotros que pensaba que en cualquier momento nos empujaría.

-¡Redhead, hay un auto de la policía siguiéndos!- Grité, mientras él miraba en su espejo retrovisor.

-¡Ya lo vi! ¡Ya lo vi!- Contestó Redhead. Su voz había perdido el aplomo y se notaba alarmado.

Eché un vistazo rápido sobre Jackson Avenue. Pude ver el auto de Art, en el que Ceasar había llegado cuando recién lo vimos cuando comenzaba la noche. Las puertas estaban abiertas, las luces encendidas, y cuatro autos de la policía lo rodeaban. Sin embargo los autos estaban vacíos. Este auto que previamente habían robado se había quedado sin gasolina y venían empujándolo, cuando vieron a los policías acercarse, corrieron metiéndose al campo detrás de la Escuela Lee Matson. Los policías fueron detrás de ellos.

En el momento en que dábamos la vuelta hacia Jackson Avenue y quedábamos de frente a un gran campo, varios autos de la policía nos rodearon obligándonos a hacer un alto. En aquel tiempo todavía no habían construído el freeway (autopista). El escenario entero quedó iluminado con las luces de los autos. Un oficial se acercó a mi lado.

-O.K. ¿Dónde está Cesar?- preguntó el oficial.

Antes de que pudiera decir algo, el oficial abrió la puerta. Mientras la abría yo le dije -¿Quién es Ceasar?

Me jaló del brazo sacándome del auto. Y luego me preguntó de nuevo -¿Dónde está Ceasar?- En ese momento notó la sangre sobre mi cabeza y sobre mi espalda. -¡Hey!- le gritó al otro policía -¡Este tipo está lleno de sangre!

También Redhead había sido obligado a salir y lo habían colocado sobre el auto. -¿Qué te pasó?- me preguntó el policía, mientras me arrastraba hacia el frente del auto.

Mis ojos se encontraron con los de Redhead; y en un destello pensé que si ellos ya sabían de Ceasar y lo buscaban, yo no podría decirles que había tenido una pelea con él. Entonces repliqué, tan fuerte como para que Redhead pudiera oírme -Íbamos cruzando Capitol Avenue, y unos tipos nos tiraron una botella para que nos detuviéramos. Nos detuvimos, y estos tipos me golpearon la cabeza con una barra de hierro.

Redhead había sido empujado hacia la parte de atrás del auto. Desde ahí, él ya no podría escucharme. Esperaba que él hubiera logrado oír lo que había dicho antes, porque no estaba dispuesto a cambiar mi historia.

-¿Qué estaban haciendo en Keyes Street?- me preguntó el policía, en forma áspera.

Lo ví a los ojos y le dije -Yo no estuve en Keyes Street.

-¡Nosostros sabemos donde estuviste hoy en la noche, muchacho! Para ésto, más policías llegaban y aparcaban sus autos cubriendo la calle. Obligado por el oficial coloqué las manos sobre el auto para que pudiera registrarme. Miré hacia la parte de atrás. Ví a Redhead esposado y conducido a un auto de la policía. Cuando llegaron al auto, ví al policía empujarle la cabeza hacia abajo, para forzarlo a entrar. Cuatro policías me rodearon, todos haciéndome preguntas al mismo tiempo. Les dije que no sabía de que me hablaban.

-¿Qué pelea en Keyes Streeet? ¡Yo no sé nada acerca de una pelea en Keyes Street!

-¡Date vuelta, muchacho!- Me colocó las esposas tan fuerte que me lastimaban. La cirulación de la sangre que irrigaba mis manos parecía haber sido cortada.

-¿Por qué me esposas? ¡Yo no hice nada malo!

Uno de los policías le preguntó al otro -¿Qué vas a hacer con él?

-Primero, lo llevaremos al hospital; luego lo llevaremos al centro. ¡De regreso a la Cárcel Juvenil!

Capítulo Sies

El paseo en coche

Yo había estado antes en la Correccional Juvenil dos veces. Paul y yo habíamos ido a la Tropicana, sobre King y Story Road, para ver si podíamos robar un auto. Tropicana era un centro comercial nuevo en esos días y con muchas tiendas. Aún funciona todavía.

Paul tomó un lado del estacionamiento y yo el otro, husmeando entre los autos, para ver si alguien había dejado sus llaves pegadas. Después de un rato Paul me gritó -¡Ven acá!

Cuando llegué adonde él estaba, riendo me dijo -El tipo que acaba de salir de su auto dejó las llaves pegadas.

Miré a Paul emocionado y le grité -¡Vamos a hacerlo!- Entonces Paul replicó -Sí, pero tú manejas!

Saltamos al auto, un precioso Plymouth del 57, con la palanca de velocidades pegada al volante.

Anduvimos con el auto por el pueblo. De repente, el marcador de gas nos mostró que necesitábamos gasolina de inmediato.

-¡Vamos a la casa de Bobby! Este auto va a gustarle, y tú lo conoces, él puede darnos dinero para gasolina.- dijo Paul. Bobby era muy apreciado por todos, tenía la cualidad de siempre estar de acuerdo, uno siempre podía contar con él, así que nos fuimos a casa de Bobby.

Le llamábamos Bobby X, a causa de que él habia sido novio de nuestra amiga Sandy. Cuando terminaron su noviazgo, él se convirtió en el EX de Sandy. El nombre se le quedó.

Bobby X vivía cerca de la casa de Robert, en la parte más lejana de Capitol Avenue, cerca de la vieja farmacia de beneficencia. Llegamos a su casa. Paul brincó del auto para llamar a Bobby. Desde el auto podía verlos platicar. Bobby salió a admirar el auto que Paul le señalaba; luego regresó a su casa y Paul regresó hasta donde yo estaba, con una amplia sonrisa que le alegraba el rostro. Mi amigo parecía un niño pequeño estrenando un juguete.

-¿Qué pasó Paul?- Le interrogué.

-Estará aquí en unos minutos. Va a decirle a su padre que tu apenas obtuviste tu licencia para manejar y que tu tío te ha prestado su auto.- El padre de Bobby no permitiría de ningún modo que su hijo saliera con alguien que se había robado un auto.

Cuando Bobby salió, nos fuimos a mi casa porque yo quería bañarme y cambiarme la ropa. Antes de llegar, me cambié de asiento con Bobby y le pedí que manejara. Si mi padre me veía manejando un automóvil, estaba seguro que le provocaría un gran coraje.

En ese tiempo, mi padre pasaba poco tiempo en casa. Una brecha se había abierto en la relación de mis padres; por lo que mi padre planeaba regresar a México tan pronto como la American Can Company, que era donde trabajaba, cerrara sus puertas.

Cuando llegamos a mi casa, les pedí a Paul y a Bobby que regresaran en una hora. ¡Mi padre estaba parado en la puerta de enfrente con el entrecejo fruncido! Recuerdo que pensé -"¡OH NO! ¡A mi padre no le gustará ésto!"

Me encaminé a la parte de atrás de la casa porque mi padre era muy estricto por cosas que no comprendíamos. El hombre tenía sus reglas. Una de éstas era que los muchachos teníamos que usar la puerta trasera. Si mi padre se encontraba enojado, había que tener mucho cuidado.

-¡Arturo. Ven acá!- dijo mi padre en tono muy áspero. Entonces me encaminé a la puerta de enfrente, donde él estaba. Mirando hacia el auto dijo -¿De quién es ese auto?

-¿Qué auto, papá?- Después de todo él podía estarse refiriendo a cualquier otro auto que estuviera en la calle. A mi padre no le agradó mucho mi respuesta.

Entonces él me dijo, con una voz my fuerte. -¡El auto en el que venías!

Bobby y Paul se iban alejando de nuestra casa en el auto. Mirando el automóvil le dije -Es del tío de Bobby. El siempre se lo da prestado para que lo use.

Mi padre permaneció ahí y se quedó viendo el auto conforme se alejaba. Y se asombraba de que nunca antes hubiera visto a Bobby manejando ese auto que su tío le prestaba.

Mi padre me dijo -O.K. está bien.

Me escabullí a la parte de atrás de la casa.

Una hora más tarde, estaba en mi cuarto listo para salir. Escuché el sonido del Cadillac de mi padre al encender. Entonces pensé "¡Muy bien! Él se va y no regresará en toda la noche." Las cosas entre mi padre y yo no iban muy bien. Mi padre acostumbraba visitar a sus amigos y se ausentaba de la casa mucho tiempo. Cuando éramos niños había sido un padre amoroso que se mantenía cercano a nosotros, pero ahora éramos adolescentes.

Cuando estuve seguro que mi padre se había marchado, esperé un poco, porque él podría regresar e impedirme salir, entonces tendría que arreglármelas para salir a hurtadillas. "¡Todo claro!" pensé. Entonces me encaminé por la banqueta a la casa de las muchachas López. Bobby y Paul estaban ahí. Justo cuando bajaba de la banqueta, arrancaron el auto. Moviéndose despacio. Bobby me gritó, sacando la cabeza por la ventana -¡Hey Muchacho! ¿Quieres dar un paseo en mi auto nuevo?

Corrí hacia el auto. -¿Por qué te tardaste tanto? ¡Has dilatado más de una hora!- me recriminaron.

Ese automóvil lo tuvimos con nosotros tres días, y tres veces nos cacharon. ¿Por qué digo que fuimos atrapados tres veces? La primera vez fue a las 3 de la mañana el siguiente día. Fuimos al 'Teatro José' en Second Street (calle segunda), el lugar que normalmente usábamos como guarida. Aparcamos el auto en Third Street (calle tercera), en un estacionamiento detrás del teatro y caminando dimos vuelta hasta la entrada.

Cuando mis dos hermanos y mi hermana eran niños, el Teatro José, era el lugar a donde íbamos todos los domingos. Nuestros padres nos dejaban ahí. Cobraban por la entrada diez centavos y exhibían tres películas; en la nochecita salíamos caminando y encontrábamos el Pontiac de mis padres estacionado cerca. Algunas veces, cuando a mi padre se le hacía tarde, caminábamos atravesando la calle para ver que exhibían en el 'Lyric'. Al Lyric le pusimos un sobrenombre: "La Casa de las Pulgas", poque sólo costaba cinco centavos la entrada. El 'José' era un teatro de más calidad. El Lyric era regenteado por una pareja de viejitos. Uno trabajaba vendiendo los boletos, el otro trabajaba en la barra de bocadillos. Después de que entré al Lyric, tuve más aprecio por el Teatro José.

Durante el tiempo que yo crecía, el Teatro José se mantuvo bien. Los empleados se mantenían uniformados, chalecos rojos, camisas blancas y pantalones negros con un adorno dorado a los lados. Ellos conducían a la gente a sus asientos con sus lámparas cuando la función ya había comenzado. El Teatro José era una de las guaridas de los jóvenes durante ese tiempo.

Bobby y Paul querían que saliéramos pronto del teatro porque extrañaban su nuevo automóvil. Salimos y caminado nos dirigimos al estacionamiento. Tres policías rodeaban el auto. Tenía las puertas y el maletero abiertos, como si buscaran un cuerpo o algo semejante. Nos acercamos un poco para ver si podíamos escuchar lo que decían y nos quedamos cerca de una valla observando. Los oficiales creyeron que éramos unos muchachos curiosos. Después de un rato, decidieron cerrar la cajuela y las puertas con llave. Oímos cuando uno de los policías llamaba a la grua por su radio. Y nosotros observándolos, con las llaves de nuestro nuevo automóvil en mi bolsillo.

-¡Vámonos! El auto no se moverá. La grua estará aquí en unos minutos,- dijo uno de los policías. Se fueron y nos dejaron, sin saber que era nuestro auto robado. Esperamos unos minutos. Una vez que estuvo despejado, corrimos al auto y nos alejamos rápidamente.

Más tarde, ésa misma noche, íbamos dando vueltas en el pueblo buscando alguna fiesta en nuestro auto nuevo. Llegamos a un salón de fiestas: el IES Hall (salón IES), sobre Alum Rock (calle Alum Rock) y el freeway 101. Algo sucedía siempre ahí, un baile o una boda. Cruzamos hasta el estacionamiento, dando vueltas para ver si reconocíamos a alguien. Le dije a Bobby que siguiera dando vueltas mientras Paul y yo íbamos adentro a hacer un reconocimiento. Si todo estaba bien, regresaríamos y le diríamos a Bobby que estacionara el auto y volveríamos a la fiesta. A Bobby no le molestaba manejar alrededor del lote. ¡Él amaba manejar!. Entramos al edificio y vimos la fiesta. No parecía estar bien, no obstante que conocíamos a varias personas; de ahí, decidimos no quedarnos.

Regresamos a buscar a Bobby. Conforme nos acercábamos al lote, vimos el automóvil en medio del lote de estacionamientos con las luces encendidas, la puerta del lado del conductor abierta y el motor encendido. Un auto de la policía estaba detrás. Pero no veíamos ni a Bobby ni al policía. Le pregunté a un tipo que andaba por ahí con su novia - Hey, ¿Qué le pasó al tipo que andaba en ese auto?- Nos dijo que un policía había obligado a Bobby a salir del auto. El policía había colocado a Bobby con las manos sobre la tapa del motor, mientras él regresó a su patrulla para pedir auxilio por radio. El hombre dijo -El tipo que estaba con las manos sobre al auto, de repente, salió corriendo y saltó la valla. El policía, entonces, corrió detrás de él, hacia la esquina.

Miré a Paul y le dije -¡Vámonos! ¡Sube al auto! ¡Yo conduzco!- Nos trepamos al auto y nos alejamos dando la vuelta muy despacio. Un auto de la policía pasó cerca de nosotros, pero los policías no podrían pensar que fuéramos en un auto robado, sin duda creían que el auto reportado estaba en el lote del estacionamiento. En el momento que salíamos del lote y tomábamos la calle muy despacio, saliendo de algún lugar, apareció Bobby corriendo y haciéndonos señas con las manos. Aún en movimiento, Paul abrió la puerta. Bobby saltó al asiento de atrás, mientras caía nos gritaba espantado -¡VÁMONOS! ¡VÁMONOS DE AQUÍ!

Esa noche dejé a Bobby en su casa y me llevé el auto a casa. Lo estacioné a unas cuadras de la casa para que mi padre no pudiera verlo.

Al día siguiente, domingo, fuimos a la función. El Teatro José estaba repleto de jóvenes que conocíamos. Era tan agradable el ambiente que queríamos pasarnos toda la tarde ahí. Para más tarde, teníamos otros planes. Nuestras amigas, las López, querían salir con nosotros. -Encantado- les dije -¡Las llevaremos de paseo!

Cuando recogimos a las López, de su casa en Virginia Place, noté que no habíamos calculado bien y habíamos sobre cargado el auto. Yo iba en la parte de atrás con alguien en mi regazo. De repente, me pareció que una luz que provenía del exterior nos había iluminado. Bobby no podía ver lo que había atrás a causa de todas las cabezas que le tapaban. Volteé para ver quién se aproximaba por detrás.

¡Un auto de la policía estaba justo detrás de nosotros! Estaba tan cerca que parecía que se había subido al parachoques. Intenté decirle algo a Bobby, pero no supe qué, sin embargo decidió detener el auto en medio de la calle, en la esquina de Virginia Place y King Road, la calle donde yo vivía, donde todo mundo me conocía. El policía saltó de su auto y corrió rápidamente al lado de nuestro auto. Tan pronto como pude, abrí la puerta para correr, el oficial estaba ahí en posición, con su arma apuntando directamente a mi cabeza.

-¡QUIETO! ¡LAS MANOS SOBRE EL AUTO O DISPARO!- Él no perdía tiempo en tonterías.

Salimos muy despacio y colocamos nuestras manos donde él nos indicó. Estuvimos ahí hasta que recibió refuerzos. Mientras tanto, el vecindario entero quería ver la función. Le dijimos al policía que las muchachas eran inocentes del robo del auto y les pedimos que las dejaran ir a su casa. Los oficiales accedieron y dejaron ir a las muchachas.

Todo el vecindario vió al policía apuntándome con su pistola en medio de la calle. Ésto era realmente embarazoso para mí. Ésta fue la primera vez que fui a la Cárcel Juvenil. Ahora, sin duda iba para allá, y tal vez por mucho tiempo y por un crimen realmente serio.

◆ ◆ ◆

Conforme nos alejábamos de Jackson Street, donde nos habíamos detenido, el policía me preguntó de nuevo -¿Dónde está Ceasar? Nosotros sabemos que tu estuviste con él hoy en la noche. -¿Qué Ceasar?. Yo no sé de quién me está hablando. Le dije que nosotros fuimos golpeados en Capitol Avenue. Le dijo al otro policía que venía con nosotros que antes pasaríamos al hospital. El policía volteó y me preguntó mi edad. -Dieciséis- le dije.

Cuando llegamos al hospital, me hicieron las preguntas acostumbradas, luego nos sentamos a esperar un momento. Yo no sabía que esperábamos hasta que vi a mi madre entrar corriendo al cuarto de urgencias.

-¿Qué pasó Arturo?- Me preguntó con una mirada compasiva que parecía decirme: "Pobrecito mi hijo." Mi madre no sabía que le esperaba, ni las preocupaciones y el desconsuelo que experimentaría los próximos años.

Los policías me metieron a un cuarto, para que el doctor pudiera curarme. Se tomó un tiempo porque querían asegurarse por medio de los rayos X que mi cráneo no estuviera roto. Mi madre tuvo que firmar unos papeles para que pudieran tratarme. Veinticuatro puntadas fueron necesarias para cerrar la herida en mi cabeza.

Escuché cuando el policía le dijo a mi madre que no podría llevarme a la casa. Ella preguntó por qué. -Han habido muchos problemas esta noche, y queremos estar seguros que su muchacho no estuvo envuelto en ellos,- dijo el policía. Yo todavía permanecía esposado.

Mi madre vino hasta donde yo estaba, me dio un beso y luego me dijo -No te preocupes, todo va a salir bien.

Conforme dejábamos el hospital y nos alejábamos del estacionamiento, vi a mi madre parada, triste y dolida. De camino a las oficinas municipales, mi mente voló al tiempo cuando yo era un niño pequeño.

Capítulo Siete

Los primeros años

Mis dos hermanos, mi hermana y yo, nacimos en el Hospital San José. Yo Nací en 1949. A mi madre se le presentaron dificultades serias en mi nacimiento; de hecho, ella tuvo dificultades en cada uno de los alumbramientos. Mi hermano mayor, Eddie es dos años mayor que yo. Siguiéndome en edad está Tita, quien realmente se llama Mildred. Mi hermano menor Víctor, quien no podía pronunciar su nombre, le dio por llamarle Tita, por lo que ese nombre se quedó con ella. Víctor es cuatro años más joven que yo y dos años menor que Tita.

Cada vez que uno de nosotros nacía, mi madre se quedaba ciega cerca de tres meses. ¿Por qué? Ella nunca lo averiguó. Eddie fue su primer alumbramiento; cuando él nació, mi madre y él estuvieron al borde de la muerte.

Y ahora pensaba en todas las buenas acciones, y todo aquello bueno que mis padres hicieron por mí. Y yo iba a causarles un sinnúmero de penurias; especialmente a mi madre.

Mi padre era originario del estado de Chiapas, en el sur de México. Solía contarnos historias de su niñez y de como había crecido en la selva. Cuando mirábamos las películas de Tarzán, solía decirnos. -De esa misma forma crecí.- Nosotros, no le creíamos porque cuando mirábamos películas de vaqueros mostraban los paisajes de México como un inmenso desierto. Fuimos de vacaciones a Mexicali, Baja California, y el campo no era como el México que mi padre describía.

Mi padre había venido a los Estados Unidos, cuando era un hombre joven, cuando tenía un poco más de veinte años. Dejó su casa materna cuando era más joven y se fue a la Ciudad de México a trabajar. Su padre era un abogado y médico en el pueblo de Venustiano Carranza, Chiapas, ahí fue donde mi padre nació; sus cinco hermanos y sus tres hermanas también nacieron ahí.

Mi padre a menudo hablaba de como se había divertido en las junglas. Nos hablaba de las serpientes gigantes y de las enormes hormigas. ¡Exactamente! ¡Las hormigas eran tan grandes que una persona podía montarlas como caballos!

Pasando el tiempo, cuando ya era un hombre formal llevé a mi familia a Chiapas de visita. Le dije a mis parientes que había venido a ver las hormigas gigantes por mí mismo. Ellos me preguntaron - ¿Qué hormigas gigantes?- Entonces yo les dije, recordando lo que mi padre me había dicho -Las hormigas que uno puede montar como caballos.- Entonces todos se rieron.

Mi madre nació en Nuevo México. Ella tenía cuatro hermanos y cuatro hermanas. Cuando ella se casó con mi padre, mi padre sólo hablaba Español y ella solo hablaba Inglés. A pesar de eso se habían enamorado y decidieron casarse. Ellos tenían que entenderse en lenguaje de señas.

Conforme íbamos creciendo mi padre trabajaba en la American Can Company. Mi madre trabajaba en la enlatadora durante los meses del verano.

Mis recuerdos más tempranos se remontan a la época en que vivíamos en San Fernando Street. Recuerdos muy agradables de mi niñez y de nuestro departamento construído en los años veintes. Recuerdo que teníamos un gran patio a un lado del apartamento donde jugábamos. Atravesar el campo tomaba un poco de tiempo; a mí me parecía enorme. Lo recuerdo como un inmenso campo de futbol, pero al parecer no era tan grande.

Mi padre construyó un columpio en el patio. Y además agregó un pequeño cuarto al lado de la casa para mi hermano Eddie y para mí. El departamento era de una sola recámara con una cocina pequeña y un baño pequeño. Entonces yo tenía cuatro años.

Recuerdo cuando mi hermano Víctor nació. Mi madre regresó del hospital, y todos queríamos ver al niñito. Eso es todo lo que recuerdo de ese día. No recuerdo que mi madre fuera al hospital, ni que estuviera hospitalizada. Solo destellos de escenas dispersas.

Un día estábamos en la recámara con mi padre, y uno se echó un pedito.

-¿QUIÉN APESTÓ EL CUARTO?- Quería saber mi padre.

-¡Yo no!- dijo Eddie.

Miré a mi padre y le dije -¡Yo tampoco!

Mi padre nos vió a ambos y dijo -¡Yo voy a a averiguar quien es el culpable!-. Fue a su armario y trajo un artefacto. Yo no sabía que era. (Cuando ya era más grande, entendí que era un juego de ruleta para apuestas). Mi padre quería saber si queríamos cambiar de opinión.

-¡Yo no!- le dije.

Eddie repitió lo mismo.

-O.K.- dijo mi padre -entonces, ¡Lo encontraremos!- Hizo girar el mecanismo de la ruleta, que mientras daba vueltas hacía un sonido. ¡Yo no podía creer lo que estaba oyendo!

Al girar hacía un sonido y decía "¡AAAA-RRRRR-TTTTT-UUUUU-RRRRR!" Mi padre volteó a verme y yo me paré de un salto.

-¡Arturo, me mentiste!- dijo mi padre, mirándome sin parpadear.

¿Cómo ese artefacto pudo decir mi nombre? No lo sé. Cuando crecí, le pregunté a mi padre cómo ese aparato sabía mi nombre. Mi padre había olvidado el asunto, pero yo no. Yo creo que imaginé el sonido diciendo mi nombre, y mi padre vio la culpabilidad en mi rostro.

Esos fueron los recuerdos divertidos que tengo de mi niñez. Ahora ¡Míreme! Camino a la estación de policía, probablemente por asesinato.

Capítulo Ocho

EL INTERROGATORIO

Los policías no hablaron mucho conmigo de camino a la estación de policía. Las otras dos veces que había sido arrestado había ido a la Cárcel Juvenil. Esta vez era diferente. Me llevaban a la Estación de Policía.

Llegamos hasta enfrente del edificio y nos detuvimos. Había otros dos oficiales esperándonos en la puerta de enfrente. Observé atento buscando a Redhead o a algún otro de mis amigos. Parecía que yo era el único detenido. Los policías que esperaban se apresuraron a abrir las puertas y les preguntaron a los otros si yo les había dado algún problema.

¿Cómo podía yo darles problemas con estas esposas lastimándome las muñecas? Cuando me sacaron del auto, le pedí al policía que me quitara las esposas.

-En un minuto, muchacho, cuando estemos adentro.

Pensaría, tal vez, que si las removía podría huír. Si era eso lo que él estaba pensando, estaba en lo correcto. Yo hubiera tratado de huír.

Cuando entramos a la estación, atravesamos el salón. Conforme nos aproximábamos al final del pasillo, ellos me indicaron que diera la vuelta en otro pasillo que comunicaba a varios cuartos que servían de oficinas. Algunas puertas estaban abiertas. Parecían pequeños cuartos de interrogatorio. Todas las puertas tenían la parte superior de cristal. Uno podía mirar a través de ellas cuando estaba afuera, pero cuando se está adentro parece como un espejo.

Nos detuvimos en uno de los cuartos, me dijeron que entrara. Cuando estaba adentro, el policía me pidió que me volteara. Al fin, me quitaron las esposas.

-Mis manos liberadas, están mejor ahora.- Dije en voz alta. Sin embargo, sentía las manos como si no tuvieran vida.

El policía me dijo -¡Siéntate en la silla y no te levantes!- Él abandonó la estancia y cerró la puerta. Aunque había quedado todo en silencio pude escuchar un cuchicheo del otro lado.

En un momento uno de ellos entró al cuarto y se sentó en una de las sillas.

-¿Quieres decirme lo que sabes?- preguntó.

Yo moví la cabeza negando.

-¡Adelante!- dijo, pensando que tal vez yo le diría algunas cuestiones que ignoraba.

Pude escuchar que alguien murmuraba detrás de la puerta. Levanté la vista y le dije -Veníamos sobre Capitol Avenue y de repente unos tipos...

Levantando el brazo me detuvo diciendo -¡Hey! ¡No me cuentes esa historia! ¡Sabemos que estuviste en la fiesta en Keyes Street!

El interrogatorio duró como una hora. Parecía que ellos jugaban volibol conmigo. Uno me interrogaba y luego me aventaba sobre el otro policía para que él intentara sacarme información.

-Sabemos donde estabas.

-Yo no estaba ahí.

-Sí, sí estuviste.

Para ese entonces ya había tres policías en el cuarto. Después de una hora el teléfono sonó y el detective se paró y contestó.

-Sí.... Sí.... ¡Oh no! ¿Deveras?.... De acuerdo... De acuerdo.- Colgó el teléfono con fuerza y me miró por largo tiempo sin decir nada. Su mirada parecía escudriñar más allá de lo que miraba.

Caminó alrededor de la mesa. Frente a mí, se dobló sobre la mesa con amabas manos sosteniéndolo. Se acercó como cinco pulgadas de mi cara y dijo -¡Uno de los muchachos que estuvieron en la fiesta ha muerto!

Me le quedé viendo frustrado y repliqué -¿Qué fiesta?- Su cara se puso roja.

-¡Mira muchacho! ¡Esto ya no se trata solamente de una pelea! ¡Esto es asesinato! ¿Quieres ir a prisión por el resto de tu vida?

-¡No, No quiero eso! Pero no se que es lo que quiere que le diga. ¡Yo no estaba en la fiesta! ¿Eso es lo que quiere que le diga, que yo estaba ahí?- Confome yo hablaba, sabía que alguien nos estaba observando del otro lado de la puerta. Los podía escuchar cuando se inclinaban sobre el marco.

Otro oficial entró en forma ruda dentro del cuarto, enrollando las mangas de la camisa, como si me enviara un mensaje de -Bien, ahora

vamos a empezar nuestros negocios-. Agarró otra silla y se sentó en ella a horcajadas. Esperé para ver que iba a decirme.
-O.K. Arthur, vamos a platicar. Tu amigo nos ha dicho todo. Él está asustado. Él no quiere pasar el resto de su vida en prisión. Él nos dijo que ustedes fueron a Keyes Street y nos dio los nombres de los muchachos que estaban con ustedes. También nos contó acerca de Ceasar.- el hombre continuó -Él se ha salvado ya, y nosotros queremos darte una oportunidad para que te salves.

No les dije nada por un rato. Pensé dentro de mí -Este policía me está mintiendo. Yo se que me está mintiendo-. Yo sabía que Redhead no nos entramparía... Yo pensaba que probablemente los policías le estarían diciendo lo mismo a Redhead.

Miré al oficial y le dije -No sé lo que ustedes quieren de mí. Probablemente lo asustaron diciéndole una mentira. No sé que les dijo, pero como yo ya les dije antes, fuimos golpeados en Capitol.

Este nuevo interrogatorio duró como dos horas más, adentro y afuera del cuarto. Me habían dicho lo que Redhead le había dicho a los policías y lo que yo debería haberles dicho de lo que sabía. Ellos conocían algunas cuestiones de lo que ahí había sucedido, pero no sabían todo. Entonces pensé que si Redhead les hubiera dicho algo, entonces ellos conocerían todo lo que había pasado.

Entonces reforcé mi actitud. Aún si ellos conocían todo, yo no estaba dispuesto a decirles nada porque ellos tal vez lo habían escuchado de otros.

El detective dijo -¡Sabemos que estuviste ahí, Arturo!

Yo repetí -¡No estuve ahí!- Todas las veces que fue necesario.

El teléfono sonó de nuevo. El detective se levantó para contestarlo -Sí... sí... O.K...y colgó el teléfono con rudeza y lo estrelló en la mesa.

Se dio la vuelta para mirarme y dijo -El otro muchacho murió también. ¡Este ya es un doble homicidio! ¿Sabes que nunca ha habido un doble homicidio en San José? Vamos a darte un poco de tiempo para que lo pienses. Cuando regresemos si no quieres decirnos lo que pasó, habremos terminado contigo. ¡Entonces, te acusaremos de homicidio!

Dejaron la oficina, y de nuevo todo quedó en silencio. No podía oir a nadie cerca de la puerta. Pensé que tal vez serían como las tres o cuatro de la mañana. Me sentía muy cansado y pensé que tal vez podría acostarme en el piso y dormir un rato.

¿Cómo me había metido en este embrollo? ¿Por qué me gustaba pelear? ¿Cuándo empezó esto?

Capítulo Nueve

La PRIMER PELEA

Cuando estaba en sexto grado asistía a la Escuela Lee Matson. En la Lee Matson conocí a muchos niños de mi mismo grado.

Un día en el recreo yo estaba en el campo de beisbol, sentado en el pasto y platicando con un amigo, cuando unos muchachos de octavo grado vinieron y nos dijeron que necesitaban dos jugadores más para un juego de futbol. Yo realmente no quería jugar con ellos porque ellos eran mayores que nosotros y porque no los conocía muy bien. Sin embargo, insistieron a que yo jugara.

-¡De acuerdo, voy a jugar!- les dije. Estos muchachos eran mucho más grandes que yo. El otro niño con el que yo estaba se mostró más listo y no aceptó jugar. Me parecía que si jugaba con ellos podrían escogerme para su equipo.

En una jugada tenía a un tipo enfrente que era dos años mayor que yo. Mi posición era tratar de pasarlo y taclear al tipo con el balón.

-¡LISTOS, ÓRALE, A CAMINAR!- El tipo grandote se reía. Me dijo que me haría puré en el juego. El juego comenzó. ¡El tipo se acercó y me pateó, metiendo su pierna entre mis piernas!

Caí y no me podía levantar. El muchacho que me pateó se burlaba de mí. Entre tanto me había lastimado mucho.

Alguien me dijo -¡Vamos, tú puedes levantarte! Nos vas a meter en problemas, ¡Vamos, levántate!

Traté, pero no pude. Un maestro tuvo que llevarme a la enfermería. Yo no les permitiría a las enfermeras ver adonde estaba lastimado, así que tuvieron que llamar a mi madre.

Mi madre vino y me llevó a casa, pero insitía en saber que me había pasado. Cuando le dije se enojó mucho porque un niño mayor me había golpeado. -Cuando tu padre llegue a casa, le dices lo que me has dicho- ordenó mi madre.

Pensé -Mi padre va a ir a la escuela y va a golpear a ese muchahco por mí- yo realmente no quería que eso sucediéra.

Como no podía caminar, me quedé en la cama y ahí me encontró mi padre cuando llegó. Mi madre y mi padre platicaban en la sala. No podía oír lo que decían pero mi madre probablemente le estaba contando la historia. Mi padre llegó a mi cuarto con un gesto áspero. Quería saber que había pasado. Tomó una silla y se sentó junto a mi cama.

-Déjame ver m'íjo- me paré y le mostré el golpe que tenía en la entrepierna. Él arrugó más el entrecejo, aunque también podía notar la compasión en su mirada. Entonces me preguntó -¿Sabes quién es el muchacho?

Le dije que era un muchacho más grande y de octavo grado. Él dijo -"Grande", no hay nada más que hacer.

Yo pensé -Algo se puede hacer- Me preguntó si yo conocía al muchacho. Le dije que si.

Mi padre me indicó -Te quedas en casa unos días hasta que te sientas mejor, luego puedes enfrentarlo.

Pensé -¿Puedo enfrentarlo? ¿Mi padre me está dando permiso de que lo enfrente? ¡A mi padre había que conocerlo!

En unos días me recuperé y pude regresar a la escuela. Mi padre dijo que tenía que confrontar a ese muchacho después de la escuela. Todo el día estuve nervioso. ¿Cómo iba a hacerlo? Mi padre dijo que no le importaba como lo haría, pero que tenía que pegarle a ese muchacho.

Antes de irse al trabajo decidió hablar conmigo. Vino a mi cuarto tranquilamente diciendo -Arturo....Arturo...

Abrí los ojos sorprendido y le dije -¿Qué?- Pensé -Tal vez ha cambiado de parecer.

-Escucha, recuerda que te dije que tienes que enfrentarlo.

-Sí. Contesté alegremente.

Parándose en la puerta dijo -No olvides lo que te digo. Tienes que enfrentarlo. No me importa cómo, aún si tienes que agarrar una tabla y golpearlo con ella... ¿O.K.?

Pensé -Ese muchacho es más grande que yo. Si empiezo algo con él, puede golpearme.

Mi padre quería una confirmación, por lo que con una voz de trueno me dijo -¿O.K.?

-De acuerdo, papá, lo haré- Le respondí.

Me preocupaba lo que podría suceder después de clases. El día pasó muy rapido. Hubiera querido tener el poder de detener el tiempo; pero no podía aunque lo deseara con gran intensidad. Vi al muchacho varias veces durante el día. Él todavía no sabía quien era yo. Yo estaba observando mi reloj cuando la campana sonó. A las dos y media que las clases terminaron, salí inmediatamente y adelante de todos los niños caminé muy rápido.

Una cuadra adelante de la escuela Lee Matson estaba Mayfair, una escuela de grados elementales; conforme me acercaba a Mayfair llegué hasta un árbol de nogal, ahí me detuve y esperé al muchacho de octavo grado; otros muchachos de la escuela venían caminando hacia mí. En mi estómago parecían volar mariposas. Estaba muy ansioso pensando que estaba a punto de ser golpeado muy duro. Cuando volteé a ver al otro lado observé la calle y me dije a mi mismo -¡Oh no!- Ahí estaba el Pontiac de mi padre aparcado a media cuadra adelante y él estaba sentado en el asiento del chofer. Mi padre había salido del trabajo más temprano para ver como resolvería yo este dilema.

-¡Aquí viene el muchacho!- pensé. Me había ubicado de tal manera que quedaba oculto detrás del árbol. En el piso había algunas tablas y algunos palos tirados, recogí uno y me mantuve expectante. El muchacho venía con un par de amigos, yo los observaba mientras se acercaban; de repente salí de mi escondite detrás del árbol.

-¡Hey!- le grité. Se dio vuelta y me vio corriendo hacia él con un palo en las manos.

Le tiré un garrotazo y el soltó sus libros que cayeron al suelo.

-¡Hey muchacho! ¿Qué te pasa?

Le tiré otro garrotazo. El chico trató de correr hacia atrás. No creo que recordara quien era yo.

Cruzó la calle. Sacudiendo su cabeza como si estuviera confundido me gritaba -¡Muchacho estúpido!

Volteé y vi el Pontiac de mi padre alejándose; entonces pensé -Mi padre debe estar satisfecho.

Cuando regresé a mi casa mi padre no estaba ahí, de hecho él no llegó a casa hasta muy tarde esa noche. Al siguiente día él no me mencionó nada del asunto; esto quería decir que estaba contento de la forma como se habia resuelto.

Al otro día en la escuela, les platiqué a todos mis amigos del pleito. Ellos me expresaron su admiración por tener el valor de enfrentar a un muchacho tan grande, pero ellos realmente no sabían que tan asustado estaba yo; no obstante, yo disfrutaba las alabanzas. Todos estuvieron de acuerdo en que yo era bueno para las peleas.

Yo creo que ahí fue cuando me empezaron a gustar las peleas callejeras. Después de esa confrontación siempre hubo alguien que quiso enfrentarme y hacerme pasar un mal rato. Sin embargo yo trataba de noquearlos al primer golpe, entonces la pelea terminaba casi al principio.

Ahora aquí estaba yo como alguien que había disfrutado mucho siendo un buen peleador callejero. Veía hasta donde me había llevado esto: ¡A la estación de policía siendo interrogado por asesinato!

◆ ◆ ◆

Después de un rato, sentía los ojos pesados. Me preguntaba qué hora sería... Sabía que era muy tarde o debería decir que era muy temprano en la mañana.

Todo este tiempo que había pasado en el cuarto de interrogatorios había escuchado gente en el pasillo. Algunos venían, se detenían y me miraban; ellos creían tal vez que yo no los escuchaba; pero como el cuarto estaba en completo silencio, yo podía escuchar casi todo lo que se decía afuera. Aunque algunas cuestiones se me escapaban si ellos hablaban claramente y cerca de la puerta yo podía entender todo lo que decían.

Cerca de las 7 de la mañana, dos detectives vinieron al cuarto -¿Arthur, quieres decirnos algo?- Su forma de interrogarme había cambiado.

-Realmente no- les dije anticipándome al juego de pelota de preguntas que me hacían aventándome de un lado a otro tratando de atraparme.

Uno de los detectives abrió la puerta y me dijo -De acuerdo. Ven acá.

-Qué bueno- pensé -Al fin puedo salir de este cuarto. Probablemente me lleven a la Cárcel Juvenil-. Conforme nos íbamos alejando por el pasillo, vi otra puerta abierta. Me alegré de que no me pusieran las esposas de nuevo. Saliendo de la otra puerta vino otro detective, detrás de él venía Redhead. Redhead se veía tan sorprendido como yo cuando nos vimos. Cuando se acercaba, me dijo -¡Hey!, ¿Cómo te va mi amigo?- Nos mirábamos de tal modo como si dijéramos -¡Hey, hombre, lo hemos logrado!

-Todo bien, amigo, ¿Qué tal tú?- le pregunté. Él movió la cabeza.

El detective comenzó a caminar sobre el pasillo. Nosotros lo seguimos.

-No queremos que abandonen el pueblo, en caso de que tengamos otras preguntas que hacerles.

Dimos vuelta a la izquierda, rumbo al gran portal de entrada del edificio. Podía ver la claridad del día allá afuera.

-¿Pueden conseguir un aventón a su casa?- preguntó el detective.

Aunque todo había marchado bien, éste fue el momento en que cometimos un error. Conforme nos aproximábamos al portal, Redhead le preguntó al policía

-¿Cómo puedo hacer para que me regresen mi auto?

Deteniéndonos en la puerta, el detective respondió con una pregunta -¿Qué le pasó a tu auto?

Redhead replicó sarcásticamente levantando las manos y haciendo señas con ellas -Ustedes se lo llevaron.- Redhead lo miraba como diciéndole -¿No te acuerdas, estúpido?

-No recuerdo que pasó con tu auto, pero lo voy a averiguar. Siéntense aquí, regreso en un momento- Nos sentamos donde nos dijo que lo esperáramos.

Una ventana nos quedaba enfrente. Se veía como si un precioso día de primavera se estuviera estableciendo.

-Una mañana agradable se establece afuera.- le dije a Redhead.

Esperábamos pensando que pasaría, no obstante que estábamos a punto de marcharnos. Redhead me miró. Se veía cansado, tal como me sentía yo.

-¿Qué vamos hacer ahora Art?- preguntó -Redhead.

-¡Me voy a ir a México hombre! Mi padre siempre ha querido que vayamos con él. Hoy mismo voy a hablarle en cuanto llegue a casa para decirle que voy a ir a buscarlo. ¿Y tú qué?- le pregunté.

-No lo sé. Tal vez ellos no lo averiguarán.

Justo en ese momento el detective a quien le habíamos preguntado del auto, regresó junto con otros dos oficiales. Noté que se aproximaban aprisa hasta nosotros. Cuando comenzaba a pararme el detective le preguntó a Redhead ¿Si no estaban en el escenario del asesinato cómo es que el número de las placas de tu carro fue tomado ahí?

Redhead me miró no sabiendo que decir. Moviendo sus manos nerviosamente dijo -Supongo que estábamos en el lugar equivocado y en el tiempo inadecuado.

Moviendo la cabeza, el detective nos dijo -Ambos están arrestados por asesinato.

De camino a la Cárcel Juvenil, pensé -Qué desorden conmigo. De nuevo a la Cárcel Juvenil.

Yo había estado en la Cárcel Juvenil dos veces antes. Una vez por el robo de autos y otra vez cuando tenía catorce años.

Capítulo Diez

LA CARRERA POR LA CERVEZA

Mi amigo Art el vecino de las hermanas López en Virginia Place, Bobby y otro amigo Henry, querían emborracharse y Art tenía una idea.

-Vamos al mercado en Alum Rock, nos metemos por la parte de atrás y conseguimos algunas cervezas.

-¡De acuerdo!- Dije, pero luego pregunté -¿Van a dejar la puerta de atrás abierta?. No creo que sean tan estúpidos.

Art me miró nerviosamente y dijo -¡Sí, hombre! Un amigo mío que trabaja ahí, me dijo que ellos dejan siempre la puerta sin llave.

Mirándolo por unos segundos, pensé y luego dije -¡Si eso es cierto, Vámonos! ¡Yo estoy listo!

-Yo también estoy listo y sin preocupaciones- dijo Bobby moviendo los hombros nerviosamente como acostumbra hacerlo. Henry también estuvo de acuerdo.

Dejamos Virginia Place y caminamos por King Road. En esos días King Road, era una carretera que atravesaba el campo. No tenía banqueta. Lo que sí tenía era una alambrada a un lado. Era tarde y estaba oscuro. Si mirábamos acercarse un auto sobre la carretera, todos nos escondíamos entre la maleza. Los que más nos preocupaban eran los autos de la policía. Caminando sobre King Road, llegamos a Alum Rock Avenue y continuamos una cuadra hasta llegar al almacén de Alum Rock.

La tienda tenía una gran calzada que se extendía hasta la parte de atrás donde de seguro alguien vivía. Dos de nosotros decidimos ir a la parte de atrás, mientras los otros dos nos quedamos esperando enfrente. Una vez adentro nosotros podríamos abrirles la puerta; mientras, ellos observaban por si venían policías.

Art y yo nos dirigimos a la parte de atrás. Estaba totalmente oscuro alrededor. En la casita de atrás había algunas personas, lo inferí porque tenían luces encendidas y podía escucharlos cuando hablaban. Nos acercábamos cautelosamente, cuidando de no golpear algo que fuera a delatarnos. Un marco de puerta con malla cubría la puerta principal; jalé la puerta de pantalla y se abrió, luego traté de abrir la puerta principal. Estaba cerrada con llave. Busqué a Art pero él estaba preocupado porque había escuchado un ruido en el patio trasero y trataba de averiguar que lo había producido. Yo le susurré -Hey Art-. No volteó -¡Hey Art, la puerta está cerrada con llave! Pensé que habías dicho que estaría abierta.

Entonces Art, regresó de donde estaba y me dijo -Mira si la ventana está abierta.

Inspeccioné la ventana y la encontré sin seguros. La abrí y me metí arrastrándome. Art me siguió. Tan pronto como pude abrí la puerta de enfrente.

Todos estábamos adentro buscando y husmeando entre los artículos de la tienda. Yo me arpoximaba a la ventana para ver el campo de atrás y observar si todo estaba bien, mientras Art trataba de abrir la caja registradora con una barra. Le dije -¿Art, qué estás haciendo? Yo no quiero robarle a esta gente su dinero ¡Lo que yo quiero son cervezas!- Justo en ese momento la caja registradora hizo su ruído característico al abrirse.

-¡Hey, esta cosa no tiene un centavo!- dijo -Entre tanto los otros amigos llenaban sus recipientes con los six packs de cervezas.

-¡Vamos a tener una gran fiesta esta noche con toda esta cerveza! -dije.

Pensamos que no era buena idea salir con nuestra carga por la puerta de enfrente, porque al ver nuestras bolsas llenas de cervezas alguien podría pensar que las llevábamos llenas de dinero, así que decidimos salir por atrás, para que los vecinos no pudieran vernos. Así que rodeamos un poco por Alum Rock donde era más solitario.

Cuando dimos la vuelta en la esquina nos reíamos de lo fácil que había sido obtener nuestro botín de cervezas, un automóvil de la policía secreta pasó rápidamente cerca de nosotros.

-¿Hey, amigos, vieron eso? ¡Eso fue un narco! -Gritó Bobby.

-¿Estás seguro?- preguntó Art. Cada uno de nosotros llevaba dos maletas con cuatro six packs de cervezas dentro.

-¡Estoy seguro!- dijo Bobby.

Justo en ese momento un auto de la policía se acercó muy despacio al lado de nosotros. Había dos policías en el auto. El chofer traía

su ventana abierta. Arrimándose al encintado de la calle, preguntó -
¿Hey, muchachos, qué traen en las bolsas?

Pensé dentro de mí -¿Qué vamos a hacer ahora y qué les vamos a
decir a estos policías. Probablemente ellos ya sabían donde habíamos
conseguidos las cervezas-. Como si nos hubiésemos puesto de acuerdo, todos soltamos las bolsas al mismo tiempo y corrimos.

Yo corrí hacia mi casa. Las personas que vivían por ahí, colocaban vallas de un metro ochenta centímetros entre sus casas...
Entonces pensé -Solamente tengo una oportunidad para escapar-...
Sin mirar atrás por mis amigos y corriendo tan rápido como podía,
me lancé sobre la barda.

Los policías habían salido de su auto y venían detrás de nosotros.
Escuché otros carros llegando rápidamente a la calle. Yo apenas estaba intentado pasar sobre la barda. Cuando lo logré caí del otro lado.
Pude escuchar un griterío y varios carros de la policía rodeando la
calle. Desanimado, pensé que no tenía caso seguir corriendo. El
campo donde había llegado tenía muchos arbustos; sin embargo yo
me había quedado en el lugar donde había caído cuando salté la
barda.

A un lado de la casa, venían dos policías corriendo. Se detuvieron
en medio del patio. Uno de los policías caminó hasta la parte de atrás
de la valla y comenzó a hablar con otro policía -¿No vino para acá?

-No, él no pasó por acá. Yo estaba aquí esperando cuando ellos
empezaron a correr.

Entonces pensé -Ellos habían elaborado un buen plan para atra-
parnos rápidamente. Lo han de haber pensado justo cuando
entramos al almacén.

Los podía ver, pero ellos parecían no mirarme. Entonces uno de
los policías prendió una linterna de mano y comenzó a escudriñar el
patio alumbrando la valla y avanzando lentamente. Se iba acercando
hasta donde yo estaba. No sabía que hacer y me encontraba indeciso
entre tomar el riesgo de huír o esperar donde me encontraba escondido. Si me quedaba podía ser mi perdición. Sopesé los asuntos y
decidí quedarme. El haz de luz pasó sobre mí. ¡No me vieron! ¡Qué
bueno!

Esperé por un momento, pensando que tal vez ellos desistirían y
se alejarían; luego me iría tranquilo a casa y nunca más haría ésto de
nuevo.

Ahí permanecí como una hora, en todo ese tiempo podía oir a los
policías platicando del otro lado. Se contaban chistes y se aventaban

puyas mientras se reían. Entonces, oí un auto ue se detenía y alguien dijo -¡Lo tengo!

-¡De acuerdo!- Exclamó otro.

Pensé -¿Qué es lo que tiene? ¿De qué están hablando?

Oí cuando la reja a un lado se abrió. En ese momento las luces de las linternas iluminaron la valla. Entonces fue cuando me enteré. Un perro venía ladrando hacia mí, aunque el policía no lo había liberado de su correa. En ese momento supe que no podía permanecer más tiempo escondido.

Brinqué la valla del frente del patio. La calle estaba llena de policías que se encontraban atentos cerca de sus autos. Corrí pasando a un lado de ellos. Tres policías me atraparon, me tiraron al suelo y me esposaron -¿A dónde vas muchacho?- dijo uno de ellos en tono de burla.

Esta vez fue la segunda que visité la Cárcel Juvenil.

◆ ◆ ◆

Ahora míreme hasta donde había llegado: ¡Asesinato!

-¡Estás bajo arresto por asesinato!- dijo el policía.

Pensé dentro de mí -Yo creo que estos tipos ya confirmaron que estuve en el pleito, y que aunque golpeé a algunos, tal vez nadie había muerto; creo que lo hacen por espantarme y quizás me dejen ir.

Las últimas dos veces que fui a la cárcel Juvenil, fui liberado. La primera vez, estuve dos días; la siguiente vez, fui liberado en tres días.

Una cuestión que aprendes creciendo en las calles es que tú nunca debes entregar a nadie aunque esté involucrado, porque si lo haces te conviertes en un soplón. Si tú involucras a alguien, puedes obtener una sentencia ligera, pero es muy difícil que salgas de la prisión. Todos saben que tú eres una persona que ha delatado a alguien y no confían en ti, entonces ellos te colocan algo como una vestimenta. Es como si usaras un uniforme escolar con un gran nombre que te señala, y entonces todo mundo se entera de que no eres confiable. Cuando dejas la cárcel del condado y llegas a la prisión, todo mundo te está esperando. Ellos saben quien eres, lo que haces y cuanto tiempo vas a permanecer ahí. Algunas veces le ponen precio a tu cabeza. Y sin duda alguien será enviado para matarte. De ahí, que es conveniente no decirle nada a los policías.

Capítulo Once

EL COMBATIENTE

Aquí estaba yo, dando vueltas en mi celda de la prisión Juvenil. - ¡De Nuevo!, ¡De Nuevo!- pensé -¿Qué tiempo permaneceré aquí? Probablemente sólo unos días. Estoy aquí por pelear en una fiesta. Yo no maté a nadie. Aún si alguien hubiera muerto, los policías no podían precisar quien lo había hecho. En un rato alguien que trabaja aquí, vendrá y me llevará a mi unidad de detención por unos días.

Yacía en la cama de abajo en mi litera, pensando acerca de muchas cosas. Recordé que la última vez que estuve en la prisión Juvenil, fui asignado a la unidad B-2. En ese tiempo había tres unidades donde ponían a los muchachos. Estaba la B-1 para los más pequeños. La B-2 para los de trece a dieciséis años., y la B-3 para muchachos de dieciséis a dieciocho años.

La última vez que estuve ahí, estuve en la B-2 y compartía la celda con un muchacho que se estaba metiendo en problemas, porque quería ir a la California Youth Authority (Autoridad de la Juventud de California. CYA, a la cual me referiré como YA). Me dijo que era un campeón de los pleitos; y en la YA si tú derrotas al individuo a cargo, entonces tomas su lugar y te haces cargo de todos. Cuando fui a la YA más tarde, encontré que esto no era cierto.

El primer día que estuve con él encerrado en la celda me dijo que me daría de chance un día para que me acomodara y que luego comenzaría a practicar conmigo para mantenerse en buena forma cuando fuera enviado a YA.

Estaba preocupado por él, pensando que tal vez no era tan bueno para el combate. Él no tenía la apariencia de ser un buen combatiente. Era chaparro, blanco, un poco grueso, y tenía una de esas caras que desaniman.

Los guardias quitaron los seguros a las puertas. Yo no sabía cuál era el procedimiento; entonces me dijo -Vamos a salir de la celda por un rato; luego, comeremos como en una hora. Voy a tratar de atrapar a alguien en un combate al menos uno en la mañana y de nuevo en la tarde- No le creí. Parecía que no lo haría, yo creí que nadamás hablaba por hablar. Pero si fuera cierto, entonces yo podría ver con que tipo de combatiente me tendría que enfrentar.

No pasó mucho tiempo. Me encontraba apartado mirando la televisión, sin platicar con nadie porque no los conocía. Mi compañero de celda se acercó y le dijo a un Chicano que también se encontraba mirando la televisión -¡Hey, tú, quítate de esa silla porque yo voy a sentarme! El Chicano parecía un tipo rudo. El sólo lo vio sin contestarle. El tipo blanco le tiró una bofetada al Chicano. La cachetada fue suficiente para que el tipo se enfadara y saltara de su silla. El Chicano casi voló para pararse. Mostró su enojo tirándole un golpe al mismo tiempo. El blanco retrocedió un poco y el golpe se perdió. ¡Entonces, este chaparro, gordito, y blanquito se aproximó con la fuerza de tanque, y moviendo ambas manos hacia delante y atrás, con golpes de jab, y más golpes de jab, sobre la cara! ¡El Chicano se derrumbó! El blanco le saltó encima dándole más golpes en la cara. Todos los guardias corrieron a separarlos. Tres de ellos tuvieron que arrancar al blanco de sobre el Chicano y aún así no podían con él. Parecía un toro arremetiendo y arrastrando a los guardias.

Fue cuando sentí que un chorro de ácido regó mi estómago ¡ Y yo estaba en la misma celda con el blanquito!

Estuvimos esperando formados para comer. Mi compañero de celda le dijo a un tipo grandote que él debía entregarle su poste cuando le sirvieran la comida. El grandote dijo -¡De ninguna manera, amigo!-. Mi compañero de celda le dio un manazo en la cabeza. Quería que el grandote iniciara el pleito formal. La escena fue semejante a la de la mañana. Mi compañero fue enviado a una celda de castigo por la noche y el siguiente día. La celda de castigo era una celda totalmente oscura al final del pasillo.

Al siguiente día, cuando mi compañero fue liberado de la celda de castigo, yo pensaba en cual sería mi siguiente movida. El guardia lo trajo de regreso a nuestra celda. Una vez que la puerta fue cerrada y el guardia se alejó le pregunté al blanco sobre alguna cosa. Cuando él se volteaba para contestarme lo golpeé tan fuerte como pude. Él cayó pero casi al instante se levantó. Y entonces iniciamos un combate que duró mucho tiempo. Cada vez que nos cansábamos nos deteníamos para descansar. Aunque yo hubiera querido no seguir, volvíamos a iniciar la pelea de nuevo. Yo peleaba con gran coraje, pero para él esto era diversión. En los dos días siguientes pasamos más de nuestro tiempo peleando. Algunas veces él ganó. Otras veces ganaba yo.

El día que dejé la prisión Juvenil, nos habíamos convertido en buenos amigos. Me dijo que yo era uno de los mejores peleadores que él había tenido el placer de enfrentar. Me dijo también que nadie antes lo había golpeado tan fuerte, como lo había hecho yo cuando estábamos en la celda. El estrechó mi mano y me dijo -Te veré algún día en día en YA.

◆ ◆ ◆

Mi puerta se abrió y yo salté alertado. Un guardia me traía el desayuno. Pensé que tal vez ya había sido asignado a mi celda para entonces. Miré al guardia y tomé el traste que traía, preguntándole -¿Cuándo voy a ir a mi unidad?

Cerrando la puerta me dijo fríamente -Hoy no, amigo.

Después del desayuno me dispuse a hacer lo único que podía hacer en mi celda: acostarme en la cama. Cerca de una hora más tarde, la puerta se abrió, y alguien me pidió que saliera. Pensé que el otro guardia estaba equivocado y que ya me habían asignado a la unidad que debía ir en la prisión Juvenil. El guardia me pidió que lo acompañara.

-Entra aquí- dijo, señalándome un cuarto pequeño con una puerta que tenía una parte transparente de la mitad para arriba.

Cuando entré al cuarto vi a dos detectives sentados ahí. Me dijeron que me sentara en una silla. Me senté.

-¡Aquí vamos de nuevo!- pensé.

Uno de los detectives comenzó a hablar -Nos gustaría hacerte unas preguntas, Arthur. Quisiéramos saber qué pasó en la fiesta. Queremos que sepas que nosotros deseamos ayudarte. Si cooperas con nosotros, lo anotaremos en nuestro reporte.

-Seguro, oficial. Yo les diré todo lo que ustedes quieran saber, no quiero meterme en más problemas de los que ya tengo.- les dije, tratando de poner una cara triste.

El detective preguntó -Quiénes estuvieron contigo en la fiesta?

-¿Qué fiesta?

El hombre agitado, me miró y me dijo -¡La fiesta en Keyes Street, donde los dos muchachos fueron asesinados!

-Oh, esa fiesta. Estaba Art (Redhead) y yo.- le dije, como si todo el mundo supiera.

El otro detective agregó -¿Quién más estaba con Art y tú?

-Nadie más oficial. Art y yo fuimos juntos; había muchos más ahí, pero nos los conocía.

Ambos detectives me miraron enojados, con sangre en sus ojos. Uno de ellos dijo -Cuéntanos la verdadera historia. ¿Qué pasó ahí realmente?

Contestándole con mucho aplomo le dije -¡No lo sé!

-¿Qué quieres decir con que no sabes?

-Bien, fue así. Fuimos a esa fiesta. ¡Y conforme nos acercábamos a la casa alguien me sorprendió por detrás y me golpeó la cabeza con algo!- les dije, señalando las puntadas en la parte de atrás de mi cabeza. Realmente, aunque el tipo que me había pegado estaba enfrente de mí, cuando me pegó con el tubo, lo hizo con el codo que hacía una escuadra; y parecía como si me hubieran pegado en la cabeza por detrás, pero esto no se los dije.

Se acercó a observar la herida y preguntó -¿Quién empezó la pelea?

-¡No lo sé!

El detective mirando al otro, dijo -No estamos logrando nada con este tipo listo-. Levantándose de su silla, continuó -¡Vámonos de aquí! ¡Esta es la primera vez que sé de una fiesta en que hay una gran pelea en la que todos los que estuvieron ahí no oyeron ni vieron nada!

Dejaron el cuarto y se fueron. Yo permanecí ahí hasta que alguien vino por mí y me regresó a mi celda.

A la mañana siguiente después del almuerzo, se abrió mi puerta. Me dijeron que debía salir, e hice lo que me mandaban. El guardia dijo que tenía un visitante. Me condujo al mismo pasillo de cuartos donde me había entrevistado con los detectives.

El guardia me dijo en cuál debía entrar. Había como cuatro cuartos en ese pasillo. Entré al cuarto. Vi a un hombre sentado ahí con muchos papeles enfrente. Pensé que tal vez era otro detective y que tendría otra sesión de preguntas. Sin embargo, yo creía que ya les había dicho todo lo que les debía decir. ¿Qué más querrían?

Este hombre era como de mediana edad, de cabello fino de color castaño. Usaba un traje de color gris. Sentado en forma relajada. Dándole una fumada a su cigarrillo.

-¡Hola, Arthur!- dijo cuando entré, soltando el humo del cigarro. Mi nombre es Mr. Anderson, tu madre y tu padre me contrataron como tu abogado.

Un abogado para mí. Yo me preguntaba para qué. Mi padre no estaba aquí; él estaba en México.

-¿Dijo usted que mi padre y mi madre lo contrataron?- pregunté.

-Sí, eso fue lo que dije. Ellos me llamaron esta mañana.

-Pero mi padre no está aquí. Él está en México- le dije.

-Yo no creo eso. Yo creo que tu padre está por aquí.- respondió, y luego cambió el tema.

-Bien, Arthur, vamos a comenzar. ¿Qué puedes decirme acerca de lo pasó la otra noche cuando fuíste arrestado?

Pensé durante un minuto. Y entonces le respondí lo mismo que les había dicho a los detectives. No conocía a este abogado, y no tenía confianza en él.

-¿Lo que me estás diciendo es que no viste nada?- preguntó.

-No. No vi nada. Si algo hubiese visto se lo diría- le respondí.

Pensaba -¿Por qué me consiguieron un abogado? Si yo pronto saldría libre. La policía no sabía lo que había sucedido en la fiesta. Y si no sabían no tendrían otro remedio que dejarnos ir.

Le iba a preguntar que cuanto tiempo creía que yo estaría encerrado; yo pensaba que no serían más de dos días, tal vez una semana. Justo cuando dijo -Lo que ha complicado mucho este asunto son los periódicos. Ustedes muchachos han ocupado las primeras páginas de los diarios por dos días seguidos.

-¡La primera página? ¿Qué quiere decir con la primera página? - le pregunté.

Luego él me contó las otras malas noticias -El caso de tu hermano no se ve tan simple a causa de su edad, pero...- Se detuvo por un segundo. No podía creer lo que había escuchado. ¡MI hermano! ¿Habían atrapado a mi hermano? Entonces, ellos debían saber mucho más de lo que yo creía.

-¿Atraparon a mi hermano?- le pregunté.

-Pero, también tu edad es un problema...- continuó, sin nisiquiera escuchar mi pregunta, luego siguió- Tengo que hacer un poco más de investigaciones, pero yo pienso que por tu edad...¡ellos pueden enviarte a la silla eléctrica!

-¡La silla eléctrica!- dije con voz fuerte, sin creer lo que escuchaba. Aquí estaba yo pensando hace un momento en que saldría pronto y este tipo viene a hablarme de ¡la silla eléctrica!

-¡OH, sí! ¡Pienso que puedo salvarte de la silla eléctrica, me olvidaba que tú tienes dieciséis! Bueno, eso es lo que pienso pero no me creas, probablemente y aunque tengas dieciséis ¡ellos puedan darte la pena capital!

El abogado terminó haciendo un pésimo trabajo con nuestro caso. Mi padre y mi padre no sabían mucho de abogados. Él había sido el que los había divorciado, era el único que conocían y a ése llamaron.

Aún sin dar crédito a lo que me decía, le pregunté -¿Se refiere a que no saldré en pocos días?

-Pienso que si logro sacarte de esto con vida, estará muy bien. Ya veremos como se presentan las cosas más tarde.

Después de que escuché esto, olvidé el resto de la conversación. Recuerdo que me dijo que no hablara con los detectives, de nuevo. Dijo que si ellos venían a hablarme, debería decirles lo que mi abogado me había dicho. Eso me agradó.

La semana que siguió permanecí en mi celda, salía de repente y por espacios cortos cuando los detectives venían a hablarme. Cuando me llevaron al salón, les dije lo que mi abogado me había dicho.

-¿Estás seguro? Si hablas con nosotros y nos dices lo que queremos saber, te podemos ayudar a salir muy rápido.

-¡Hey!, entonces ustedes deberían dejarme salir ya porque les he dicho todo lo que se- les respondí. Ellos no dijeron nada, solo se quedaron viéndome y abandonaron el cuartito.

Tres días después, fui llamado afuera de mi celda y llevado al recibidor del salón de la prisión Juvenil. Cuando entré al cuarto, vi a Steve, a Isaac, y a Phil sentados y esperando. Steve era quien manejaba el carro de Ceasar cuando llegaron a la casa de Robert.

Cuando los vi, les dije -Hey, amigos ¿Cómo les va?- Me sentía muy contento de verlos. Había pensado que yo era el único encerrado en la prisión Juvenil.

Algunos detectives andaban por ahí, como cinco o seis, uno de ellos me miró y me dijo -¡Hey, sin hablar!

Tomé una silla y me senté, justo cuando otro detective abrió la puerta que comunicaba a la calle y dijo -O.K. estamos listos.

El otro detective nos dijo -O.K. ¡Vámonos!

Yo no sabía a donde iríamos. Mirando a Isaac le pregunté -¿Isaac, a dónde vamos?

-No lo sé. Ellos me dijeron vámonos, no me dieron tiempo de asearme la cara ni de peinarme. Yo estaba durmiendo- me dijo. Y era cierto, su cabello se notaba despeinado.

Salimos. Diez policías nos esperaban para escoltarnos. Caminamos sobre la calle y luego dimos vuelta en la esquina, entrando a un edificio a través de una puerta lateral. Atravesamos un pasillo con puertas dobles que se abrieron. Tan pronto como los policías abrieron las últimas puertas, fui cegado por los destellos. No sólo un destello, parecía que las cámaras nunca se detendrían. Al principio yo no sabía que causaba los destellos. Después de un rato, cuando se detuvieron para cambiar sus bulbos, me di cuenta. En esos días los reporteros tenían las antiguas cámaras que usaban bulbos y tenían que ser cambiados después de cada foto. En las fotos del periódico del otro día, parecía como si tratáramos de cubrirnos la cara por la vergüenza. Esto no era así. Los destellos nos habían cegado.

¿En dónde estábamos? ¿En la corte? Cuando yo estuve en la cárcel Juvenil, en el pasado, tuve que ir a una corte secundaria, pero como este caso era muy serio, nos enviaron a la corte principal.

Cuando entré a la corte, vi a mi hermano y a todos los otros amigos sentados juntos. Vi a mi madre y a algunos amigos. Los parientes y los amigos de los muchachos que habían muerto estaban ahí también.

El juicio no duró mucho. Nos levantamos y dijimos: -¡No culpables! Después de que abogamos por nuestra inocencia, la audiencia terminó. Salimos, atravesando entre el ejército de reporteros que nos cegaban con los destellos de sus cámaras; ¡Y de nuevo a nuestras celdas! No pude hablar con mi abogado.

El siguiente domingo, llegó mi madre de visita. No se veía bien. Lucía cansada y preocupada por los acontecimientos. Traté de mostrarme positivo, a pesar de que me sentía muy mal. Ella me preguntó -¿Cómo va todo por aquí m'ijo? ¿Te alimentan bien?

-Claro que sí, mamá. Estoy bien. Tengo un cuarto para mí solo, y además limpio. Como tres veces al día- No le dije que no estaba comiendo bien para que no se preocupara. No porque la comida fuera mala, sino porque se me había ido el hambre. Le dije que tenía mi propio cuarto; sin embargo, realmente era una celda.

Después de que mi madre se fue me quedé triste, no por mí, sino por ella. Regresé a mi celda y me senté en la cama a hacer lo mismo que había hecho los otros días: ¡Nada! Después de una semana en esa celda, yo la conocía muy bien, cada rajadura y cada mancha. Hasta sabía cuantos ladrillos había en las paredes. Todo lo que podía hacer, era contarlos, una y otra vez.

Capítulo Doce

EL REPORTE DE LA ESCUELA

Cuando estaba en sexto grado me iba mal en la escuela. No podía con las matemáticas ni con la ortografía y andaba de patán metiéndome en problemas todo el tiempo.

Cada vez que mi madre era llamada a platicar con la maestra, fui golpeado con un cinturón en manos de mi padre. Mi padre no nos daba amorosos golpesitos. De hecho, una vez que fue a México de visita, trajo un auténtico látigo de piel. Lo colgó donde usualmente colgaba su cinturón, en el calentador de agua.

Mi madre fue llamada ese día para hablar con la maestra. Todo el día estuve preocupado porque ya sabía lo que sucedería cuando llegara a casa y mi padre arribara del trabajo.

En todos mis años escolares para mí fue muy difícil aprender. Las cosas simplemente no se grababan en mi mente. En mis años escolares siempre estuvimos los mismos; fuimos conocidos como el grupo lento. En las clases nos las pasábamos jugando y a cada rato nos enviaban a la oficina del director. Muchas veces intenté esforzarme por aprender pero cada vez me demostraba a mí mismo que no podía.

Varias veces traté de explicárselo a mi padre, pero él no me creía. Un día antes de que mi madre fue a platicar con mi maestra para ver como me iba en la escuela, mi padre me llamó a la sala donde él estaba recostado en el sofá mirando la televisión. -Arturo. Arturo.- Yo estaba en mi cuarto con mi hermano Eddie.

-¡Arthur! Papá te llama.- Me dijo Eddie.

Como yo no había escuchado le respondí -No, no me está llamando-. Si mi padre me llamaba, de seguro iba a ser castigado por alguna cosa. Él nos pegaba casi todos los días.

Si hacíamos esperar a mi padre demasiado, después que nos había llamado, entonces éramos castigados por hacerlo esperar.

-¡Arturo!- gritó mi padre, con enojo. Yo corrí hacia la sala.

-¡Qué, papá?- Después de oír el tono de su voz, me quedé parado con un sentimiento de temor sin saber lo que quería de mí.

-¿Dónde estabas?- me preguntó.

-Estaba en el cuarto- respondí, con las manos jalando las costuras del pantalón y con un miedo.

Tratando de decidir lo que haría a causa de que había tenido que llamarme dos veces, se quedó pensando. Después de un momento dijo -Tu madre va a ir a la escuela a hablar con tu maestra mañana. ¿Cómo te va en las clases?- Yo no sabía por que mi padre me hacía semejante pregunta cuando él sabía que yo era un desastre en la escuela. Yo pensaba que en todos los días que había ido a la escuela, en ninguno me había ido bien; sin embargo, aunque yo estaba seguro de esto no podía decírselo así a mi padre, porque corría el riesgo de recibir el doble de castigo.

-No lo sé, papá.- le dije.

-Arturo- dijo -si yo fuera tú iría a la escuela mañana y le diría a la maestra -¡Por favor, dígale a mi madre que estoy haciendo bien todo en la escuela! ¡Por favor! ¡Por que si usted no lo hace mi padre va a castigarme con un látigo! ¡Con un látigo de verdad!- Si yo fuera tú, me pondría de rodillas y le diría eso a mi maestra.

Yo no quería recibir el castigo; sin embargo, yo sabía que no podía ir y decirle eso a mi maestra... ¿O tal vez sí podría?... Quizás ella mentiría por mí. No, yo no le gustaba a ella. Algunos maestros habían sido tolerantes conmigo, pero ésta era muy estricta.

Conforme me acercaba a mi cuarto, me detuve a mirar el látigo colgando cerca del calentador. -¡Qué cosa tan horrorosa!- pensé. Entonces pensé que si yo conseguía esconderlo en alguna parte, entonces mi padre me castigaría con un cinturón normal. No, porque si yo hacía eso, mi padre podía tener un coraje repentino y todos nosotros obtendríamos una tunda de nalgadas y entonces regaríamos la casa de lágrimas buscándolo, porque él pensaba que si nos nalgueaba a todos, entonces sabía que había castigado al culpable.

Al siguiente día en la escuela, estaba esperando la oportunidad adecuada para hablar con mi maestra. Entre más pensaba en el látigo colgado, más me convencía de que debía tratar de prevenirlo. La campana para el almuerzo sonó. Todos los niños corrieron al patio. Usualmente yo era uno de los primeros que salían. Hoy no. Me quedé en mi silla.

Tres niñas se quedaron en el salón también y fueron al escritorio de la maestra para hablar con ella. Ellas se divertían platicando y no habían advertido mi presencia. Cinco minutos después las niñas dejaron el salón. Ahora era mi turno para hablar con la maestra. Me levanté de mi silla y luego me acerqué muy despacio a su escritorio. Cuando su vista se encontró con la mía, miré en su cara como que decía -¡¿Qué quieres?! ¡No me caes bien! ¡¿Qué estás haciendo aquí?!

Cuando llegué a su escritorio, me miraba sobre el arillo de sus anteojos, esperando a ver que tenía que decirle. Sentí el estómago revuelto y pensé que iba a vomitar.

-Señora Hegan- le dije -Mi madre viene a hablar con usted el día de hoy y quisiera tratar eso con usted.

Me miró en una forma sarcástica y movió su cabeza, esperando a ver que le iba a pedir. La señora Hegan era una mujer vieja de cabellos grises. Era una maestra estricta, y no le gustaba nada que las cosas no marcharan a su manera. No nos dejaba pasar una sola falta. Si alguien se formaba mal la maestra se levantaba, iba al teléfono de la pared, lo descolgaba y decía que estaba mandando a alguien a la oficina del director.

En el curso de los años escolares algunos maestros trataban de ayudarme a aprender mostrándome como hacer lo que supuestamente debía hacer, pero no la señora Hegan. Ella me daba la tarea y si no la hacía, aunque no la hubiese entendido, yo quedaba en mal siempre con ella.

-Señora Hegan, si usted le dice a mi madre que no estoy haciendo bien mis tareas en la escuela- le dije, y rápido agregué -mi padre tiene un látigo que trajo de México, y él va a castigarme con él. Por favor, dígale a mi madre que me porto bien; y si usted hace eso yo me esforzaré duramente para hacer mi trabajo bien.

Todo lo que ella hizo fue mover la cabeza, pero no arriba y abajo, si no balanceándose hacia delante y hacia atrás como si yo estuviera mintiendo acerca del látigo. Yo sabía lo que ella estaba pensando, por lo que agregué -¡El tiene un látigo! Ya lo ha usado antes para castigarnos. Mi tío se lo dio en México. Claro que mi tío se lo dio, pero no para que lo usara para castigarnos.

Moviendo la cabeza, todavía mirándome sobre el arillo de las gafas, me dijo -Tengo que decirle a tu mamá como te comportas. Si quieres conseguir un mejor reporte, tendrás que trabajar más duro.

-Pero estoy tratando- le respondí.

También pude decirle que no iba a trabajar duro. A la señora Hegan no le importaba lo que me pasara. Probablemente mi padre me mataría por esto, sin embargo a ella le tenía sin cuidado.

Ella no se preocuparía por mí de todos modos. ¡De hecho, parecía como si ella quisiera que me castigaran con el látigo! Durante todos los años de escuela, la recuerdo como mi maestra más ruín.

Más tarde mi madre llegó a hablar con la maestra. Yo estaba en mi recámara esperando a que regresara; mi padre no había vuelto del trabajo, aún. Estaba en mi cuarto, pero no me sentía bien. Oí la puerta de enfrente cuando se abrió y luego cuando cerró, y pensé que era mi madre quien había llegado, esperaba que no fuera mi padre. Me deslicé en el pasillo para ver quien era. Si era mi padre, debía ocultarme de su vista inmediatamente, porque de otro modo yo conseguiría un par de latigazos y no quería que me pasara eso. Mi padre siempre encontraba algún pretexto para castigarnos.

Mi madre estaba sentada en el sillón de la sala mirando algunos papeles, cuando yo entré. Me acerqué para besarla. Ella siempre fue buena con nosotros. Ella se sentía realmente mal cuando mi padre nos castigaba de la forma como lo hacía, pero no había nada que ella pudiera hacer. Cuando nos disciplinaba y llegaba al punto de sobrepasarse en el castigo, si mi madre decía algo, entonces se enojaba con ella. Supongo que no importaba mucho porque él siempre andaba enojado con ella de todos modos.

Mi madre me abrazó y me dijo -¿Arthur, por qué no pones más empeño en la escuela?

-Trato mamá, pero...- No sabía que decir. Cuando estaba en la escuela quería aprender pero era muy difícil para mí recordar las cosas.

Mi madre y yo sabíamos lo que sucedería cuando mi padre llegara a casa. Me dijo que me fuera al patio trasero o a mi cuarto hasta que él llegara.

Yo sabía lo que debía hacer. ¡Ponerme a trabajar! Mi padre disfrutaba ver a sus hijos trabajando. Mi plan era arrancar hierbas del patio. Cuando él llegara a casa podría decir -Oh, que buen niño! Pienso que esta vez lo dejaré en paz y no lo castigaré porque él está trabajando en el patio.- esperanzado, pensé que eso diría.

Comencé a arrancar malas hierbas del jardín de enfrente. Cerca de la banqueta sembramos algunos arbustos de rosas que siempre tenían pasto silvestre alrededor. Haciendo esto, cuando mi padre llegara a casa, la primera cosa que él vería sería a mí trabajando. Hice un rimero de hierbas, luego me detuve y observé a la calle por si lo veía venir. Me sentía nervioso y me senté a esperar en el encintado de la banqueta de la calle.

Nuestra casa era la penúltima al final de la calle. El asfalto de la calle terminaba antes de llegar a nuestra casa. En los inviernos la calle se volvía terreno lodoso. El patio trasero era grande, cuando compramos la casa el patio solo era un terreno polvoso. Detrás del patio había cercas con alambre de púas. Del otro lado de la cerca, había un campo verde con muchas vacas.

Mirando hacia delante sobre el asfalto a dos cuadras donde Virginia Place empezaba y pude ver un auto dando la vuelta en la esquina, parecía el de mi padre. Me paré y traté de reconocerlo. El auto se aproximaba. Entre más se acercaba más parecía ser el de él. En mi estómago sentí como si revolotearan mariposas. Corrí hasta los arbustos de rosas y comencé a trabajar. El auto estaba a unas casas más abajo. Me arrodillé pretendiendo no verlo. Esperé unos segundos, pero no era él.

Terminé esperando por dos horas antes de que mi padre llegara. Cuando llegó, comencé a trabajar de nuevo tiempo extra.

-¡Hola, papá!- le dije sentándome en el suelo con mis hierbas en la mano. Él se detuvo por un minuto y me miró. Al principio creí que lo había impresionado, pero luego me di cuenta que él estaba pensando. No dijo nada, se encaminó a la casa. Me quedé sentando preguntándome qué iba a pasar.

-¡Esperanzado! ¡Esperanzado! La puerta de enfrente se abrió.

Mi padre apareció ahí -¡Arturo! ¡Ven acá!- dijo en forma áspera.

-Aquí voy- pensé, mientras él me esperaba. Caminé hacia la puerta y vi el látigo en su mano. Sentí un impulso que me mandaba correr; pero pensé ¿A dónde iría? Yo había estado en esta situación muchas veces en el pasado. ¡Odiaba esto! Cuando atravesé la puerta ya iba llorando. Mi padre se enojó más y me animó a ser bravo, ¡Pero yo no podía! Yo sabía que él no dejaría de golpearme. El no tenía límites cuando nos castigaba. Entonces, me dijo que me diera la vuelta y pusiera la espalda. Lo hice, porque yo sabía que no hacerlo las cosas para mí se pondrían peor.

-¡Te dije lo que debías decirle a la maestra!- gritó mi padre, cuando sentí el primer golpe en la espalda. -¡Contéstame!- gritó de nuevo.

Yo no sabía si me había hecho una pregunta, porque de haberlo sabido le habría contestado de inmediato. Con el primer golpe en mi espalda caí. Luego me dio otro ramalazo cuando iba cayendo. Sentí la espalda vibrar. ¡Era el látigo! Lastimaba más que el cinturón. Se detuvo por un momento y dijo -¡De ahora en adelante, quiero buenos resultados!- Y volvió a golpearme. Vi el látigo que venía, entonces coloqué mis manos para protegerme. ¡Mi padre se enojó más! Gritó que cada vez que yo pusiera las manos como protección él me golpearía el doble. Realmente trataba de no poner mis manos, pero yo estaba pasando un mal rato.

-¡Auxilio! ¡NO! ¡NO SIGAS, PAPÁ! ¡DETENTE! ¡POR FAVOR! ¡MAMÁ! ¡MAMÁ!- Nadie vino a mi rescate. Si mi madre lo hacía, entonces pasaría un mal rato, también porque mi padre se había enfadado tanto que tenía que desquitar su coraje con alguien. En otras ocasiones ella trató de ayudarme, pero solo empeoró las cosas.

Como si fuera un destino que cumplir, y que este tipo de cosas estuvieran escritas en su libro, pasé mi niñez. Si no era por la escuela, era por otras cosas.

Para cuando fui a la Secundaria, había perdido el interés en los trabajos escolares. Iba a la escuela para estar con mis amigos y para mirar algunas muchachas.

◆ ◆ ◆

Caminado en mi celda, sentí un dolor agudo en la boca. -¡Dolor de diente!-pensé y confirmé. Me dolía tanto que no podía masticar el desayuno. Le dije al guardia que tenía un dolor en el diente, pero pareció no importarle.

Cerca del medio día un guardia vino a mi celda a ver como me encontraba. Le dije que no estaba nada bien; mi diente se estaba poniendo cada vez peor. Abrió la puerta y entró. Era un joven Chicano. Este hombre me caía bien porque podía tenía la cualidad de mostrar la compasión en sus ojos. Me habló en un tono amable; de esta forma mostraba sus sentimientos hacia mí. Me parecía que era el mejor guardia de todos.

-¿Cómo te va, muchacho?- me preguntó. El era un joven como de veinticinco años.

-¡Necesito ir al dentista!- le dije, sosteniendo un lado de la mandíbula.

-Veré qué puedo hacer- dijo conforme cerraba la puerta y le ponía el seguro.

El resto del día el dolor de diente me acompañó. No pude comer y me mantuve en la cama en un quejido. Oí las llaves y cuando la puerta se abrió, pero era tanto el dolor que no podía ni abrir los ojos. El guardia Chicano entró. Parándose cerca de mi cama me dijo -¿Cómo la estás pasando compañero?- No pude responderle; el dolor era muy intenso. Pensando en esto, no creo haber tenido un dolor tan agudo antes o después de esa vez. El guardia me dijo -Me está costando mucho trabajo conseguir llevarte al dentista. Dicen que es necesario conseguir una orden de la corte y llevarte con una escolta especial. Quise que supieras que estoy tratando.

Le respondí -¡Estoy postrado dando vueltas del dolor! Ya han pasado dos días. Si ellos no pueden llevarme al dentista, entonces que traigan uno para que me vea.

Pasé la noche sin dormir. Me acosté en el piso y me enrollaba de dolor y pateaba la puerta de la celda. ¡Tal vez los guardias vendrían y me dispararían y acabarían el dolor de una vez!

El guardia venía a hacer su chequeo. Yo no podía hablar bien porque mi boca estaba hinchada y el dolor me atormentaba. En una ocasión, uno de los guardias vino y abrió la puerta y me observó. Después de un rato, dijo - Solamente estoy checando como estás- Eso fue suficiente para rebasar mi enojo, ¿Por qué checaban a cada rato? ¿¡Para ver si aún no había muerto?! Dándome vueltas en el suelo, sosteniendo la mandíbula con las dos manos, le gité -¡Qué diablos piensas, hombre! ¡Necesito un doctor!

Las luces de la mañana se filtraban por la ventana. Mientras yo continuaba enrollándome en suelo de dolor, oí que alguien vino hasta mi puerta y la abrió, no podía ver quien era, pero llegué a pensar que mi celda era la cámara de la tortura y a cada rato venían los guardias para ver si yo estaba sufriendo suficientemente. Tres días pasaron y el dolor no cedía. Pensaba que iba a morir y llegué a desearlo con tal de que desapareciera el dolor. La mayor parte de tiempo me la pasaba tirado en el suelo, o de rodillas golpeándome la cabeza en el muro.

Cerca del mediodía, estaba tirado sobre mi cama pateando la pared y pateando la parte de arriba de la litera. No había dormido y estaba fatigado. ¡De repente todo se volvió verde! ¡Qué bello parque! ¡Lo había visto antes! El parque tenía un lago, y varios patos nadaban en él. Vi a la gente disfrutando el paseo a la distancia. Me recosté sobre el tronco de un árbol. -¡Qué parque más lindo; al llegar aquí mi diente había dejado de dolerme! El dolor se había ido. Una sensación de alegría me inundó.

Tomé un profundo suspiro. ¡De respente escuché algo! ¿Qué es ese ruido? Sonaba como el ruido que hacen las llaves al chocar ¿Llaves aquí?

-¡De acuerdo, Arthur! ¡Vámonos!- dijo una voz. Regresando de un profundo sueño me di cuenta de donde estaba. Algo había cambiado en mi boca. ¡El dolor se había ido! Mi diente no volvió a dolerme más.

-¿A dónde vamos?- le pregunté, conforme me despertaba.

El guardia amable fue quien abrió la puerta y me dijo -Finalmente encontré un juez que firmó una orden superior para llevarte al dentista.- Toqué mi cara con la mano. Era muy difícil de creer que el dolor se había ido. ¿Debería decirles que ya no tenía dolor?

Conforme me lavaba la cara el guardia me esperaba con la puerta abierta. Sostuve mi mandíbula y caminé hacia afuera para que ellos pensaran que todavía me dolía. Pensé dentro de mí -Dejaré que me saquen, de todas maneras, será como un paseo de campo.

Dos detectives y un oficial de policía me escoltaban. Antes de partir, me pusieron cadenas alrededor del cuerpo como si llevaran a un animal salvaje. Las cadenas daban vueltas en mi cuerpo y luego me ataban las manos y daban vueltas alrededor del cuerpo de nuevo.

Cuando llegamos al dentista tuve que esperar en la salita de recepción con los tres guardias rodeándome y con las cadenas encima. La gente que esperaba ahí no podía quitarme los ojos de encima. No me importaba. Me sentía complacido de salir de la cámara de tortura.

El dentista dijo que la razón por la que había cesado el dolor fue porque mi diente había muerto. Me miró y me dijo -Debes haber tenido un dolor inmenso. ¿Cómo pudiste soportarlo? El doctor tenía que extraer el molar aunque no tuviera vitalidad porque podía causar una infección.

Cuando regresé a mi celda traía una gran bola de algodón en la boca. Me senté en la cama. La celda no tenía la misma apariencia ahora que no me revolcaba en el suelo. Descansé en mi cama con mis pensamientos de cuando era niño.

Capítulo Trece

EL CRUCERO

Cuando tenía cinco años, nos movimos de San Fernando Street (calle San Fernando) a Spencer Street (calle Spencer). Spencer cruzaba Virginia Street, a una cuadra de Delmas Street (calle Delmas). Mi padre tenía una casa pequeña que había comprado a un precio muy bajo. Era una casita de una recámara, con su cocina, el baño y la sala. En la sala dormíamos Eddie y yo. Tita y Víctor dormían en la recámara con mis papás.

Fuera de la casa había un gran patio trasero lleno de maleza. Mientras Eddie y yo crecíamos pudimos aprender del poder reproductivo que tienen esas malezas. Años enteros pasamos tratando de destruirlas, pero siempre brotaban más. En el patio había también un viejo bote con el fondo roto. Cuando recién nos cambiamos a la casa, no estaba en tan mala forma. A través de los años, con ese bote le dimos la vuelta al mundo. Cuando lo dejamos ya no podía ser utilizado.

Mi padre trabajaba en la fábrica de latas. Mi padre nos hacía alcancías con las latas vacías. Encima tenían una ranura como verdaderas alcancías. Teníamos una en la casa llena de monedas.

La lata continuamente llamaba mi atención. Decidí robarla. Le iba a decir a mi hermano Eddie si quería ayudarme; pero pensándolo bien, si le pedía a Eddie que me ayudara entonces tendría que compartir el dinero con él. Conociendo a mi hermano, sin duda me pediría más de la mitad del dinero; por lo que preferí hacerlo yo solo.

Esperé un día más. Pensé que el plan era muy bueno: ¡Tomaría el dinero y correría! ¡Quién sabe a dónde correría, pero yo debía correr!

Mi padre estaba trabajando y mi madre estaba durmiendo porque ella trabajaba en la empacadora de noche. Me deslicé por la casa, agarré la alcancía y preparé mi huida hasta el bote. Esperé en el bote por un rato, luego corrí a la casa y tomé un cuchillo de la cocina.

Era muy difícil para mí abrir la lata. Solamente pude doblar la tapa de la lata haciendo el agujero más grande. Una vez que saqué el dinero, llené mis bolsillos y fui a la tienda de la esquina sobre Virginia Street y Delmas.

Teniendo todo éste dinero, adquirí un gran sentido de la importancia. Como no me cabían los caramelos en las bolsas, los repartí a los niños que encontraba en la calle. Caramelos y gomas de mascar. Mi hermano Eddie quería saber donde había conseguido los dulces, le dije que un señor en el parque los estaba regalando.

La tienda del vecindario se encontraba solamente a una cuadra, y el parque estaba enfrente de la tienda. En esos días era muy diferente a como se encuentra hoy. Los niños corríamos a la tienda todo el tiempo. Cuando íbamos al parque, teníamos que ser muy cuidadosos con los automóviles porque teníamos que cruzar la calle principal.

Con todos esos caramelos me fui al bote y me fui de vacaciones. Me sentía contento y sin preocupaciones, viajando en mi bote alrededor del mundo, tomando el sol. Imaginaba que las hierbas de la maleza que rodeaban el bote eran las olas; el bote nunca hacía agua. ¡Qué vida: mi boca llena de gomas de mascar y mis bolsillos llenos de caramelos!

-¿Qué es eso que oigo en la distancia?- pensé -¿Alguien me llama?

-¡Arthur, Arthur, papá te llama!- Levantándome rápidamente escupí la goma de mascar de mi boca. ¡No sabía qué hacer! -¡Oh no!- me dije -¿Por qué no pensé en lo que haría cuando mi padre llegara a casa?

De nuevo Tita me llamó gritando con todas sus fuerzas -¡Arthur, Arthur, papá te llama!

Conforme entraba a la casa, vi a mi padre sentado en mi cama sosteniendo la lata que había abierto. ¿Cómo consiguió la lata? Recordé que la había tirado lejos de la banqueta enfrente de nuestra casa. ¿Cómo la consiguió? Mi padre no apartó la vista de mí conforme entraba al cuarto. Eddie y Tita permanecían cerca de él.

-¿Arturo, tomaste la alcancía y el dinero?- preguntó muy seriamente.

-¿Qué alcancía, papá?- dije, tratando de aparentar sorpresa.

-Ven acá- dijo, moviendo sus manos e indicándome que me acercara. Sus ojos no se apartaban de mis bolsillos que estaban repletos de caramelos y dinero. Mi padre vació mis bolsillos sobre la cama. Al fondo del bolsillo había algunas monedas que aún no había gastado. Se sentó ahí por un rato, señalándome con su mirada y esperando a que yo dijera algo. Finalmente dijo -¿Dónde conseguiste el dinero, Arturo?- y luego continuó -No quiero que me mientas porque si lo haces entonces te va a ir peor-. Esperé un momento y pensaba en la respuesta que le daría, yo tenía que pensar en algo que me sacara de éste embrollo.

-Papá, encontré el dinero en el bote. Todo estaba ahí, en el piso del bote.

Me miró por un segundo, sus miradas expresaban duda. Y luego dijo -¿Quién puso el dinero en el bote?

No tuve tiempo de responderle, se levantó y se dirigió a la puerta de atrás y me dijo -¡ven conmigo!

Lo seguí hasta el bote. Parado cerca del bote, me preguntó -¿Dónde encontraste el dinero?- Mi padre me dio dos centavos. Tomé los dos centavos, me metí al bote y coloqué un centavo sobre una saliente con mucho cuidado. De reojo miré a mi padre. Estaba parado con un pie apoyado sobre un lado del bote, preguntándose dónde iba yo a poner el otro centavo. Esperé un momento, pensando que tal vez no me creería.

-¿Por qué me traería aquí afuera, si no me cree? Él podría haberme ya dado una tunda. Y tal vez su mirada hubiera cambiado, porque de seguro eso lo haría sentirse mejor- pensé.

Me incliné para alcanzar otra saliente y coloqué ahí el otro centavo y dije -¡Encontré éste otro aquí!

-¿Estás seguro de haberlos encontrado ahí?

Recogí la moneda y la coloqué dos pulgadas más adelante.

-¡Fue exactamente aquí!- le dije. Cuando volteé a ver a mi padre, él ya iba caminando rumbo a la casa.

-¡Arturo, ven a la casa!- dijo sin voltear a verme.

Éstas eran las tundas que nunca terminaban. Debo haber sido golpeado como diez veces con el cinturón.

Mientras crecíamos, ésto fue lo que también les pasó a mis hermanos y a mi hermana. Mi padre tenía su modo de educarnos. No obstante que él fue abusivo con nosotros cuando estábamos creciendo, lo amábamos mucho, especialmente cuando se fue haciendo viejo. Una vez le preguntamos, cuando ya éramos adultos -Papá, ¿Por qué fuíste tan duro con nosotros cuando éramos niños?

-M'ijo, ustedes eran unos pequeños demonios- contestó -No podía tratarlos normalmente. ¡Ustedes eran salvajes!

-Pensando en mi niñez, creo que fuimos muchachos muy difíciles de manejar. Pero también sé que fuimos tratados en forma más áspera que otros niños. Sin embargo, crecimos amando mucho a mi padre y él nos amaba profundamente.

◆ ◆ ◆

Escuché una voz desde una bocina afuera de mi puerta -Mr. Jones, tiene llamada...- y regresé a mi celda y de mi viaje a través del tiempo.

No tenía nada que hacer en la celda. Habían pasado dos semanas desde que había llegado y esperaba, pensando en lo que iba a pasar. Un día antes, me dejaron salir un rato al pasillo. Mientras estaba ahí, vi a Isaac y a Steve en una celda cercana a la mía. Todo este tiempo habían estado ahí, y yo no lo sabía. Había pensado que ellos habían sido llevados a otro lado. Isaac trataba de decirme algo a través de la pequeña ventana que tenía la puerta.

A Isaac no lo conocía muy bien, aunque había ido a la escuela Mayfair y a Lee Matson con él. No obstante que fuimos compañeros, nunca hicimos amistad. Había oído de su hermano Ceasar, quien era dos años mayor que yo. Supusimos siempre que él era un tipo malo.

Cuando el guardia me regresó a mi celda, me dijo que podía ser movido a la cárcel del condado pronto. Esta fue la primera vez que escuché ésto. Le pregunté: -¿Por qué razón?

Me dijo que iríamos a la corte al día siguiente. Y que ellos iban a decidir si seríamos tratados como adultos en la Corte Superior, en vez de tratarnos como juveniles. Él no sabía cuando yo sería trasladado.

¡Habían pasado dos semanas desde que nos habíamos metido en problemas! Mi madre vino a verme el último domingo; no dijo nada acerca de que podría ir a la Corte Superior. Tal vez no lo sabía.

En la mañana del otro día, vinieron los guardias y nos sacaron de las celdas, justo como lo habían hecho previamente, cuando nos llevaron a la corte. Isaac, Phil y yo fuimos al recibidor principal. El guardia amigable estaba trabajando ese día; y se acercó a saludarnos -¿Cómo les va, muchachos?

-Estoy bien- le respondí. Isaac y Phil le dijeron lo mismo.

-Siento mucho verlos irse, muchachos. Pienso que sería mejor para ustedes si pudieran permanecer aquí más tiempo- dijo el guardia Chicano.

-Todo ésto es nuevo para mí- le dije -Alguien me dijo ayer que podría ser removido, pero que no sabía cuando-. Ésto es lo que sucede cuando uno tiene un mal abogado; él nunca vino a informarme. Parecía más bien que él solo estaba recolectando dinero de mis padres.

-¿Se refiere, entonces a que no regresaremos?- le pregunté.

-¿No lo sabías?- dijo el guardia.

-No. No lo sabía. ¿Ustedes sabían?- pregunté, volteando a ver a Isaac y a Phil.

-Yo tampoco sabía- dijo Isaac -Phillip movió la cabeza, indicando que él tampoco sabía.

-Sí. Tendrán que ir a la corte hoy, y de seguro serán llevados a otro lugar. Creo que tendrán que ir a la Corte Superior para ser juzgados como adultos. De hecho, escuché que ya tienen un lugar especial para ustedes ahí-. Hizo una pausa, por un segundo, sabiendo que tenía nuestra atención. Luego siguió -Entiendo que están haciendo los preparativos ahora. Después de la corte, ustedes irán a la cárcel y no regresarán aquí.

Steve no iría porque era demasiado joven. Los periódicos habían escrito equivocadamente todo, aún cuando hablaron sobre la edad de Art. Él era el más joven de todos nosotros. A causa de que él tenía quince años, la ley lo protegía de ser juzgado en la Corte Superior.

Agradecí al guardia Chicano por ser tan amable. Él fue el único guardia que me hizo sentir como un ser humano.

Abandonamos el recibidor de la misma forma que lo habíamos hecho antes. Fue secuencia semejante a la otra, con las cámaras y los destellos cegándonos. El cuarto de la corte estaba lleno de gente conocida. Del grupo de amigos, sólo estábamos los más jóvenes, a los mayores no los vi. De nueva cuenta la sesión de la corte no duró mucho; recuerdo como si ellos hablaran otro lenguaje; no podía entender nada de lo que dijeron, Después de la corte, sucedió como el guardia había dicho. Fuimos a prisión.

Capítulo Catorce

Detrás de los barrotes

Después de la corte no fue necesario que saliéramos por la puerta donde se encontraban los reporteros. Había una puerta en la parte trasera de la corte que comunicaba por medio de un túnel a la prisión principal.

Conforme avanzábamos por el túnel pasamos varias celdas con prisioneros adentro. Los prisioneros permanecían sentados en bancos, esperando el momento de ser llevados a la corte. Íbamos escoltados por el sheriff y los prisioneros se levantaban de sus asientos para vernos, y algunos intentaban hablar con nosotros. Ellos nos consideraban especiales por que éramos demasiado jóvenes.

Muchos de los prisioneros eran adultos formales, algunos de más de cincuenta y otros mayores de sesenta años. Uno de ellos gritó -¿Hey, muchachos, cómo les va?- Otro dijo -¡Hey, jóvenes, cuídense mucho, me oyen!- Ellos escucharon que habíamos llegado de la cárcel Juvenil. Estos señores nos trataron muy bien durante nuestra estancia. Nos traían comida a nuestra celda; de hecho nos daban toda la comida que quisiéramos.

Entrando a la prisión principal, escuchamos a uno decir -¡Hey, ahí vienen!- El lugar parecía un dormitorio, todos los prisioneros se acercaban a los barrotes para vernos. Buscaba a mi hermano, pero no lo vi. Pensé -De seguro está por aquí, en alguna parte-. Después supe que lo tenían en otro piso, en pequeñas celdas de máxima seguridad.

El sheriff nos llevó por tres tramos de escalera, luego llegamos a una celda donde todos fuimos vestidos con el mismo tipo de ropa. Esperamos en la celda cerca de una hora. Phillip, Isaac y yo platicábamos acerca de los sucesos en la cárcel Juvenil. Les platiqué acerca de mi diente pero ellos ya sabían acerca de eso.

-¿Cómo supieron ustedes, eso?- les pregunté.

Isaac me dijo que pudo oirme desde su celda; y que hacía mucho ruido. También me oyó cuando le grité al guardia y cuando me sacaron para ver al dentista.

-¡Me dolía mucho, amigo!- le dije. Luego le pregunté a Isaac -¿Qué te dijo tu abogado?

Isaac movió la cabeza y dijo -No se, amigo. Él no ha vuelto a venir. Pienso que deberá estar hablando con mi familia.

La celda donde nos encontrábamos se formaba con cuatro paredes de barrotes como una caja con una puerta en frente; además tenía un banco largo que cubría toda una pared. Cruzando el salón, enfrente de nosotros, había un escritorio con un sheriff detrás de él. Varios prisioneros hablaban con él. Otros esperaban, formados para hablar por el teléfono de pared que estaba a un lado del escritorio. Otros prisioneros trapeaban el piso. Dejamos de platicar para observar a nuestro alrededor.

Mirando al tipo que trapeaba, recordé una vez que mi padre llegó a estar realmente enojado conmigo.

Capítulo Quince

El tapete

Mi padre había impuesto una norma para Eddie y para mí. El sábado teníamos que estar trabajando en el patio antes de que el sol saliera. Si mi padre nos despertaba, quería decir que debíamos recibir un castigo con el cinturón. Teníamos que trabajar todo el día hasta que el sol se ocultaba. Si terminábamos todo el trabajo que había teníamos que limpiar todo lo sucio. No podíamos, por ningún motivo, abandonar el trabajo.

Mi padre estaba trabajando en su auto. Yo estaba en el jardín de enfrente. Arrancando maleza, pensando en mis asuntos.

-¡Arturo! ¡Arturo! ¡Ven acá de inmediato!- gritó mi padre.

-Ve adentro de la casa y me traes un 'tapete' (mat, en inglés)

Corriendo desde donde estaba me aproximé a su auto y le pregunté -¿Qué papá?

-¡Ve a la casa y me traes un tapete (mat, en inglés) date prisa!

Sin perder tiempo corrí a la casa con los ojos bien abiertos y temerosos porque mi padre había dicho ¡A PRISA! -Mamá, mamá, Papá quiere un tapete (mat)- le dije a mi madre.

Yo estaba seguro que él quería un tapete (mat), no obstante que él no sabía como hablar bien el inglés. Mi madre se me quedó viendo y calmadamente y despacio me dijo -Si tu padre quiere un tapete (mat), entonces Arthur llévale un tapete (mat).

No sabiendo que hacer le dije -¿Cuál tapete mamá?

Mi madre me miró y me dijo -¿Por qué estás tan ansioso, Arthur?- y luego continuó -Agarra el tapete de la puerta de enfrente- Ella no había terminado la frase cuando yo ya estaba corriendo con el tapete en las manos. No era recomendable hacer esperar a mi padre cuando ya había dado una orden. Corrí hasta donde estaba mi padre.

-Papá aquí tienes el tapete- dije, sosteniendo el tapete en lo alto y pensando esperanzado que hubiese hecho lo correcto.

Mi padre detuvo su trabajo un momento, se sentó y me miró sin decir nada. El tiempo que tardaba mirándome era proporcional al enojo que le había causado.

Me quedé sosteniendo el tapete, pensando -¡Lo conseguí de nuevo!

Mi padre se levantó hacia un lado del auto, se acercó como cinco centímetros de mi cara, y con fuego en los ojos me dijo -¡Estúpido! (en español) te dije el tapete (mat).

No sabiendo que quería decir, le pregunté -¿Papá, qué tapete? (mat)- después de mi pregunta me di cuenta que realmente se había enojado.

-¡EL TAPETE! ¡EL TAPETE! ¡ESTÚPIDO, TRÁEME EL TAPETE!- Si su cara morena se hubiera podido convertir en roja, yo creo que lo habría logrado.

Sin perder tiempo corrí a la casa. Cuando entré a la casa dejé el tapete que tenía en las manos y lo coloqué donde había estado -Mamá, mamá- grité aterrorizado -¡Mamá, mi papá quiere un tapete!

Mi madre volteó a verme y dijo con toda la calma -¿Le llevaste el tapete de la puerta de enfrente?

Entonces yo le contesté atropellándome -¡Sí, pero ése no es el que él quiere!

Mi madre se quedó pensando, moviendo la cabeza hacia delante y hacia atrás, y me dijo.

-Bien, entonces tienes que ir a preguntarle qué quiere decir cuando dice mat (tapete).

-¡Lo hice. Lo que conseguí fue enojarlo más!- afirmé.

-Bueno, probablemente él quiere el mat (tapete) de la puerta de atrás - contestó mi madre.

Corriendo de nuevo, me encaminé a la puerta de atrás, sabiendo que esta vez me había tomado demasiado tiempo para volver con mi padre. Esto quería decir que me estaba consiguiendo unos latigazos. Agarré el mat (tapete) de la puerta de atrás y pensé que tal vez lo quería para sentarse en él, o algo parecido.. Casi sin aliento, llegué hasta donde estaba y le dije -¿Aquí tienes, papá, el mat (tapete) de la puerta de atrás.

Mi padre me miró y dijo en tono furioso, la palabra que amaba usar -¡Estúpido!- Se levantó y se sacó el cinturón.

-¡Papá, tú dijiste 'el mat'. Este es 'el mat'! ¡Sólo dime cuál mat es el que quieres y te lo traigo! ¡Por favor Papá, yo te lo consigo! ¡Por favor, Papá!- le supliqué.

Mi padre me lanzó el primer latigazo con el cinturón que se estrelló por mi hombro. Yo retrocedí un paso.

-¡Papá! ¡Te consigo el mat! ¡El tapete que tú quieras!- Otro latigazo se me estampó en las piernas. Caí al pasto. Justo en ese momento, mi madre corrió hasta la puerta de enfrente.

-¡Joe, Joe! ¿Por qué le estás pegando?

Mi padre volteó y le dijo a mi madre -¡Le dije a este ESTÚPIDO! Que me trajera el 'mat' y él me trajo el MAT!

Mi madre preguntó, entendiendo el modo en que mi padre pronunciaba ciertas palabras en Inglés -¿Qué es lo que quieres?

-¡EL MAT! ¡EL MAT! (el tapete, el tapete) -gritó

-¡OH! ¡Tú quieres decir el MOP! (el trapeador)- dijo mi madre.

De nuevo fui castigado por nada. Mi padre solía decirnos que sabía que hacíamos muy malas cosas y no éramos atrapados. Sin embargo, cuando nos castigaba por algo que no habíamos hecho, y realmente éramos inocentes. Decía que era por algo que habíamos hecho y por lo que no habíamos sido cachados.

◆ ◆ ◆

Sentado en la celda y pensando en las cosas me di cuenta que mi vida realmente había cambiado. Algunos de estos hombres se miraban como gente muy vieja. Y pensaba si yo tendría la oportunidad de llegar a la edad de ellos.

Un sheriff vino a la puerta de la celda con sus llaves. Abrió la puerta de barrotes y nos dijo- ¡De acuerdo muchachos, Vámonos!- sin saber a donde íbamos, fuimos llevados por un salón largo.

A ambos lados del salón había grandes celdas con veinte o treinta hombres en cada una. Parecía como si todos los que estaban ahí estuvieran fumando. Algunos estaban sentados en sillas mirando la televisión. Otros se sentaban en las mesas jugando cartas o algunos estaban en sus literas durmiendo. Dando vuelta a la izquierda por otro salón, el sheriff dijo -Por este lado, muchachos-. El salón estaba al dar la vuelta. Al final del salón había una puerta con dos secciones. La mitad de arriba fue abierta, y la mitad de abajo continuó cerrada como si tuviera un estante. A la izquierda de la puerta había un gran cuarto con azulejo en el piso y en las paredes; había bancos alrededor. Cuando llegamos a la puerta, yo había entendido donde estábamos: en las regaderas.

Un hombre vino hasta la puerta que tenía la mitad abierta y el sheriff le dijo -¡Hey, Williams, arregla a estos muchachos!- El hombre detrás de la puerta no era un sheriff, también era un prisionero.

-Sí, señor- dijo. Entonces el sheriff regresó a recoger nuestras cosas. Vino con pantalones, camisas, ropa interior, zapatos y toallas. Debe haber estado haciendo esto por mucho tiempo. Toda la ropa que me dio me quedó justamente.

-¡O.K. muchachos, entren ahí!- dijo el sheriff apuntando con su dedo a las regaderas detrás de la pared del otro cuarto. Luego continuó -Estaré de vuelta en un momento. No se tomen mucho tiempo.

El sheriff se fue. El prisionero que nos dio la ropa regresó al cuarto a lo que estaba haciendo cuando llegamos. Pensé que todo estaba muy bien. Esta era la primera vez que nos dejaban solos desde que habíamos sido encerrados.

Mientras esperábamos, desvestidos, empezamos a hablar acerca de las cosas que habían sucedido en la fiesta. También hablamos acerca del futuro. Phillip pensaba que tal vez nos dejarían libres. Isaac, creyó que nos llevarían a San Quintín o alguna otra prisión más dura.

-Yo no creo eso- les dije -Pienso que somos demasiado jóvenes- y luego continué -Pienso que iremos a Youth Autority (YA).

-Yo ya estuve ahí antes -dijo Isaac en forma jactanciosa.

Entrando a las regaderas, Phillip dijo -Oh sí, ¿Cómo es ahí? ¿Es tan malo como escuché?

Isaac, controlando la conversación, dijo -¡Hey, hombre, yo creo que tú nunca has tomado una ducha como ésta!

-¿Por qué no?- pregunté.

-Porque nunca en tu vida habías sido observado por tantos homosexuales como ahora- me respondió.

-¡Qué disgusto! ¡Hey, hombre, si algún homosexual se acerca a mí yo te aseguro que lo noqueo a golpes- le dije.

-¡Hey, amigo, ellos no vendrán! Ellos solamente clavarán la mirada en ti.

Sin decir nada más; nos quedamos pensando en lo que Isaac había dicho y continuamos tomando el baño.

Después de un momento salimos de las regaderas a vestirnos.

-Yo no creo que nos envíen a YA- dije.

Isaac respondió -No está tan mal. Tú solo tienes que entender las 'movidas' (en español).

-¿Qué quieres decir con movidas?- le pregunté, cuando ya me había vestido.

-Bien, movidas son las reglas que los tipos te dicen que debes seguir -explicó Isaac.

Yo todavía no entendía lo que quería decir cuando decía 'movidas'.

-¿Qué son algunas COSAS, que uno tiene que hacer?- le pregunté.

-Bien, cuando un tipo blanco o un negro se levanta de una silla, tú tienes que limpiar la silla antes de sentarte- dijo.

-Creo que eso es muy tonto. ¿Por qué alguien quisiera hacer algo como éso?- pregunté.

-Porque no nos gustan los negros y a los negros no les gustamos nosotros. Y los blancos, no quieren a nadie que no sea como ellos- dijo, tratando de explicar el sistema carcelario.

Capítulo Dieciséis

Manos negras

Cuando yo estaba creciendo, ni mi padre, ni mi madre hablaban mal de otras razas, por lo que crecimos sin prejuicios raciales. En el lado este de San José, había muchos negros; algunos blancos, pero no muchos; los que sí abundaban eran los Chicanos.

Una vez, un poco antes de que nos metiéramos en éste problema, mis amigos y yo teníamos dificultades con los tipos de Meadow Fair. Meadow Fair, era un vecindario donde muchos tipos rudos vivían, cerca de King y Tully Road (calle Tully). Muchos de estos muchachos iban en nuestra escuela secundaria, W.C. Overfelt.

Durante la hora del almuerzo, mis amigos Art, Ray, Bobby, Dennis y yo acostumbrábamos caminar alrededor del campus platicando con algunas muchachas y con los otros compañeros.

Dennis era de complexión media, con cabello ondulado y cara de niño. Art era chaparro, pero su apariencia podía engañarlo a uno, Art era rudo; y otra cosa más acerca de él, parecía no tener miedo de nada. Ray era el primo de Art. Ray era delgado y estaba siempre listo a respaldar a sus amigos; él siempre estaba cerca cuando lo necesitábamos. Bobby X era de complexión mediana, y no importaba lo que estuviera haciendo, él no permitía que su cabello se despeinara. Si por algún inconveniente se despeinaba, inmediatamente sacaba su peine y lo arreglaba.

Cada vez que nosotros pasábamos por Meadow Fair, recibíamos sucias miradas de los tipos rudos. Yo no les caía bien porque un poco antes había tenido una pelea con uno de ellos.

Vi a Dennis más tarde ese día. Dennis me dijo que Roy uno de los muchachos de Meadow Fair quería pelear con él en el parque esa noche.

-¿Qué pasó?- le pregunté. Él no sabía por que. Joe, de Meadow

Fair, le dijo a él que fuera al vecindario listo para pelear. Dennis le contestó que estaba de acuerdo, que estaría ahí. Le dije a Dennis que no se preocupara, que reuniría a los amigos para ir juntos.

Esa tarde llamé a nuestros amigos que vivían a unas cuadras de Virginia y Story Road: Frank, Bert, Richard, y una pareja de muchachos. Por el vecindario estaban Dennis, Art, Ray, Danny, Bobby, Tommy y su hermano John. Pensé que con estos sería suficiente porque nosotros éramos buenos peleadores.

Nos reunimos en Waverly Avenue (avenida Waverly) donde vivía Art, de hecho el parque estaba detrás de la casa de Art. Mientras esperábamos, uno de los sujetos que se nos unió nos preguntó quiénes más venían. Le dije que eran todos los que se suponía que vendrían a ayudarnos. El se quedó pensativo moviendo la cabeza y luego dijo -¡Oh, no!-. Entonces yo le pregunté qué andaba mal.

Se me quedó viendo y agregó con una voz que denotaba preocupación, mientras movía la cabeza de un lado a otro -Hey, hombre, esos individuos han juntado como veinte o treinta buenos peleadores.

-¿Cómo lo sabes?- Le pregunté, porque no le creí.

-Porque conozco a uno de Meadow Fair y me lo platicó tratando de convencerme para que fuera con ellos. ¡Me dijo hace un momento por teléfono que todos los muchachos de Meadow irían al parque a pelear!

Se quedaron estáticos, pensando lo mismo que yo: -Necesitábamos más ayuda.

Todos se quedaron esperando para ver qué haríamos.

-¡Hey, ésta pelea es entre Roy y yo!- dijo Dennis.

-¡Dennis- le dije -nosotros estaremos respaldándote, amigo!- y luego agregué -¡Si tú quieres pelear sólo con él está bien, pero si alguien más salta sobre ti yo saltaré sobre él, si algun otro lo hace, todos los nuestros lo harán! ¿De acuerdo muchachos?

Todos movieron la cabeza en señal de acuerdo y algunos exclamaron -¡Sí! ¡Nosotros te respaldamos, por eso estamos aquí!

-Miren- dijo Dennis -Yo quiero que la pelea sea solo entre él y yo-. Bueno, eso fue lo que él dijo, pero yo me encontraba preocupado pensando lo que haríamos, porque los tipos de Meadow Fair, eran muchos más que nosotros.

-Hey, mi vecino, el tipo negro, tiene a sus amigos con él ahora. Yo creo que ellos estarían dispuestos a ayudarnos, o al menos juntarse con nostros para parecer como si tuviéramos un montón respaldándonos.

-A mí me suena bien. Ve y pregúntale Art- le dije, y todos estuvieron de acuerdo.

Art fue a hablarles. En un momento regresó con ocho individuos negros. Cuando los reconocí, les dije -¿Hey, amigos cómo están?- y luego estreché la mano de uno de ellos, mientras pensaba -¡Yo los conozco!, son mis compañeros de clases.

Uno me dijo- ¿Hey, Arthur, escuché por ahí que necesitas ayuda?

Al juntarse ellos con nosotros, nos veíamos como una gran pandilla. Comenzamos a movernos rumbo al parque para reunirnos con los de Meadow Fair a las 8:30 p.m.

El parque estaba realmente oscuro y en silencio. Nos encaminamos al centro del parque, pasando a un lado de las mesas que servían de comedor en los paseos de campo. Nos sentamos a esperar, reclinados en nuestros barrotes y en nuestros palos de beisbol. Art, traía como arma algo que parecía una espada. En ese tiempo yo no sabía lo que era, pero ahora si lo se. Era un cuchillo largo y puntiagudo que él había afilado tanto que lo había rebajado como una espada. Le pedí a Art que me permitiera usarlo esa noche. Al principio no quiso cambiarlo por el barrote que yo traía, pero luego estuvo de acuerdo.

Estuvimos esperando y pensando que tal vez aquellos se habían arrepentido de venir. Mientras esperábamos elaboramos un plan. Le preguntamos a Dennis si estaba seguro de que quería pelear sólo con Roy. Él repitió lo que había dicho antes. No quería que nadie interviniera. Bien, eso estaba bien para nosotros. Luego acordamos que si él no quería pelear, o si Dennis estaba perdiendo la pelea, él sólo tendría que mirarme y decir -¡O.K.!- Y ésta sería la señal para saltar sobre ellos.

Se estaba haciendo tarde. Pensamos que tal vez sería mejor dejar el lugar, porque parecía que se habían atemorizado de enfrentarnos. Pensé que tal vez ellos no podían vernos porque estaba oscuro y estábamos en medio del parque.

-¡Son ellos!- Dijo Bert. Nos quedamos en silencio, observando.

-¿Dónde están?- Preguntó alguien. Entonces vimos un auto que se movía muy lentamente.

-¡Hey!- dijo alguien -¡Si ellos quieren pelear y si sólo vienen en un auto, van a pasar un mal rato!- Nadie pudo aguantarse la risa.

La tercera vez que el carro pasó a un lado del parque, andaba como a diez millas por hora. Del lado del acompañante del chofer, un tipo iba parado sobre el estribo del auto. El individuo gritó -¡MEAD-

OW FAIR!- Luego arrancaron más fuerte y volvió a gritar -¡MEAD-OW FAIR!

-¡Hey amigo, ellos nos están preguntando quiénes son y quieren saber quiénes somos nosotros!- dijo Richard.

Entonces alguien dijo -Bueno, ¿Quiénes somos nosotros?

-Buena pregunta- respondí y luego me interrogué a mí mismo -¿Quiénes somos?

Mirando a todos los que estaban ahí y pensando en que los negros eran nuestra mano derecha pensé que "Las Manos Negras" estaba bien.

El auto volvió a pasar de nuevo frente a nosotros y otra vez alguien gritó -¡Meadow Fair!

Yo grité -Las Manos Negras

Pude escuchar cuando alguien dijo desde el auto -¡Son ellos!

Se fueron entonces rápidamente y dando la vuelta a la esquina donde los tipos de Meadow Fair los esperaban.

Esperamos como cinco minutos; y vimos asomar a un grupo de muchachos que aparecían al dar la vuelta en la esquina. Parecía que en el grupo de ellos venían siete u ocho más que en el nuestro.

Es divertido como recuerdo esto. Era del mismo modo como en las películas del oeste. Ellos estaban en un lado, y nosotros en el otro lado. Uno de ellos se arrimó a hablarnos. Yo salí al paso.

El tipo de Meadow Fair dijo -¿Hey, hombre, cómo quieres hacer esto?

-Miré a Dennis por un momento, y regresé la mirada al tipo y le dije -¡Hey, hombre, a nosotros no nos importa la forma. Peleamos todos o pelean ellos dos solos.

-Bien- prosiguió -Roy quiere pelear con Dennis en una pelea limpia.

Estos tipos no querían pelear con nosotros. Ellos habían escuchado de nosotros, y estaban un poco atemorizados. Le dije que les dijera a sus amigos que si alguno saltaba al pleito o si alguien tiraba una patada yo iba a empezar a tirar golpes, pero no al que había lanzado la patada, si no al tipo con el que hablaba. Yo dije esto porque disfrutaba pelear, y yo estaba irritándolo para ver si a mí también me tocaba acción.

Dennis estaba listo y Roy también. Dennis era muy buen peleador. Lo mismo que Roy. Roy era uno de esos tipos que les gustaba mucho a las muchachas. Y por la forma en que actuaba pensaba yo que era un hombre rudo; ése era el tipo de individuos contra los que me gustaba pelear.

La pelea comenzó como habíamos planeado, se enfrentaron ellos dos solos. Los animábamos con nuestros gritos, para que alguno de los dos comenzara a tirar golpes. Uno de los tipos de Meadow Fair empezó a sobrepasarse, insultando a Dennis. ¡Mi sangre hervía, queriendo pelear! Miré al tipo y le dije que si volvía a insultar a Dennis, lo iba a agarrar y le iba a dar una golpiza. ¡Yo no iba a andarme con rodeos! Justo en ese momento Roy y Dennis iniciaron la pelea formalmente tirándose golpes. Estiraban los brazos y conectaban sus golpes duramente en el rostro y en el cuerpo de su oponente.

Al final, el pleito fue sólo entre ellos. Y la pelea terminó en un empate. Terminaron cuando ya estaban cansados; ninguno de los dos tenía fuerzas para levantar los brazos y tirar más golpes. Ambos tenían sangre en la cara. -¿Qué van a decir las muchachas con esas caras lastimadas?- pensé.

Esto fue un viernes en la noche. El lunes fui a la Escuela Secundaria Overfelt. Desde muy temprano, oí a algunos muchachos que comentaban acerca de la pelea. Roy estaba diciendo que él había ganado y sus amigos confirmaban su dicho. ¡Yo estaba muy enojado!

En nuestro primer descanso me reuní con Dennis, Art, Bobby y Ray. Todos estos eran parecidos a mí, amaban pelear. Pensé dentro de mí -¡Vamos a tener una buena pelea, hoy!

Teníamos que recoger un documento para Dennis de la oficina para que pudiera llegar tarde a una de sus clases. Cuando salíamos de la oficina, se asomaron Roy y sus amigos, como diez de ellos. A ellos les gustaba andar en grupos. Los hacía verse más rudos.

Nos vieron acercarnos a ellos. Nos detuvimos cuando estábamos cerca. Mirando a Roy y apuntando con mi dedo en su cara, le dije -¡Hey, hombre, es mi turno! ¡Voy a atraparte! Uno de sus amigos que andaban con él, era un tipo llamado Jim. Jim y Art se miraban de tal modo como si quisieran cruzarse con la mirada.

Toda la mañana, mientras estaba en clases, estuve pensando en atrapar a Roy. A la hora del almuerzo nos juntamos de nuevo, Art, Dennis, Ray, Bobby y yo. Caminábamos por el campus como siempre lo hacíamos. Los individuos de Meadow Fair andaban reunidos por el sitio donde se colocaban los casilleros de útiles. Nos detuvimos en la cafetería y compramos unos bocadillos. Art iba comiendo un emparedado y llevaba un cartón con leche. Luego fuimos en busca de los tipos de Meadow Fair. Jim estaba parado junto a Roy y no apartaba la vista de Art.

-¡Voy a atrapar a ese tipo, amigo!- dijo Art.

-¡Atrápalo ahora! ¿Para qué esperar? En este momento estamos contigo- le dije.

Art se encaminó hacia donde Jim estaba. Yo observaba los movimientos de Roy. Art se acercó y le dijo a Jim -¡Hey! ¿Qué estás mirando, hombre?

Con una sonrisa sarcástica, como una mueca, Jim le contestó -¡A ti! ¿No te gusta?

Dando un paso hacia él, Art movió el brazo que llevaba el cartón de leche, hacia atrás. Balanceando el brazo hacia adelante y tan fuerte como pudo, Art estrelló el cartón de leche en la cara de Jim. Justo en el momento que hizo esto, yo golpeé a Roy en la mandíbula tan fuerte como pude. Luego le dí otro golpe con la izquierda. Con esos dos puñetazos cayó de espaldas. ¡Desde momento todo mundo se volvió salvaje! ¡los puñetazos volaban!

Las muchachas y los muchachos corrieron a separarnos y se mezclaron con nosotros y terminamos la pelea antes de que los maestros llegaran.

Art, Dennis, Ray, Bobby y yo volvimos a juntarnos. La campana sonó, y todos se fueron a sus clases.

Ibamos a nuestra clase, Art, Ray y yo caminando juntos, dos se habían separado. Y de repente pasaron frente a nosotros los tipos de Meadow Fair. Cuando ya habían adelantado un poco, Roy volteó y mirándonos por encima de los otros dijo -¡Hey, hombre! ¡Después de las clases nos vemos!. ¡Después de las clases, hombre!

Alguien estaba detrás de mí. Su nombre era Chris. Queriendo ver una pelea comenzó a animarme -¡Ahora!, ¡Ahora Art! ¿Para qué esperar?

Muchos se juntaron alrededor, y nos animaban queriendo ver una pelea. Todos decían -¡Ahora!, ¡Ahora!

Pensé dentro de mí -Si espero hasta que terminen las clases, entonces él tendrá tiempo de reunir a sus amigos. Debería atraparlo de una vez.

Miré a Art y a Ray. Ambos dijeron -¡Adelante, aquí estamos para respaldarte!- Yo sabía que los contrarios eran muchos más que nosotros, pero para ese momento ya no me importaba; yo quería noquear a Roy.

Todos se amontonaban, anticipando la emoción de ver una pelea. Roy se volteó a decir algo más. Yo no supe que dijo. Solamente pensaba en donde debía golpearlo, previendo que mi primer golpe debía ser efectivo.

Con toda mi fuerza, me incliné hacia atrás y ¡Vámonos! Lo conecté en la naríz; el calló de espaldas. Desde ese momento las cosas pasaron realmentre rápido. Todo lo que vi, fue ver pasar rápidamente a Ray y a Art cerca de mi y lanzarse sobre ellos. La siguiente cosa que supe, fue que me enfrentaba a tres tipos al mismo tiempo. Me movía de un lado a otro en un área grande. ¡Boom! ¡Boom! Golpeé a uno. Le dí al otro. Entonces comencé la danza del box alrededor del otro ¡Boom! ¡Yo amaba esto! Tenía un gran problema, como usted ya lo habrá notado: ¡a m a b a ... p e l e a r!

La pelea no duró mucho. Todos se separaron porque si no, podíamos meternos en graves problemas. Me fui a la siguiente clase. Mis nudillos sangraban un poco, pero los sentía bien. Diez minutos habían pasado de clases, cuando llegó un maestro y preguntó si ahí había un Arthur Rodríguez en el salón. Me levanté, y él me llevó a la oficina de enfrente.

Todos estaban en la oficina. Roy estaba sentado, ahí, callado y con la naríz sangrando. Todos fuimos suspendidos por una semana excepto Art. Desde entoncesle llamaron "El lechero", porque él había iniciado todo tirándole la leche en la cara a Jim. Él recibió una suspensión de dos semanas, lo cual él disfrutó, porque a él no le gustaba la escuela. Todos nosotros considerábamos una suspensión como vacaciones.

Conforme los años pasaron, los tipos de Meadow Fair llegaron a ser muy buenos amigos nuestros. Nos respaldábamos mutuamente en las grandes peleas.

◆◆◆

Permanecimos sentados ahí, vestidos con ropas de preso, listos para partir cuando el sheriff lo indicara. Agitando el llavero, dijo -O.K. muchachos, ¿listos para partir? ¡Vámonos!- Se dio la vuelta y comenzó a caminar de regreso por el pasillo por donde había venido. Nos levantamos del banco donde reposábamos y lo seguimos, atravesando por el salón flanqueado por las grandes celdas.

-Espero que no nos pongan con estos tipos- pensé. Eran vulgares y confianzudos, gritones y jugadores de cartas. Algunos dormían en sus camas. -Cómo pueden dormir con todo éste ruido?- me asombraba -Si me ponen con ellos, voy a estar envuelto en muchos combates.

Llegamos hasta una gran puerta hecha de barrotes, y el sheriff dijo -O.K. aquí estamos.- El lugar al que fuimos asignados, era donde pasaríamos los próximos seis meses mientras íbamos de nuevo a la corte, y era conocido como 'Mini Row'. Subiendo las escaleras estaba la 'Max Row'. En ésa fue donde mi hermano y los otros muchachos fueron encarcelados.

Caminando dentro de la Mini Row, pude ver que había cinco pequeñas celdas y una muy grande. La celda pequeña era donde estaríamos por unos pocos meses. Tenían la pared frontal de barras y una puerta, también de barras. Las otras paredes eran de concreto. Adentro había una litera, contra la pared había un lavabo y un excusado. El excusado no tenía buen aspecto. Era realmente grande y hecho todo de cerámica, pero no tenía cubierta para el asiento. Bueno, al menos teníamos uno.

Algo que noté inmediatamente pero no sabía si funcionaba, era el radio sobre la pared. Sería muy bueno tener un radio. En la cárcel Juvenil nadie tenía uno. El radio funcionaba. Tenía un control de volumen y una perilla para cuatro estaciones.

Entramos a nuestras celdas. Había otros prisioneros adentro, pero se movieron para hacernos espacio. Querían tenernos a los jóvenes separados del resto de los reclusos.

Una vez que estuvimos en nuestras celdas, el sheriff salió y se fue, cerrando la puerta principal al final del salón. Apretó un botón, y todas las puertas rechinaron, y cerraron ruidosamente. Desde dentro de las celdas, no podíamos ver a los otros, ni podíamos ver el salón. Enfrente de nosotros había una pared. En esa pared, a la altura de un metro cincuenta había unas ventanas. Podía sentarme en la parte alta de la litera y ver la ciudad. No podía ver mucho, sólo la parte alta de los edificios. Podía ver también, el estacionamiento donde los policías guardaban sus autos. A través de los meses que siguieron, vimos a los policías comenzar su turno y terminarlo al fin del día. Durante esos días, me mantenía atento viendo cual policía estaba trabajando, cuál venía y cuál se iba. No había nada más que hacer.

Los primeros días de estar en Mini Row no fueron tan malos comparados a donde habíamos estado antes en celdas vacías y sin nada. Phillip, Isaac y yo nos llegamos a conocer muy bien durante esos meses. No podíamos vernos a causa de las paredes de concreto que nos separaban, pero podíamos escucharnos, y en algunas noches nos contábamos historias de nuestras vidas.

Delante de la sala de donde nosotros estábamos había una puerta que daba a un patiecito solariego, éste éra el lugar donde salían los prisioneros a tomar el sol. Los guardias nos dieron un trato especial porque nos llevaron al solar dos veces en los seis meses que estuvimos allí. Digo que nos dieron un trato especial porque yo nunca vi a ninguno más tomar el sol ahí.

Dos veces a la semana venía alguien con un carrito para ver si alguno quería comprar alguna cosa. En el carrito había utensilios, como lápices, plumas, pizarras para escribir y otros articulos de uso personal que solíamos utilizar. Pero nada de esto se podía obtener libre de paga. Necesitabamos que alguien de afuera nos enviara dinero, que era tomado a cuenta. El personal de la cárcel podía entonces sustraer la cantidad correspondiente a la compra que habíamos hecho.

Permanecía en mi celda todo el tiempo. La única vez que salía, eran los domingos y de repente cuando iba a la corte. Puedo recordar que mi abogado vino a verme dos o tres veces, en los seis meses que estuve ahí.

Esperaba ansioso los domingos cuando mi madre, o alguien de la familia venía a visitarme. Nos permitían solamente una hora de visita a la semana. El cuarto de visita tenía un pequeño banco para sentarse, con un pliego de cristal enfrente, y había un teléfono para hablar a través de la pared transparente. Esto no era divertido. Mi madre parecía siempre cansada y triste.

El tiempo parecía caminar lentamente en todo ese período. No había mucho que hacer en mi celda. En todos esos meses escribí muchas cartas. Aquellos que recibieron mis cartas tuviéron dificultades para leerlas porque yo no sabía como redactar. Todo lo que yo hacía era escribir cartas, postrado en mi cama y escuchando el radio, escuchando canciones como "Cuando un hombre ama a una mujer"; en el ínter, soñaba despierto y sentía que estaba en casa rodeado de mi familia y de mis amigos.

En mi celda, sobre las paredes y el techo había nombres grabados de los prisioneros. Yo quería que la gente supiera que tambien yo había estado ahí y me tomé el tiempo y grabé mi nombre en el techo. Esta celda se convirtió en mi hogar por cuatro meses.

Fuimos a la corte un promedio de una vez cada quince días, algunas veces solo una al mes. En la corte se reunía mucha gente. Recuerdo que cuando iba, buscaba ansioso a mi familia y a mis amigos. La única vez que vi y hable con los muchachos mayores fue mientras estabámos en la celda de espera, preparándonos para entrar a la corte.

Escribí muchas cartas a mi novia Patricia. Nuestras cartas habían llegado al punto en donde nos escribíamos muchas cosas romanticas y sexys.

Un domingo en la mañana me avisaron que debía estar listo para recibir a un visitante, cuestión que era natural todos los domingos. Llegué al cuarto de visita buscando a mi madre porque había supuesto que mi visitante era ella, además tenía cosas que quería preguntarle y quería saber más de las personas que amaba.

Una vez que estuve en el cuarto de visita y observé a la gente no reconocí a ninguno de los que estaban ahí; volteé a ver al sheriff y él apuntó a uno de los lugares de la pared transparente. No era mi madre. La persona que me esperaba era Carla, la madre de mi novia.

Conforme me acercaba al banco para sentarme, noté que en una de sus manos traía una de mis cartas. -!Oh no!- dije en un susurro. Sentí el impulso de darme la vuelta y salir de la sala antes que tratar con ella.

Tomando el teléfono de la pared, le dije -Hola Carla. ¿Cómo está?- Ella tenía el teléfono en la oreja y no dijo nada, solamente me miraba muy enojada. Yo no sabía que decir; sin embargo tenía la certeza de que ella sabía lo que yo había escrito en la carta. Esperaba que ella no tuviera la ocurrencia de leerme la carta.

Finalmente rompió el silencio y dijo -¿Vas a casarte con ella?-. Caí en la cuenta de que ella creía que habíamos tenido relaciones sexuales a causa de lo que yo había escrito en la carta.

Le dije -No puedo, porque estoy encerrado aquí-. A ella no le gustó esa respuesta y comenzó a sermonearme, me dijo que debería estar avergonzado de mí mismo por escribir esas vulgaridades. No quise decirle que esto no lo había hecho sólo yo, que su hija me escribía cartas del mismo tipo. Era como una calle de doble sentido, ella estaba muy enojada y yo no quería hacerla enojar más, luego me dijo que no quería que yo escribiera una carta más como la que ella tenía en sus manos.

-O.K. Carla, no lo haré de nuevo- le dije tímidamente

Ella colgó el teléfono sin decir nada más y salió taconeando del cuarto de visitas. Me quedé sentado ahí, pensando dentro de mí -Eso es. ¿Esta es la visita que estuve esperando toda la semana?

Solamente se me permitía recibir una visita en la semana. Ahora mi madre o algún otro de mi familia, tendría que esperar una semana más para visitarme.

Traté de argumentar con el Sheriff que estaba de guardia ese día, diciéndole que no era esa la visita que yo esperaba. Casi me meto en problemas por no saber cerrar la boca. Finalmente me ordenó que me callara o me enviaría al hoyo. El hoyo era una celda agujereada en la esquina que se usaba como excusado. Yo no quería ir allá, así que mejor cerré la boca.

Regresé a mi celda y reflexioné lo mucho que extrañaba a mi familia. Me acosté en mi cama y pensaba en el pasado y podía mirar los recuerdos de cuando crecía en el vecindario.

Capítulo Diecisiete

LA PELEA A PEDRADAS

Un poco después que inicié mi propio negocio en 1985 hice una entrega en Thirty-Four Street (calle treinta y cuatro) al final de San Antonio. La entrega fue en una de las últimas casas de la calle. Un hombre viejo salió a recibir la orden. Mientras esperaba a que alguien me trajera el dinero, el hombre viejo se sentó en el porche. Esperando y observando el vecindario, volvieron a mi mente muchos recuerdos de cuando era niño. Le pregunté al viejo qué tiempo había vivido ahí.

-He estado aquí muchos años. Mis hijos crecieron aquí.

-¿Disfrutó usted criando a sus hijos en este vecindario?

-Oh, Sí- dijo.

Le pregunté si recordaba el "combate a pedradas" con los chicos del otro lado del campo. Cuando le pregunté, se levantó de su silla y no paró de hablar durante un rato.

En Virginia Place había niños viviendo en casi todas las casas. En la calle siempre había niños haciendo algo. Fue muy divertido crecer en esa cuadra.

Virginia Place estaba rodeada por campos. Parecía que nosotros siempre teníamos algo que hacer en el campo, construir fuertes, jugar en el pantano, o solamente pasear con los amigos. Algunas veces jugábamos en el campo que estaba entre Virginia Place y San Antonio. Podíamos ver a los niños del otro lado del campo, casi siempre, no obstante nunca nos interesamos en conocerlos ni de hacernos sus amigos. Ellos tenían sus propios amigos con los que jugaban. La línea imaginaria que nos separaba era ¡EL CAMPO!.

En ese tiempo se colocaban las tuberías subterráneas de la ciudad desde Thirty-Four del lado de San Antonio y atravesaba el campo hasta el lado de Virginia Place. La compañía constructora tenía una gran grúa que cababa grandes hoyos de seis a nueve metros de profundidad. En el lado de San Antonio habían dejado un enorme agujero con un enorme tubo expuesto. Del lado de Virginia Place trabajaban diariamente colocando pequeños tramos seccionados de tubería de tres metros de longitud. Hacían el trabajo rápidamente. Los tubos eran como de un metro y medio de ancho. Nosotros aprovechábamos para jugar adentro de ellos todo el tiempo, entrábamos por un lado y salíamos por el otro atravesando el túnel, ¡Y lo que imaginábamos en el ínterior!

Había una señora que vivía en la esquina de Virginia y la Thirty-Four. La Thirty-Four era una pequeña sección de calle que quedaba entre las dos cuadras de Virginia Place. A la señora la llamábamos "María la Loca". No creo que ella realmente estuviera loca, solo eran habladurías.

Un día estábamos jugando en los tubos, y me vió salir por un lado. Cuando caminaba hacia su casa, me detuvo.

-Hey, niño- me dijo -¿Sabes que hay pequeñas serpientes en ese tubo? Las serpientes pueden reptar y meterse por detrás. Tú no puedes sentirlo. Ellas te comen desde adentro, ¡Por lo que te aconsejo que no te metas en los tubos de nuevo! Entonces sí pensé que ella estaba loca, por decirme eso. Me fui a la casa pensando si realmente estaría loca pero más tarde comencé a sentirme mal del estómago. Y me comenzó un dolor muy fuerte. Entonces, pensé que no iría más a jugar a los tubos.

Una tarde de verano estábamos jugando en la calle. Alguien vino corriendo a decirnos que una 'Pelea de rocas' había comenzado. A menudo teníamos peleas de rocas con los niños del otro lado de San Antonio Street. Dejamos lo que estábamos haciendo y corrimos al final de la Thirty-Four Street. Todos estaban tirando piedras a los chicos del otro lado del campo. Nos juntamos a los otros y comenzamos a lanzar proyectiles. Aún mi hermano pequeño, Víctor, de solo cuatro años de edad, estaba ahí tirando rocas a esos chicos más grandes.

Víctor era el bebé de la familia. Donde quiera que salía con nosotros, teníamos que cuidarlo. Era parte de nuestro trabajo.

Recuerdo a veinte o treinta niños de nuestro lado. En el otro lado ellos tenían un grupo semejante al nuestro tirando rocas sobre nosotros. En la construcción subterránea de la tubería, los trabajadores usaban un tipo de rondana de acero de aproximadamente media pulgada de grueso. Todos los chicos tiraban ese tipo de bombas de acero entre las rocas.

Un montón de piedras volaban sobre nosotros. Teníamos que ser cuidadosos conforme recogíamos las arandelas y las rocas y al mismo mirar los proyectiles que venían. ¡Esto era una pequeña guerra!

Como Víctor era muy pequeño corría cada vez con una roca en la mano siguiendo a un niño, cuando lograba acercarse a tres metros de él le tiraba la piedra, se daba la vuelta y corría de regreso. Lo hacía todo el tiempo corriendo hacia delante y regresando a recoger otra roca.

-¡Víctor Regresa!- A Víctor no le importaba. Él quería ganar.

Los chicos armaban un alboroto con sus gritos y se animaban a tirar más rocas. Algunas rocas nos golpeaban y eso realmente dolía.

Víctor parecía no escucharnos -¡Víctor! ¡Regresa acá, o ellos van a lastimarte!

Los chicos de San Antonio Street retrocedieron un poco. Estábamos ganando. Traté de levantar cinco o seis rocas de una vez. Con todas esas en mis manos, tomé un poco de impulso hacia delante y tiré mis piedras con fuerza. Forcé a un chico de San Antonio a retroceder.

¡Víctor se metió a la zona de combate! -¡Víctor regresa de inmediato!-. En algunas ocasiones parecía obedecer, pero el impulso lo devolvía. Cada vez que hacía caso de no acercarse mucho a los oponentes, no podía alcanzarlos con sus proyectiles. Él era muy pequeño. Definitivamente esta fue una gran pelea entre niños.

Pienso que a Víctor lo hicimos rudo en la casa. Él no podía manejar una pelea como ésta. Cuando era pequeño, mostró siempre un temperamento explosivo.

Había una niña, llamada Dona; ella vivía por la cuadra. Ella era como de la edad de Víctor. Nunca volvía a verla cuando creció pero supe que ella se volvió una muchacha muy linda. Cuando Víctor era pequeño tenía el cabello largo y risado; había perdido sus dientes frontales y usaba gruesos lentes. Eddie, Tita y yo lo molestábamos con Donna todo el tiempo.

-¡Víctor tráeme agua! Le ordenaba

Víctor solía responder -¡No! ¡Consíguela tú mismo!

Entonces yo le cantaba -¡A Víctor le gusta Donna! ¡A Víctor le gusta Donna!

Víctor comenzaba a respirar agitadamente y mirándome enojado gritaba -¡Mejor te detienes Arthur! ¡Mejor TE DETIENES!

Luego abría la puerta y gritaba con todas mis fuerzas, ya que Donna, vivía a unas casas sobre la cuadra -¡A VÍCTOR LE GUSTA DONNA!- Víctor arremetía contra mí lanzando golpes con ambas manos, abarcando un gran círculo con los impulsos de los brazos y con la cabeza como ariete. Lo hacía retroceder colocando mi mano sobre su cabeza y empujándolo hacia atrás para que no pudiera alcanzarme.

Fuimos ruines a veces con él, pero al mismo tiempo éramos buenos. Al fin, él era el bebé de la familia.

De nuevo cargó sobre el frente. -¡Víctor, no te acerques tanto a ése niño!. ¡Te va a dar con una roca!.

Lo estábamos haciendo muy bien. Habíamos hecho retroceder a los niños como un tercio del campo, y ya casi llegaban a las casas donde vivían.

Habíamos estado tirando rocas por un buen tiempo. Era dura una faena como ésta y mantener la pelea así, pero era divertido porque íbamos ganando.

Los niños gritaban. Algunos eran alcanzados por las rocas y lloraban. Realmente nunca vi a ninguno de los nuestros, ser golpeado duramente, tanto como para sangrarlo y hacerlo retirarse de la diversión de aventar proyectiles a nuestros vecinos.

En un instante vi a Víctor por el rabillo de mi ojo, con una roca en la mano, corriendo para alcanzar a un niño.

-¡Víctor!- gritó alguien. Él iba corriendo detrás de un niño más grande.

Los chicos del otro lado no le ponían mucha atención a él. Probablemente pensaban que el niño pequeño no podría hacerles daño. Víctor corrió para alcanzar al otro niño resbalándose en el suelo conforme se acercaba. El patinón levantó polvo, parecía como si se deslizara buscando la base después de un home run. Lanzó su roca, dio la vuelta y comenzó a correr de regreso. Cuando Víctor regresaba, el niño más grande se dio la vuelta, tomó impulso y le lanzó una roca. ¡Directo a la cabeza! Víctor cayó y comenzó a llorar; mientras la cabeza se le llenaba de sangre. -Mamá y papá se van a enojar mucho- pensé. Corrimos entonces, y le tiramos muchas piedras al muchacho que lo había golpeado.

Era duro mantener a Víctor bajo control. Se había cubierto de sangre, pero a él no le importaba. Estaba llorando, pero no porque estaba lastimado sino más bien porque estaba muy enojado. Como Víctor tenía un temperamento berrinchudo, teníampos que permitirle desquitarse. Estaba llorando con un enorme coraje y quería hacerle pagar al tipo que lo había lastimado. Víctor era un niño rudo.

La pelea de rocas continuó. Nosotros hicimos retroceder a los muchachos todo el territorio a través del campo. No se rendían y a veces corrían, pero se mantenían en la pelea.

Ahora se escondían detrás de las bardas cercanas al campo. Continuábamos tirando rocas sin apuntarles y golpeando las casas. Yo escuché algunas ventanas romperse. Realmente habíamos obtenido mucha diversión ganando la pelea. Habíamos estado en otras peleas de proyectiles en el pasado pero ninguna como esta. ¡Habíamos hecho retroceder a nuestros oponentes hasta sus casas!

¡Otras ventanas se rompieron! Entonces, los señores y las señoras salieron de sus casas furiosos. Ni siquiera eso podría detenernos. ¡Estábamos ganando! Recuerdo a las señoras viejas con sus escudos de ropa, corriendo por las escaleras y gritándonos. Con la ropa en una mano y con la otra aventándonos piedras.

En un momento, más gente adulta salió de sus casas y empezaron a tirar rocas también. Casi los golpeábamos con nuestros proyectiles voladores.

La diversión terminó como terminan casi todas las cosas ¡Por la ley y el orden! Vi a un auto de la policía venir sobre San Antonio Street y exclamé -¡La policía!- Entonces corrimos de regreso a nuestro lado del campo.

El viejo con el que hablé años más tarde me contó la historia como si estuviera describiendo una guerra, y de como él se salvó de ser baleado- ¿O debería decir apedredado?

◆ ◆ ◆

Mientras dormía en mi celda pensaba que estaba en casa en mi propia cama, abrí los ojos y al despertar me di cuenta que todavía estaba en prisión. Todo el tiempo que estuve encerrado, solía pensar -Un día de estos voy a despertar, y será todo como si despertara de un sueño-. En muchas mañanas me sucedía lo mismo, creía despertar en mi casa y al abrir los ojos...

En esta mañana en particular prendí el radio y lo puse en la estación KLIV. En las noticias contaron una historia de un asesinato que había sucedido en St. James Park (parque llamado Saint James). Encontraron a un tipo muerto en un huerto de San José, con éste sumaban dos asesinatos. Luego escuché que uno de los muertos era un predicador que andaba vestido con ropas de calle.

Algunos de los asesinos eran delincuentes juveniles. Los robaron en St. James Park y luego los golpearon. En las noticias del medio día agregaron que los dos muertos eran homosexuales. El sacerdote y el otro tipo fueron a St. James Park y se reunieron con otros homosexuuales. Los muchachos con los que se reunieron no sabían que uno de ellos era sacerdote.

Los jóvenes fueron acusados de asesinato. Alguien, de los internos nos dijo que los jóvenes que mataron al sacerdote iban a ser movidos a la cárcel con nosotros en el Mini Row (La pequeña crujía).

Un par de días después el sheriff anunció desde el altoparlante, llamándonos por nuestros nombres y luego dijo -¡Empaquen sus cosas!-. Esto quería decir que deberíamos reunir nuestras pertenencias a causa de que seríamos movidos a otro lugar y que no regresaríamos.

Yo había estado en esta celda por cuatro meses. Ahora la estaba dejando en cinco minutos; no hubo tiempo para decir adiós. Puse mis pertenencias en un pequeño montón cerca de la puerta porque no tenía una maleta o una caja para colocarlas.

Antes de que el sheriff destrabara las puertas de las celdas, dijo desde el altoparlante -O.K. ¡Vámonos!- Un fuerte ruído hicieron las puertas al destrabarse todas al mismo tiempo.

Cuando salí al pasillo vi al sheriff aproximarse cerca de la puerta principal. No muy lejos de él, al final de nuestras celdas, estaba la gran celda. El sheriff se detuvo ahí mirando hacia adentro y jaló la puerta. Estaba destrabada; él hacía una inspección. El inspector vió la forma en que había apilado mi ropa, entonces yo le dije -Tengo todas mis cosas listas, pero no tengo una caja o algún recipiente para colocarlas.

-No te preocupes por eso. Cárgalas en tus brazos, y trae tus cosas aquí a tu nueva celda- respondió, apuntando a la gran celda.

Esta nueva celda iba a ser nuestro nuevo hogar. Isaac, Phil y yo íbamos a estar juntos ahora. Compartiríamos el mismo cuarto, el mismo espacio y el mismo excusado. Aún no sabía si me gustaría esto. Yo había crecido un poco apartado en mis asuntos íntimos.

Conforme pasaban los días nos instalamos en nuestro nuevo hogar. Después de todo disfrutábamos la compañía. Ahora podíamos mirarnos cuando nos hablábamos y cuando jugábamos cartas y podíamos mantenernos ocupados.

El día que nos movimos a nuestra nueva celda y conforme tomábamos posesión de ella, oímos como se destraban las grandes puertas. Oímos un rumor de gente que se acercaba, los tres nos aproximamos a mirar a la pared de barrotes. Eran los tipos que habían asesinado al sacerdote que habían sido traídos a nuestra área. El primero en pasar fue Jerry, luego Tommy y después Gene. Había algunos de más edad, pero ellos fueron enviados a Max Row (La Gran Crujía).

Una vez que los 'juveniles' fueron encerrados en sus celdas, el sheriff se fue; y comenzamos a platicar con ellos. Entonces oímos la historia de lo que realmente había pasado, y que los había llevado a cometer su crimen. Ahora, cuando recuerdo a esos muchachos puedo ver que no eran malos. Pienso que ellos fueron arrastrados por las malas compañías.

Cuando la oficina de abogados de distrito quería mantener a alguien encerrado, no lo dejaban ir. Ellos habían identificado a Jerry como el líder. Y los periódicos así lo informaban, sin embargo estando con él encarcelado y oyendo su historia, vine a darme cuenta que él era solamente uno del grupo.

Estos muchachos no eran asesinos de todos los días. Ellos empezaron haciendo pequeñas cosas malas, este mundo los atrapó y luego fueron desbordados.

Sentía pena por Jerry porque muchas noches lloraba en su celda. Pensé que lloraba porque extrañaba su casa. El llanto era continuo y duró mucho tiempo. Finalmente yo le pregunté -¿Hey, Jerry, algo anda mal?

Jerry dijo -Oh, nada, es por estas cartas que he recibido-. Había notado que él recibía muchas cartas en los días anteriores y pensé que tal vez tenía un gran club de admiradores. Recibía cartas de todo el mundo, de sacerdotes, obispos y cardenales. En sus cartas hacían escarnio de lo malo que era. Le decían que sería condenado y que se iría al infierno y que sería quemado eternamente.

Eran muchas cartas del mismo tenor. Nos leyó una de un sacerdote de Francia. El sacerdote le decía a Jerry que era bueno que estuviera vivo, porque así podría ser condenado a muerte; y una vez que muriera, él se quemaría en el infierno. Esto era lo que causaba el llanto de Jerry. Jerry no daba la apariencia de ser un muchacho rudo. Él era como cualquier muchacho agradable de los que viven cerca de uno y en los que uno puede confiar, pero él fue usado como víctima propiciatoria por el grupo.

Me asombraba de como podían estos sacerdotes de todo el mundo decirle a Jerry que se quemaría en el infierno. Ellos ni siquiera lo conocían. ¿Cómo podían saber con certeza que él había matado al sacerdote?. Con respecto a los religiosos que mandaban las cartas, todos teníamos el mismo sentir, ellos no sabían de lo que hablaban. Nosotros tampoco sabíamos nada acerca del infierno, y quienes van para allá. Ni tampoco sabíamos lo que Dios tenía que decir acerca de eso, pero sí sabíamos que Dios no podía pensar como ellos.

Le dijimos a Jerry cuanto lo sentíamos. Todos los religiosos que le escribían le decían lo mismo, ni uno solo pensaba diferente. Tratábamos de consolarlo y le pedíamos que no abriera las cartas que venían de otros pueblos y las que traían sello de alguna iglesia. No sé si nos hacía caso porque él permanecía solo en su celda pero pienso que se sentía mejor. Continuamos oyéndolo llorar cada vez que recibió este tipo de cartas.

Conforme el tiempo pasaba llegamos a conocer muy bien a Jerry, a Tommy y al otro tipo. Cuando fuímos a la Corte con mi hermano y los otros amigos del grupo, algunos fueron advertidos por sus abogados para se mantuvieran alejados de los muchachos que habían matado al sacerdote. Los consideraban mala influencia para nosotros. Parecía como si quisieran enviar un mensaje a la juventud para enseñarles que se cuidaran de hacer este tipo de cosas, que no deberían andar ¡Matando gentes! Alguien más dijo que esto era bueno para nuestro caso, porque nos hacía aparecer a nosotros como menos malos. -¿Quién sabe?- pensé.

A través de los años, escuchamos historias acerca de Jerry y sus amigos. Luego escuchamos algo triste que sucedió dentro de la prisión: que Jerry, Tommy y el otro habían muerto.

El tiempo pasaba, Isaac, Phil y yo ocupábamos la misma celda. Esta cuestión nos hacía ser los mejores amigos y al mismo tiempo los peores enemigos.

Pasábamos la mayor parte del tiempo jugando cartas. Casi siempre yo ganaba. Perder no era mi fuerte. Isaac y yo nos envolvimos en varios pleitos, algunas veces por motivos pequeños y otras veces por cosas significativas. Nuestros combates eran sin parar porque no había nadie ahí para detenernos. Parábamos cuando ya estábamos muy cansados para seguir tirando golpes o porque la pelea nos había dejado exhaustos.

Cuando jugábamos a las cartas usábamos nuestros lápices, plumas y papel para escribir en vez de dinero. Los guardias no no permitían tener dinero en efectivo. Una tarde comenzamos a jugar póker, inmediatamente después de comer. Nos mantuvimos jugando hasta muy tarde esa noche. Al principio yo estaba ganando; entonces las cosas comenzaron a ir mal y luego empeoraron. Isaac estaba feliz porque estaba ganándome. Y yo me iba enojando conforme la noche avanzaba. De hecho, ya solo me quedaban cinco plumas y una pizarra para escribir. Para iniciar la mano teníamos que poner una pluma.

Isaac daba las cartas. Recogí mis cartas y me di cuenta que tenía tres sietes. Tres sietes era una buena mano porque jugábamos póker cerrado. Tiré dos cartas; Isaac también tiró dos cartas. Al nuevo reparto Isaac me dio dos seises. -¡Qué bien!- pensé -¡Un full!

Isaac recogió sus cartas y sonrió. Él era un mal simulador(bluffer).

-¡Tú mandas!- dijo.

-Apuesto dos.- le dije, al tiempo que ponía dos plumas.

Entonces Isaac con una sonrisa sarcástica, dijo -Aquí están tus dos, y aumento a tres más.

Pensé -¿Qué podrá tener? Él sabe que yo empecé con tres del mismo tipo, porque solo pedí dos cartas. Sin duda tiene algo bueno porque su sonrisa no puede disimularlo.- Como ya solo me quedaban tres plumas y mi tabla para escribir, entonces le aposté las tres y guardé la tabla para el otro juego. En caso de que perdiera, todavía me quedaría una oportunidad.

Coloqué mis tres plumas en la apuesta. Mientras le aventaba mi más dura mirada de jugador a Isaac, le dije -Aquí están tus tres, te apuesto para ver. ¿Qué tienes?- Lo único que podía ganarme eran cuatro del mismo tipo, un póker. Isaac tiró cuatro reyes. -¡HOMBRE!- exclamé, tirando con fuerza mis cartas sobre la mesa.

Isaac se estiró hacia atrás para alcanzar la caja donde ponía sus cosas, y colocó la caja sobre la mesa y comenzó a meter ahí todas sus ganancias.

-¡Hey, Isaac, tengo una cosa más para jugar!- le dije en tono áspero.

Isaac me miró, moviendo la cabeza y dijo -¡Ni modo mano! ¡Yo me retiro!

Pude sentir como se me subía la temperatura y como me cambiaba el color de la cara. Le dije -¡No puedes retirarte! ¡Tienes que darme un chance de ganar lo que he perdido!

Isaac siguió colocando las cosas en su caja y continuaba moviendo la cabeza, entonces dijo- Yo no tengo por que darte un chance. ¿Qué si me ganas todo lo que ya te gané? Me retiro hombre.

Sentía que me quemaba -¡Tienes que darme un chance, hombre!

Isaac, parecía no escucharme, y se concentraba en arreglar su caja de cosas ordenadamente.

Mirando su sonrisa fatua, mi enojo aumentaba, mientras me decía a mí mismo que él no podía salirse con la suya. Tenía que atraparlo; y si no podía hacer que mis cosas volvieran a mí, entonces le quebraría todas las plumas y desgarraría todas las cosas para escribir.

Isaac me miró y dijo -¡No seas tan mal perdedor, esse (modismo chicano)! Un destello repentino me impulsó. ¡Eso fue todo! Inclinándome sobre la mesa, le tiré un golpe directo a su cara. Ambos caímos rodando sobre la mesa y las sillas, estrujándonos y golpeándonos uno al otro.

Nos mantuvimos peleando por horas, y quiero decir horas. Los tres teníamos un acuerdo. Si dos de nosotros entrábamos en un pleito, el tercero debía mantenerse al margen y no tratar de separarnos. De repente los sheriffs hacían sus inspecciones en Mini Row (la pequeña crujía), pero nunca nos cacharon peleando.

El pleito duró hasta que estábamos lo suficientemente cansados como para que ninguno pudiera levantar sus brazos y golpear al otro. Pero tratábamos. Me desperté en la mañana del otro día sin recordar quien había tirado el último golpe. Recuerdo que estaba sobre Isaac y que mis manos rodeaban su cuello. Debo haberme ido a dormir tratando de estrangularlo. Él no recordaba tampoco. A él no le importaba. Él estaba demasiado cansado, y a él no le importaba si lo estrangulaba.

En la mañana éramos amigos de nuevo, no obstante que nos habíamos ido a dormir queriendo asesinarnos uno a otro. Todavía él me regaló un par de plumas y un par de tablas para escribir para que pudiera escribir mis cartas, ¡Isaac era muy buen amigo!

Todas las noches escuchaba en el radio las canciones viejitas acostado en mi cama mientras pensaba en mi casa y en todos mis amigos.

Capítulo Dieciocho

Viejitas, pero bonitas

Cuando era un adolescente acostumbraba visitar la casa de las muchachas López. Ellas vivían bajando un poco la calle, en la siguiente cuadra de Virginia Place. Tita, mi hermana, tenía la misma edad que Sandy, la más joven de las cuatro López. La mayor era Stella; ella era como de la edad de mi hermano Eddie. Stella era una muchacha muy callada. Luego estaba Margie, quien luego llegó a ser novia de Art por un tiempo. Después Sylvia y Sandy. Estaba el pequeño Fred también; él era el más pequeño de la familia como de la edad de mi hermano Víctor.

Acostumbraba a ir con ellas y escuchar las melodías viejitas. Mi mamá y la mamá de las muchachas eran muy buenas amigas.

Fred, el padre de las muchachas nunca estaba en casa. Él pasaba casi todo el tiempo en la 'Hora Felíz' del bar. Cuando llegaba a casa en las noches, teníamos que desaparecer rápidamente. A Fred no le gustaba que los muchachos estuvieran en su casa cuando él no estaba en casa. De hecho, Fred nunca se enteró de que nosotros siempre andábamos en su casa porque nunca pudo cacharnos. En la casa de las López siempre había muchachos de visita, mientras Fred estaba en el bar o en el trabajo.

Tenían un patio detrás del garage. Una puerta del comedor comunicaba con el patio. En el patio tenían una gran barra que estrechaba el lugar. Sobre la barra tenían sus discos de música de cuarenta y cinco revoluciones por minuto, apiladas sobre estacas cilíndricas. Parecía que tendríamos fiesta todas las noches; siempre había muchos muchachos alrededor. Del patio podíamos distinguir las luces de los faroles del auto de Fred cuando llegaba.

Todas las noches era lo mismo. Escuchábamos las canciones, y alguno gritaba -¡Fred ha llegado! Entonces comenzábamos a correr agachados como patos para que no pudiera vernos. Las luces del patio se apagaban inmediatamente. A veces, mientras estábamos en el patio, una de las muchachas se sentaba en una de las ventanas para alertarnos. En el ínter los muchachos bailaban, o se sentaban a escuchar la música, incluyendo a Sara, la madre. Recuerdo siempre a Sylvia sentada cerca de un ventanal de la sala, fumando. Soplando el humo, exclamaba con los ojos bien abiertos -¡Aquí está!- Todos comenzábamos a correr en diferentes direcciones agachándonos como si Fred pudiera vernos desde afuera, luego saltábamos por la ventana trasera y nos escondíamos en el campo de atrás. En aquellos días era un campo abierto; ahora ahí hay edificios de apartamentos.

Un día que estaba yo con las López, Sylvia me dijo que un vecino nuevo, se había movido a la casa de un lado, un muchacho joven como nosotros. Sylvia era una muchacha alta y delgada, sin embargo lo que la hacía ver muy alta era su cabello, porque lo usaba abultado hacia arriba como treinta centímetros. A ella le gustaba usarlo siempre así. Ése era el estilo en esos días.

Yo quería saber quien era el muchacho nuevo que se había mudado al vecindario. Me dijo que su nombre era Art. La mamá de Art se acababa de casar, y Art estaba teniendo dificultades tratando de conciliarse con su nuevo padrastro. Después, cuando ya éramos amigos y nos emborrachábamos, él solía llorar extrañando a su verdadero padre. Art no dejaba pasar el hecho de que su padrastro era un buen hombre y que trataba de ser un buen padre para él.

El verdadero padre de Art había muerto poco tiempo antes de esto. Un día, su padre vino a casa borracho, no podía entrar a la casa, y rompió la puerta corrediza para entrar. El hombre se cortó gravemente con los cristales de la puerta. Cuando la ambulancia llegó había sangrado tanto que había muerto enfrente de Art y su familia. Art sufrió mucho por esto el resto de su vida.

Cuando el tiempo pasó Art y yo llegamos a ser mejores amigos siempre buscando algo que hacer juntos. Aún no conocía a Dennis. De él solamente sabía que vivía cerca de la casa de las López.

Un día yo estaba sentado en el porche de la casa de las López y vi a Dennis salir por algo. Art me preguntó que si pensaba que podía vencer a Dennis. Yo le dije -¡Seguro que puedo!- En ese tiempo yo tenía trece años.

Art preguntó -¿Y qué si Dennis viene?

Art dijo que volvería pronto. No pude ver a donde había ido. Él fue a la casa de Dennis, le dijo que yo quería pelear con él y le dijo que yo podía darle una paliza.

Dennis no me conocía y realmente no quería pelear conmigo. ¿Para qué?. El padre de Dennis, Tex, estaba sentado en la sala y preguntó quién quería pelear con Dennis. Tex trabajaba con mi padre en la American Can Company. Lo siguiente que yo vi, fue a Dennis saliendo de su casa, con su pade detrás de él con un cinturón colgando de su mano.

Dennis estaba parado junto a su padre, cuando dijo -¿Tú quieres pelear conmigo- Yo realmente no quería; realmente ni siquiera conocía a este individuo. ¿Pelear con él, por qué? Art estaba parado ahí con una sonrisa disimulada en su cara, moviendo sus hombros hacia arriba y me dijo -¡Yo no sé, hombre!

Dennis y yo boxeamos sobre el césped de enfrente cerca de quince minutos. No nos tiramos muchos golpes. Si lo hubiéramos hecho, no habríamos llegado a ser tan buenos amigos después.

Cuando el tiempo pasó, llegamos a ser grandes amigos, los mejores. Y él comenzó a frecuentar la casa de las López, y escuchábamos juntos las melodías viejitas.

◆ ◆ ◆

Desde el altavoz oí mencionar mi nombre y luego -¡Visita!

-¿Quién podría venir a visitarme en un día hábil?- pensé. La puerta se destrabó y salí de mi celda atravesando el salón. Al final del salón, el sheriff señaló unos pequeños cuartos, los que solíamos usar cuando venían los abogados a hablarnos, lo que no era muy seguido. Iba observando cuando vi a mi abogado parado afuera del cuartito esperandome.

-Hola Arthur. ¿Cómo estás?- me preguntó mientras me acercaba.

-Yo estoy bien. ¿A usted cómo le va?

-Entra. Tengo algunas noticias para ti- dijo. Las noticias eran que ellos habían alcanzado un convenio de disculpa.

-¿Y eso qué quiere decir, en qué me beneficia?- yo quería saber.

-Bien- continuó -lo que quiere decir es que conseguí que los cargos en tu contra fueran disminuídos.

Eso me sonó muy bien, entonces le pregunté -¿Eso quiere decir que pronto voy a salir?

-No. No creo que vayas a salir pronto-. Se detuvo un momento y luego siguió -Pero de asesinato en primer grado a simple asesinato es un gran salto. ¿Qué te parece?

Me estaba diciendo algo que no quería oir, así que le pregunté de nuevo -¿Eso quiere decir que voy a salir pronto? ¿En cuánto tiempo cree usted que suceda eso?

-Honestamente no lo sé.- me dijo.

Entonces pensé -Debería estar felíz por que no voy a ser acusado por asesinato en primer grado. De hecho cuando vaya a YA no importará. Ellos verán mi caso como enviado por asesinato de todos modos.

-Bien Arthur, iremos a la corte mañana. Te veo por allá- dijo.

-Lo que me está diciendo es que es la última vez que voy a ir a la corte, ¿Es eso cierto?- le pregunté.

-Eso es lo que te estoy diciendo. Esta es la última vez que vas a la corte, al margen de que algo más pudiera suceder.- dijo, cerrando su portafolios.

Me levanté de la silla y me paré cerca de la mesa. Muchos pensamientos se arremolinaban en mi mente. ¡Qué corta visita y qué noticias! Mirando al abogado y todavía sin aceptar la evidencia, le pregunté -Si vamos a la corte mañana ¿Qué quiere decir esto? ¿Que voy a permanecer aquí mucho tiempo? ¿Qué me voy a consumir aquí, o qué?

El tenía prisa por irse. Cuando se detuvo al salir del cuartito, me preguntó -De lo que te he dicho pienso que tan pronto como la corte termine, te van a llevar a la California Youth Authority, tal vez el mismo día o al siguiente.

Parado ahí y sumido en profundas reflexiones, sentí un extraño presentimiento en todo el cuerpo. Había estado encerrado con Isaac y Phil por mucho tiempo, ellos habían llegado a ser como parte de mi familia. Quería irme, pero al mismo tiempo quería quedarme. Quería decirles algo que hasta ahora entendía, que los extrañaría. Y que no sabría como estar alejado de ellos.

-O.K. Arthur, tengo que irme a atender otros asuntos. Te veo mañana.- dijo el abogado, palmeándome la espalda y alejándose.

Hubiera querido hacerle muchas preguntas pero no me dejó. Pensando ahora en eso, él me recordaba a alguien que había terminado su trabajo y quería alejarse porque no sería recompensado con su pago. Yo realmente no sabía. Tal vez se alejó rápido y subió al otro piso para ver a mi hermano para decirle las buenas noticias que me había dado.

De regreso a mi celda, yo estaba todavía en shock, pensando acerca de lo que me había dicho, que quizás tendría que partir al otro día. Todas las cosas que había oído de Youth Authority, ahora tendría que verificarlas por mí mismo.

Había oído muchas historias acerca de YA, de Isaac, Phil y los muchachos mayores quienes venían a la Mini Fila a servirnos la comida.

Todos me habían dicho que cuando llegáramos ahí, lo primero que debíamos hacer era empezar peleas, pelear con todos -Pelear con mexicanos, con negros, y con los blancos. De este modo uno sería reconocido como un tipo incontrolable y buscapleitos, y después de seis meses, todo mundo me respetaría y me dejarían en paz. Entonces cuando yo fuera llevado al consejo (algo parecido a la corte), ellos dirían: -Hey, este tipo llegó aquí como alguien malo, peleando con todos. Mírenlo ahora, es un muchacho agradable. Nosotros lo rehabilitamos. Lo vamos a dejar ir pronto.

A algunos muchachos que fueron enviados a YA realmente les disgustaba pelear. Ellos no andaban mucho en las calles por lo que se les hacía difícil andar peleando. A mí no. Esto iba a ser fácil. Siempre y cuando yo no tuviera que arrodillarme, todo estaba bien.

Cuando llegué a mi celda, después de hablar con mi abogado, le dije a Phillip y a Isaac lo que me había dicho. Se enojaron porque sus abogados no les habían hecho ningún comentario acerca de esto. Estuvimos platicando todo el tiempo y comentando las cosas que habíamos hecho juntos y riéndonos de las veces que nos habíamos peleado.

Isaac me advirtió de otras cosas que debía observar en YA -Hay una cosa que les gusta hacerle a los novatos, esse- me explicó -Cuando llegues por primera vez a tu celda tal vez encuentres una cajetilla o un paquetito de cigarrillos afuera de la puerta de tu celda. ¡NO LOS AGARRES! Déjalos ahí, ¡No son tuyos! El estado no te regala buenos cigarrillos. Ellos te dan un saquito con un horrible tabaco y algunos papelillos para que tú los enrolles, pero nunca te dan paquetes con marca y nombre.

-¿Por qué alguien quisiera dejar cigarrillos en mi puerta?- pregunté.

Cuando los prisioneros ven que los cigarrillos han desaparecido, esperan un poco, luego uno de ellos vendrá más tarde a tu celda y te pedirá que se los regreses -¡Hey tú! ¿No viste mis cigarrillos por aquí?- te preguntará, mirando el suelo como si buscara algo-. Isaac continuó

-Si agarraste los cigarrilos de ese tipo y te los fumaste, dirás- No sabía que eran tuyos- Entonces ellos te han atrapado.

Intrigado, miré a Isaac y le pregunté -¿Qué quieres decir con que me atraparon?

-Si. ¡Ellos te han atrapado, esse! Él va a querer que tú le regreses sus cigarrillos; y si te los fumaste, entonces él va a querer algo más.

-De acuerdo- pensé -Creo que lo he entendido.

En el sistema carcelario la homosexualidad es rampante. Durante el tiempo que estuve en YA, si alguno era un homosexual, era llamado "punk"(gamberro). Recuerdo que en Preston, una institución en la cárcel YA, había un maestro que daba clases en la escuela. El hombre no aceptaba la homosexualidad y antes de empezar sus clases daba una lectura acerca de la homosexualidad. Trataba de explicarle a los internos que no importa si uno es el receptor y el otro el que lo hace, los dos son homosexuales. Dentro de la prisión algunos internos creen que si ellos son los que hacen de hombres, entonces no son "gamberros". Por lo que cuando este tipo viene por sus cigarrillos, ellos están realmente tratando de que los nuevos internos se vuelvan "gamberros". Ellos tienen que pagar de este modo.

Isaac nos estuvo aleccionando de todo aquello que debíamos evitar en YA. Luego se oyó desde el altoparlante una voz que llamaba a Isaac y luego decía -¡Visitante!. -¡Mi abogado!- dijo Isaac. Luego llamaron a Phillip y los dos fueron a ver a sus abogados.

Una vez que el juicio terminó, la corte le dio a Ceasar dos cargos por asesinato en segundo grado y le dieron de castigo cuatro años por cada uno. Aunque los dos sumaban ocho, él podría quedar libre en seis si tenía un buen comportamiento. Roy recibió un cargo de asesinato en segundo grado. Él podría estar fuera en cuatro años. El resto de nosotros obtuvimos rebajas en nuestros cargos.

Al día siguiente fuimos a la corte, y las sentencias fueron del modo en que los abogados nos habían dicho que serían. Nuestra última noche juntos nos la pasamos platicando hasta que amaneció. Planeamos volver a reunirnos y hacer una fiesta después de que fuéramos liberados.

No teníamos idea de adonde nos llevarían. Hay muchos insitutos de YA alrededor de California. El sheriff nos trajo unas cajas para guardar nuestras pertenencias. Nos dijo que no lleváramos muchas cosas porque no podríamos conservarlas de todos modos.

A las 5 a.m. Desde los altoparlantes, fueron anunciados nuestros nombres y luego -¡LEVANTENSE!-. Saltamos de nuestras camas y nos vestimos. Éste iba a ser un gran día. Esta era la primera vez que íbamos a salir a la calle desde que nos habían encerrado.

Después de un tiempo en la cárcel del condado y comiendo la comida de ahí, llegué a pesar como sesenta y siete kilos, y con una estatura de un metro ochenta centímetros, parecía un montón de huesos; y con la falta de sol, daba la apariencia de ser un tipo blanco.

Fuimos llevados abajo y luego colocados en una celda mientras esperábamos un rato. Recuerdo que estábamos sentados sin decir nada como si fuera la primera vez que hubiéramos estado ahí. Después de esperar como media hora, un sheriff vino a nuestra celda de espera, la abrió y llamó a Phil por su apellido. Phill se levantó, volteó a vernos y estrechó nuestras manos. Él dijo -¡No lo olviden, 'locos'! ¡Cuando salgamos nos veremos, amigos!- Ambos nos levantamos y le dijimos a Phil que anhelábamos que así fuera. Se llevaron a Phil. Esa fue la última vez que vi a Phill en mi vida.

Nos quedámos Isaac y yo solos en la celda. No tomó mucho tiempo para que otro sheriff viniera a nuestra celda de espera y me llamara. Le dije adiós a Isaac, y caminé con el sheriff hacia la puerta de salida. Una vez fuera de la celda y antes de salir por la puerta principal me dijeron que me esperara. Dos oficiales me pusieron cadenas, del mismo modo que me encadenaron cuando fui al dentista.

Me parecía extraño caminar hacia afuera después de seis meses. Subimos a una vagoneta blanca en la estación. Dos oficiales iban enfrente custodiándome. No sabía a donde iba. Alguien me dijo que tal vez iría primero a Vacaville; luego sería enviado a la prisión en Tracy. Isaac me dijo que él pensaba que sería enviado a Perkins y luego a Preston.

Conforme nos alejábamos, miré hacia la cárcel. Tratando de encontrar mi celda, en mis pensamientos les dije adiós a mis amigos, a mi cuarto y a mi rutina.

Esperando a que los oficiales dejaran de platicar, les pregunté -¿Adónde me llevan?

El sheriff, dijo -Vas a Sacramento, a un lugar llamado Perkins. ¿Has oído hablar de él?.

De hecho Isaac me había hablado de ahí. -Sí, he oído hablar de ese lugar, pero nunca he estado ahí antes. ¿Saben a dónde voy a ir después de ahí?- pregunté. Ésta era mi gran duda. Perkins era un lugar de recepción para luego ser enviado a YA; estaría ahí como un mes, para que me pudieran hacer un chequeo. Y cuando digo "chequeo" quiero decir un chequeo general de mi salud. Si algo no estaba bien con mis dientes, como de seguro sería, ellos lo arreglaban. También tomaban rayos X para estar seguros que mi salud estuviera bien. Si algo estaba mal ellos tomaban los cuidados necesarios para que me aliviara.

Perkins era un hospital del sistema de prisiones. Una vez que llegué ahí, me convertí en propiedad del estado; o como ellos le llamaban, un pupilo del estado.

El sheriff me respondió -No, no se adonde vas a ir después. Todo lo que se supone que debemos hacer es entregarte en Perkins esta mañana.

-¿Cuánto tiempo tomará para llegar ahí?

-Cerca de dos horas, más o menos. Siéntate y disfruta el paseo- dijo con gesto serio.

Miré al otro sheriff y él movió la cabeza. Pensé -Éste es el modo en que se comportan. Algunos son buenos policías y algunos son malos policías.

Bien. Pensé que era justo que disfrutara el paseo. Había estado encerrado por seis meses y quien sabe cuanto tiempo pasaría para que yo consiguiera otro paseo como éste de nuevo.

Entramos a la autopista. Iba buscando entre los que veía manejando para ver si conocía a alguien. Escasa oportunidad había que eso sucediera.

En un rato más, íbamos pasando por la granja del condado. Si alguno era sentenciado por un delito menor, éste era el lugar a donde era enviado. Deseaba que hubiera sido sentenciado a la granja para pasar mi tiempo ahí, demasiado tarde, ahora iba en camino a Youth Authority.

Me preguntaba qué me esperaba en Perkins. ¿Iba a tener que pelearme con muchos? ¿Cuánto tiempo debía pasar peleándome con otros? ¿A dónde iría después de Perkins? Todas esas preguntas atravesaban mi mente. Pensar todas estas cosas era como algo espeluznante (ir a quien sabe donde; un lugar desconocido en el que nunca había estado y sin saber lo que iba a encontrar, era un misterio).

Sentado ahí, mirando por la ventana como el paisaje parecía moverse contrario a donde iba en la Autopista 17 y dejé que mi mente se deslizara al pasado cuando era niño. ¿Cuál era el misterio de lo desconocido?

Capítulo Diecinueve

LOS MONSTRUOS

Cuando yo tenía cuatro años vivíamos en una casa pequeña en Spencer Street a una casa de Virginia Street. Para llegar a la tienda de la esquina, teníamos que caminar todo el camino de Virginia. "Todo el camino", porque cuando tienes cuatro años todo eso es un camino muy largo. Teníamos que cruzar la calle. La tienda estaba en la siguiente esquina, sobre Delmas, en un grupo apartado de casas. Luego teníamos que doblar en la esquina e ir al frente, a la tienda.

Una noche estaba con mi hermano y con mi hermana en la sala, la cual también era la recámara de Eddie y mía. Mi padre estaba en la cocina mirando a mi madre preparar la cena. Él entró a la sala y dijo -¡Arturo, ve a la tienda a comprar un poco de pan!

Mirando por la ventana, repliqué -¡Pero, papá, está muy oscuro afuera!- Yo nunca había estado solo en la oscuridad de la calle, y me había quedado asombrado ante la posibilidad de que realmente me enviara a la tienda en la oscuridad.

Mi padre estaba dándose vuelta ya para regresar a la cocina cuando lo alcanzó mi comentario y exclamó -¡Qué! ¿Está oscuro afuera? ¡Cobarde! ¡He dicho que vayas a la tienda!- Mi padre comenzó a sacarse el cinturón. Entonces comprendí que tenía que enfrentarme a lo desconocido.

Mi padre me dio un dólar y me dijo que no tardara mucho. Pude ver a mi madre en la cocina por lo que comencé a sollozar. El ceño de mi padre se puso peor, por lo que pensé que era mejor callarme o iba a recibir una tunda por ser cobarde. Una cosa es recibir una tunda por hacer una cosa mal, pero es una muy diferente recibirla por ser cobarde.

Me recuerdo abriendo la puerta de enfrente y viendo de reojo a Eddie y a Tita. Sus caras me decían que ellos sentían pena por mí. Eddie sabía lo que tenía que enfrentar al salir a lo desconocido. Lo mismo le había sucedido a él cuando vivíamos en San Fernando Street.

Me detuve un momento en el porche y la puerta se cerró detrás de mí. Todo estaba en silencio. No sabiendo que esperar, caminé muy despacio bajando los escalones de enfrente. Estaba en el último escalón y luego comencé el camino hacia fuera.

Cerca del camino de salida de la casa, teníamos un enorme pino. Las ramas se extendían cubriendo el lugar. En la oscuridad, me esforzaba pero no podía ver nada; ¡No podía creerlo! ¡Había visto algo moverse! Mi corazón se alteró y comenzó a golpear fuerte en el pecho. Corrí hasta la cerca y miré hacia atrás, esperando ver una mano que me alcanzaba y me agarraba. No había nada ahí. ¡Quería regresar y decirle a mi padre que no me importaba si me daba de nalgadas por ser cobarde! Pero pensé que mejor no haría eso. Si lo hacía, tenía que pasar cerca del árbol de nuevo.

Comencé a caminar por la calle rumbo a la esquina de Spencer y Virginia y crucé la calle. La banqueta estaba muy oscura enfrente de las siguientes casas. Iba llorando un poquito. Y estaba muy espantado. Cuando llegaba a la parte más oscura de la calle oí a alguien caminando detrás de mí. Me detuve. Ellos se detuvieron. Miré hacia atrás pero no vi a nadie. Tal vez habían saltado a los arbustos. Caminé un poco hacia delante, pero volteaba a mirar constantemente, todavía no distinguía a nadie siguiéndome. Justo entonces, al voltear, vi dos ojos brillantes mirándome. Gritando comencé a correr alejándome de ahí resbalé y caí al suelo lastimándome. No me importaba si estaba lastimado o sangrando. No miré para atrás. ¡Corrí alejándome del monstruo! Hizo una especie de ruido como si fuera a dar un alarido y fuera a comerme. Corrí el resto del camino a la tienda. Conforme corría, pensaba -¡Mi padre va a sentirse muy apenado por haberme mandado a la oscuridad porque voy a ser asesinado aquí afuera!

Corriendo y dando vuelta a la esquina cerca de la puerta de enfrente de la tienda, me detuve. Finalmente había alcanzado un lugar claro, me pareció como el día. Esperando un segundo para ver si eso, lo que fuera, venía siguiéndome hasta la esquina, me quedé cerca de la puerta. En caso de que viniera corriendo, yo pudiera escapar metiéndome a la tienda. -¿Cómo le iba hacer para regresar?- pensé. Mirando mis codos raspados, distinguí una pequeña mancha roja, pero no estaba tan mal. Enderezándome la camisa, caminé un poco a la esquina del edificio para ver si había algo ahí. Mirando desde la esquina, pude ver que todo estaba en silencio. Nada. Solo la oscuridad de la noche.

La tienda era un negocio familiar. Entré a la tienda, tomé un poco de pan, y fui al mostrador a pagar. La señora del mostrador tomó mi dinero. Ella me miraba en una forma divertida, como si estuviera leyendo mi mente. Sentí que era un niño valiente por salir a la oscuridad y pelear con ese tipo de monstruos. Si ella realmente supiera lo que tenía que enfrentar, entonces conocería lo valiente que era yo.

Puse el cambio en mi bolsillo y me encaminé fuera de la tienda. Estaba un poco nervioso ahora, pensando en que tenía que regresar a casa. Eché un vistazo, me detuve en la banqueta y pensé que quizás podía llegar a la casa rodeando por la otra cuadra. Miré la calle en la otra dirección pude ver que estaba más oscura. Los árboles eran mucho más grandes. Decidí que era mucho más lejos ir a casa rodeando la cuadra; y podía ser comida de monstruos si iba por ese lado.

Regresé por el lado donde había venido dando la vuelta a la esquina muy despacio. Pasé la primera casa en la oscuridad y observé todo a mi alrededor para asegurarme que no había nada que pudiera atacarme. Avancé un poco más alcanzando el área donde había visto los ojos, avancé más despacio. Registrando el área realmente bien, luego me detuve. ¡Los ojos brillantes venían acercándose a mí! ¡UN GATO! ¡Eso era todo, un gato! Caminó hasta mis piernas y se deslizó repegándose; quería que lo levantara. La noche no se veía tan oscura ya. Miré alrededor; pude ver mucho mejor que la primera vez que caminé a través de esa área.

Para cuando llegué a la cerca de la casa la oscuridad no me importaba más. Caminando hacia el árbol observé todo para ver si algo se movía o para ver si escuchaba algo, pero no había nada.

Llevé el pan a la cocina y le di a mi padre el cambio. Todos dejaron de hacer lo que hacían para observarme, preguntándome qué había pasado en lo desconocido. No les dije mucho. Solo fui al cuarto de enfrente y comencé a jugar con mi hermano Eddie de nuevo, tratando de ser agradable.

Con esta experiencia aprendí lo que era lo desconocido. Después de eso la oscuridad dejó de ser tan mala como parecía antes. Mi padre me envió a la tienda otras veces. No era gran cosa. Todavía tenía un poco de miedo, pero no mucho como la primera vez.

Ahora iba a prisión, ¡otro lugar desconocido! Tal vez podría con esto si lo hacía como lo había hecho con los monstruos. ¡Bueno, eso esperaba!

Capítulo Veinte

Perkins

Nos detuvimos frente a la entrada de Perkins y unas enormes puertas eléctricas impedían el paso. Un guardia se aproximó al auto, intercambió unas palabras con el conductor y le enseñó unos papeles. La enorme puerta se abrió, en pocos segundos y entramos.

Lo primero que hizo el personal de la prisión fue lavar mi cabeza. Esto se lo hacían a todos los que pasarían su tiempo aquí para asegurarse de que no entraran con piojos. Luego tomé un baño y me cambié de ropa.

En Youth Authority teníamos dos clases de ropa. Primero, teníamos nuestra ropa de todos los días (un par de pantalones parecidos a los Levis y una camisa azul de algodón). Para recibir a algún visitante o para las ocasiones especiales, como ir al cine, espectáculos o presentaciones especiales, teníamos pantalones de kahki y camisas de cuadros con fondo blanco con botones en el cuello. Nuestros zapatos eran negros y brillantes. Los muchachos siempre competían para ver quien lograba más brillo en sus zapatos.

Una vez que fui registrado, fui enviado a mi compañía. Conforme atravesaba el enorme cuarto con casi sesenta individuos adentro, todos volteaban a verme. El nivel de ruido bajó. Todos dejaron de hacer lo que hacían. -¡Oh, Oh! ¿Qué hago aquí?- Pensé. Mientras miraba a todos lados. Vi a los blancos, a los mexicanos y a los negros reunidos en grupos separados.

Había un mostrador con un par de guardias y unos internos alrededor, platicando. En una esquina del cuarto de día (una sala de juegos, o una estancia donde uno puede ver la televisión) había una TV sobre un estante alto con aproximadamente veinte sillas y algunos sillones alrededor. Las sillas y los sillones eran del tipo de los que uno podía encontrar en una sala de espera de la oficina de algún doctor, todos de diferentes colores.

El rincón de la TV, estaba casi lleno de individuos que holgazaneaban y miraban el televisor. Cerca de una de las paredes, habían mesas donde algunos jugaban cartas u otro tipo de juegos. Las puertas por donde habíamos entrado estaban abiertas y daban a un patio donde habían individuos jugando pelota; el patio era parecido a los de las escuelas con un pequeño espacio pavimentado y rodeado de pasto.

Perkins es una prisión de tránsito para jóvenes delincuentes. Una vez que abandonan Perkins, ellos son ubicados en instituciones alrededor del estado.

Se reunían en grupos raciales: mexicanos, blancos y negros. Cuando digo tipos mexicanos, no quiero decir individuos de México; quiero decir individuos como yo (México-americanos o Chicanos). Nosotros orgullosamente nos referíamos a nosotros mismos como "Locos". El grupo de blancos que andaban eran llamados "Straight" (recto). Los negros eran llamados "Blood" (sangre). Finalmente había un grupo al que llamábamos los "Stone Outs" (rechazados), estos eran los tipos que nadie quería.

A los Locos y a los Straights no les gustaban los tipos con mirada de bobo o que actuaban como bobos. Los Striaghts eran Angeles del Infierno o cabezas rapadas. Los Bloods eran un poco diferentes porque ellos aceptaban a todos los Bloods, aunque fueran tontos. Si había algún Blood y quería andar con los Stone Outs, no les importaba. El tipo era aceptado bien cuando regresaba. Pero si eras un Loco o un Straight y querías estar con los Stone Outs, tus amigos del grupo no te aceptaban de nuevo cuando querías regresar.

Parado ahí y ser observado por todos me hizo sentir muy mal. Yo quería parecer malo.

Levanté la cabeza y coloqué los hombros hacia atrás tratando de parecer ruín. Al mismo tiempo trataba de parecer más alto. Quería aparentar ser grande, pero la prisión me había reducido a casi sesenta y siete kilos; el hecho es que yo medía un metro ochenta y en vez de parecer grande parecía un costal de huesos.

Después de unos segundos todos los internos regresaron a su ocupación. Querían ver quien era yo y a que grupo pertenecía: Locos, Straights o Bloods. De inmediato los Bloods dejaron de observarme, después los Locos también perdieron interés en mí; los Straights siguieron observándome. Eso no me agradaba mucho. Yo también me les quedé viendo y les lancé una mirada dura.

Una vez que fui registrado en mi compañía me senté en una de las sillas en el gran cuarto de día enfrente de la TV. Yo sabía por lo que me había dicho Isaac que después de un rato, los Locos enviarían a alguien a hablarme.

Mirando la TV, me mantuve observando al grupo de Locos que se habían apartado. Yo no estaba seguro de que ellos se hubieran enterado que yo estaba ahí, ellos parecían ignorarme. Pensé que tal vez Isaac me había dicho algo que no era cierto, pero no importaba, me dispuse a pasar el tiempo sin preocuparme. Sin embargo era muy bueno pertenecer a un grupo. Si caes en una pelea con los Straights o con los Bloods, y no perteneces a ningún grupo ellos pueden mandar diariamente a uno diferente, para que peleé contigo si no les caes bien. Pero si perteneces a un grupo, no es una dificultad porque tu grupo te respaldará si caes en una pelea.

Más o menos en una hora, un Straight se acercó y se sentó cerca de mí. Él me dijo -Hey, hombre, ¿Por qué te trajeron?

Yo pensé -¿Qué quieren conmigo los Straights si yo no soy uno de ellos?

El continuó -¿Cuál es tu nombre?

-Art Rodríguez- Le respondí.

Sorprendido, dijo -¡Oh!- Y sin decir nada más se levantó de la silla y se fue, dirigiéndose al grupo de los Blancos. Yo estaba pálido por la falta de sol, ellos creyeron que era un Straight.

Bueno, el muchacho se regresó al grupo de Straights. Algo les dijo que les causó risa. Volteaban a verme y se reían. Uno de ellos se levantó y fue a donde los Locos estaban sentados, hablaron por un minuto, luego todos los Locos voltearon a verme.

Después de un momento uno de ellos se me acercó y me dijo -¡Orale esse, ¿De dónde eres?

-San Jo- contesté.

Después de eso tuve una agradable estadía en Perkins. Podía estar con todos a gusto.

Mis dientes me causaban muchos problemas. Ahí, me rellenaron dieciocho cavidades en dos días. Trabajaban rápido en Perkins. Luego me trataron de otros problemas de salud que tenía. Mis problemas de salud no habían aparecido antes, comenzaron a brotar cuando ya estaba en Perkins. Así que retrasaron mi estadía por dos semanas más.

Había estado en Perkins como tres semanas. Una mañana agradable, salí para tomar un poco de sol. Después de que mi comité de bienvenida había equivocado mi identidad, tenía más aprecio por mantener mi color y pasaba más tiempo en el patio.

Algunos de los individuos jugaban beisbol. Yo salía al patio a soñar despierto pensando en mi hogar. Algunas veces caía en profundas reflexiones, y pensaba que realmente estaba en casa. Soñaba que estaba en la casa de las muchachas López, cuando recibí una llamada telefónica. Era mi madre. Quería que la recogiera en la tienda y que manejara su auto. ¡De acuerdo! ¡Yo amaba manejar el auto de mamá y pasearme mientras llegaba a la tienda, y luego traer a casa a Mamá!

-¡ART! ¡ART!- Abrí los ojos y el destello no me dejaba ver. El sol estaba demasiado brillante.

-¿Quién me habla?- pregunté. Mirando hacia arriba, con mis manos sobre mis ojos y tratando de reenfocarlos, vi todo verde; era el pasto.

-¡ART, ART, VEN Y JUEGA CON NOSOTROS! ¡NECESITAMOS OTRO JUGADOR!- Un Loco me gritaba desde donde jugaban.

-¡Hombre!- pensé -"¡Este tipo me trajo de regreso de casa! Yo estaba muy contento allá!"

Le grité -¡NO, HOMBRE. A MI NO ME GUSTA JUGAR BEISBOL!

Los deportes no eran mi fuerte. Ahora si ellos me pedían que los respaldara por alguna pelea, eso era una historia diferente.

Me senté un momento y luego pensé dentro de mí -Tal vez, debería jugar; Tal vez me guste; No, no lo creo- Levantándome y observando a dos tipos que se lanzaban la pelota ahí cerca, les dije -¡Hey, hombre. Tira la pelota!- y levanté la mano.

El tipo que tenía la pelota me miró y dijo -No. No tienes un guante. Esta es una pelota dura.

-¿Qué?- le pregunté y luego le dije -¡Esa estúpida pelota no puede lastimarme! ¡Tira la pelota, hombre! O.K. No te preocupes de lo demás ¡Sólo tírala!- el tipo quedó indeciso, mirándome y pensando.

Luego repitió -¡NO, hombre. No tienes un guante!

-Hey, ¿Qué eres, un umpire (árbitro) o qué?- le grité.

El tipo me miró un segundo, entonces echó su brazo hacia atrás para tirar la pelota. Levanté mis manos en posición de cachador. Con mis diez dedos apuntándole para atrapar la pelota. ¡La lanzó! Zoom. Venía directo a mí. Volando hacia mis manos. Muy rápido. ¡BOOM! La bola se estrelló sobre mi dedo índice.

Me doblé de dolor y di un grito. Estaba tratando de ser rudo. Pero como dije, no era bueno para los deportes. Me llevaron cruzando el patio hasta la oficina del doctor y él me tomó rayos x. Tenía un dedo roto; de hecho, ellos tenían que poner una atadura en él o aplicarle yeso para inmovilizarlo. Por lo que yo tenía que permanecer ahí, dos semanas extra hasta que ellos pudieran remover el yeso.

El siguiente día me desperté en la mañana. Era otro día bello y soleado; y yo quería salir de nuevo a tomar el sol -¡Espera un minuto!- pensé. "Esto pasó ayer". -¡Tal vez yo no debería hacer esto de nuevo! Mira que me pasó ya. ¿Qué me podría suceder con este yeso en mi mano izquierda?- me pregunté a mí mismo.

Me senté en un banco para disfrutar el sol, pensando en mis asuntos. Los muchachos se acercaron hasta donde yo estaba y se tiraban la pelota, y yo miraba como iba y venía. Los observaba tirando la pelota y cachándola y admiraba como se divertían. ¿Debería intentarlo? No. Mejor no. ¡Sí. Por que no!- pensé. Me levanté y dije -¡Hey, hombre. Tira la bola!

Volteando a verme, uno de ellos dijo -¡No, hombre, tienes ya una mano rota!

Levantando mi mano, le dije -Mi mano no está rota, es solo mi dedo. Voy a cachar la pelota con mi mano derecha.

¡Hey!- dijo -¡No tienes un guante!

-¡No importa, hazlo! ¡Tira una bola fácil y todo saldrá bien!- protesté.

El tipo me miró como si dijera -O.K. tú lo pediste-. La bola fue lanzada. Coloqué mi mano en posición para atraparla con mis dedos de frente, apuntando hacia donde venía. La pelota venía volando directo a mi mano. ¡BOOM DE NUEVO! Ahora tenía dos dedos rotos. Los dos dedos rotos casi en el mismo sitio. Y me recordaban que estaban rotos en el mismo lugar todos los días por el dolor que me causaban. Como resultado obtuve más días en Perkins.

Mi estadía en Perkins iba muy despacio. Me complacía pensando en casa y las cosas que había hecho cuando era más joven. Mientras yacía sobre el pasto tomando el sol, también pensaba en los buenos tiempos y en los malos tiempos que había tenido con mis hermanos y con mi hermana.

Capítulo Veintiuno

El rifle de municiones

Eddie era el mayor de los cuatro y mis padres habían puesto una gran responsabilidad sobre él, siempre fue un buen hermano mientras crecíamos. No obstante que Ed y yo reñíamos seguido y nos peleábamos, conforme crecíamos, él estuvo cerca de mí como un apoyo. Cuando tuvo la responsabilidad de cuidarnos, siempre hizo un buen trabajo. Tengo muy buenos recuerdos de cuando jugábamos juntos, cuando nos divertíamos y pocos recuerdos de nuestras grandes riñas.

Un día, cuando yo tenía siete u ocho años, mis padres salieron de compras. Estábamos Eddie y yo solos en la casa. Nos divertíamos jugando con el rifle de municiones, disparándole a los blancos.

Siempre que hice enojar a Eddie no descansaba hasta que se vengaba. Lo recuerdo siempre como un exceso (yo era el único niño que sería destruido por un exceso de la fuerza de su hermano). Ese día lo había hecho enojar y tenía que correr lejos de él; por lo que corrí detrás de la cochera, él no se había dado cuenta, de que yo tenía el rifle de municiones en las manos. Eddie corrió tras de mí. Me tenía atrapado. Le dije -¡Eddie, mejor déjame ir, o le digo a papá cuando llegue!- Esto podría haber asustado a Eddie, pero él me conocía. Él sabía que yo nunca le diría a mi padre; porque si le decía podía meterme en problemas también. Eddie me había atrapado. Comenzó a acercarse muy lentamente, para que yo no pudiera escaparme. Si se aproximaba rápido, yo podía correr. Y entonces no podría atraparme, aunque Eddie era más grande que yo.

-¡Mejor te alejas de mí o te va a ir mal!- le grité.

Yo sabía que Eddie iba a atraparme y me aporrearía un poco. No podía dejar que esto pasara de nuevo. Me di cuenta que tenía el rifle en las manos. -Podría utilizarlo- pensé. Esto debería detenerlo. El nunca pensaría que le dispararía.

-Eddie- le grité -¡Te lo advierto. Si no te detienes te va a ir mal!

Yo debería haber sabido que esto no lo detendría. ¡Ed quería sangre! No me dejó opción. Dirigí el rifle hacia él y apunté a su estómago, al mismo tiempo que pensaba -Debería darle otra oportunidad para que se detuviera? ¡Ah! ¡Sólo voy a desperdiciar mi tiempo!

¡Jalé el gatillo! Eddie gritó y se dobló adolorido. Amartillando el rifle, le dije -¡Te advertí que debías detenerte, Eddie y no te detenías!- Esperaba que esto lo tranquilizara. Él me miró y leí en su cara, mirada asesina.

-¡Voy a atraparte Arthur!

-Bueno. ¡Nunca debiste haber dicho eso!- repliqué. Apunté el rifle de nuevo y jalé el gatillo... ¡Hey! ¡Esto era divertido!

-¡Realmente me las vas a pagar!- gritó de nuevo Eddie, muy adolorido.

-No lo creo- le dije. Realmente estaba enojado ahora. Respiraba pesadamente y me miraba con ojos que querían matar. -¿Qué diantres?- preparé el rifle de nuevo y apunté, jalé el gatillo la tercera vez. No supe a donde fue a pegar ésta munición, pero esta vez corrí a la casa.

Me metí por la puerta de atrás, y me di la vuelta de inmediato para trabar la puerta de pantalla que antecede a la otra. Yo sabía que tan pronto pudiera, Eddie vendría detrás de mí. Y así fue, conforme yo me apresuraba a cerrar, con dedos ansiosos, la puerta, él corrió y la empujó.

-¡Cerrada! ¡Justo a tiempo! Nuestras miradas chocaron. Pensamos la misma cosa. ¡La puerta de enfrente! Corrí, atravesando la casa. Eddie corrió por un lado de la casa. Justo cuando mis dedos pasaban el cerrojo de la puerta de enfrente; Eddie alcanzó la perilla para abrirla -¡Demasiado tarde!- me burlé.

Sin perder tiempo corrí hacia las ventanas para cerrarlas. ¡Seguro! Luego me acerqué a la puerta de enfrente y vi a Eddie alejándose hacia atrás. Probablemente él iría a checar para ver si yo había dejado alguna abierta. Me dirigí a la puerta de atrás. Ahí estaba, más enojado que nunca.

-¡Mejor me dejas entrar! ¡Si no lo haces realmente te voy a atrapar!- demandó. No podía engañarme. Yo sabía que de todos modos iba a pegarme, aunque le abriese la puerta.

Esto también fue divertido para mí -NA, NA, NA, NA, NA, NA, NA, ¡No puedes agarrarme; y tendrás que esperar hasta que venga papá para entrar!- me burlé de nuevo.

Cada segundo se ponía más enojado. Sabía que no podía intentar quebrar la puerta de pantalla; al menos no cuando mi padre llegaría en un momento. Mi padre con su cinturón, podía hacer parecer esos municionasos como pellizcos.

De repente, la mirada de asesino que tenía Eddie en la cara, desapareció. Una gran y cálida sonrisa, apareció.

-¡Algo pasa!- pensé. Y buscaba en el exterior para ver si no se estaba riendo con alguien. No, Ed estaba solo. Mirando de nuevo a Ed, me preguntaba qué iba a pasar. Eddie dijo algo en una voz amistosa. -¿Qué?- le pregunté porque no le había escuchado.

-Pes, Pes- dijo de nuevo.

-¿Qué?. No puedo oírte. Acercándome para ver si podía entender lo que decía.

Respondió con una mirada felíz que se juntó con la gran sonrisa de su cara. Haciéndome señas con los dedos para que me acercara, me dijo- Quiero decirte algo- Casi tocando la parte de afuera de la rejilla de la puerta, movió sus labios para susurrarme algo.

-Sss, Se- dijo. No pude escucharle.

-¿Qué?- le pregunté. Volvió a decirlo, muy despacio. Aún no podía escucharlo y me acerqué casi tocando la mallita de la puerta con mi oreja. Por el rabillo de mi ojo, pensé que algo se movía.

-¿Qué?- Me di la vuelta y mi cara casi quedó tocando la mallita de la puerta, para ver que era lo que se movía ¡BOOM! Su puño se estrelló en mi boca sin lastimar la malla de la puerta de pantalla. Me estuve revolcando de dolor casi quince minutos. Ése fue el final de la vida de mi diente de enfrente. Se volvió oscuro en pocos días y quedó sin vida. No supe si mi padre averiguó lo que pasó. Recuerdo que mi diente y mis encías me dolieron por varios días.

Un día, después de casi seis semanas de estar en Perkins, me llamaron al escritorio.

-¡Rodríguez!- gritó alguien. Me levanté de mi silla y caminé hasta el escritorio para ver que querían.

-Te vas en la mañana- dijo el guardia. Todavía no sabía cuál sería mi destino final.

-¿A dónde me envían?- quería saber.

-Preston School of Industries (Escuela Industrial de Preston)- contestó el guardia.

-Preston- dije en voz baja.

En Perkins había llegado a conocer a algunos de los Locos muy bien. Ellos, como Isaac, me dijeron lo que debía hacer cuando llegara a Preston. Me animaron diciéndome que me iría bien ahí. También me dijeron que debía pelear más que como lo había hecho en Perkins. De hecho casi no había peleado en Perkins. No podía con dos dedos quebrados.

Pensé -Me pregunto a dónde enviarían a mi hermano Eddie. Sería fantástico que él también fuera a Preston.

Los amigos me contaron historias acerca del castillo. Hay un castillo abandonado que funcionaba en Preston en los 1800s y a principios de los 1900s. Uno de los tipos de Perkins fue enviado a Preston en el pasado y había estado ahí. Me platicó de un dicho acerca del castillo: cuando eres liberado y te alejas de Preston, nunca mires atrás. Si lo haces, volverás a regresar.

El día que fui liberado de Preston y el auto se movía a través de la salida y me alejé por la calle, no miré para atrás.

Capítulo Veintidós

PRESTON

El siguiente día ya estaba en el autobús que me llevaría a Preston, a un lugar áspero. Si alguien estaba en alguna institución y se metía en líos o conseguía muchos problemas, lo enviaban aquí. Si se metía en líos en Preston, entonces era enviado a la prisión en Tracy.

Conforme cruzábamos la entrada principal de Preston, pude ver que era muy diferente a mi llegada en Perkins. Cuando bajamos del autobús cada uno de nosostros fue registrado para ver si no traíamos alguna arma o drogas de Perkins.

Una vez adentro fuimos llevados a un lugar de recepción. Estuve ahí como dos semanas, esperando a ver como sería clasificado. La clasificación era decidida a través de un examen que nos hacían todos los días, desde la mañana hasta la noche; los exámenes eran para conocer que clase de persona éramos. Algunos de nosotros fuimos clasificados como manipuladores, otros como líderes, y otros como seguidores (como corderos). El estado estaba implantando nuevas formas para rehabilitarnos y el examen les servía para conocernos.

Algunos de los tipos de Perkins me dijeron las mismas cosas que me había dicho Isaac: empezar peleando con todos en cuanto llegara a Preston para conseguir respeto. Ahora ya estaba aquí, pero pensé que sería mejor esperar hasta que yo llegara a mi compañía asignada.

Como sesenta de nosotros esperábamos en la recepción. Preston era un enorme lugar. Tenía su propia escuela, campo de fútbol, y su gimnasio. Era lo suficientemente grande como para tener su propia carretera, con una flota de autos y camiones. Si llegabas a enfermarte en Preston, tenía un hospital con muchas camas. Si alguien necesitaba de una cirugía menor, podíamos acudir al hospital. Si el tratamiento era más complicado éramos enviados a Perkins, que estaba como a una hora de camino en auto.

La mayoría de las compañías eran llamadas con las letras del alfabeto. Un lado de Preston era montañoso; y nosotros le llamábamos La Loma. Todo estaba cubierto de pasto y tenía una vista hermosa. Sí, algunos se referían a este lugar como un Club Campestre. De hecho me sorprendía que a la hora de comer, un silbato tocaba. Nos enfilábamos al edificio para ir a la cafetería. No teníamos que alinearnos podíamos ir en desorden. Los guardias nos observaban desde las torres de los vigías. Si había algo extraño, como una pelea o alguien lastimado con un cuchillo, ellos nos alertaban. Los guardias estaban ahí en segundos. Si ellos sospechaban que se iba a formar un desorden, teníamos que hacer una fila y en ese orden entrar a la cafetería.

Ahí había algunos internos que planeaban sus estancias en Preston. Cuando salían, se envolvían en el uso de drogas y lo hacían casi todas las noches, casi hasta el punto de quemarse. Al fin y al cabo ellos no tenían donde vivir. Al cabo de unos meses, eran atrapados por algo pequeño. Por lo consiguiente, eran regresados con un programa especial para descansar. La corte los sentenciaba a un programa en Preston que requería de estar de tres a cuatro meses ahí. Esto era justo el tiempo que necesitaban para recuperarse y para quedar listos para salir a las calles de nuevo. Este no era un mal lugar para pasar el tiempo.

Preston también tenía su propia prisión. Una prisión con una prisión dentro, que le decían 'Encierro'. Los prisioneros eran enviados ahí si se metían en algún problema, como poseer drogas o siendo atrapados con un estilete (una especie de cuchillo). Si nos envolvíamos en un pleito con alguno de otra raza, esto podía volverse un conflicto mayor.

Los guardias entonces nos llamaban, nos trepaban a un auto y nos llevaban al Encierro. Si los que peleaban eran de la misma raza, no les preocupaba a los guardias. Algunas veces ponían a los dos internos en el enorme cuarto de las regaderas y los dejaban continuar peleando.

Tenían su propia policía especial en Preston. Cuando los guardias hacían una llamada, en pocos minutos un auto de la flota estaba ahí para recogernos. Si comenzaba un tumulto, una llamada telefónica era suficiente; y los policías anti-motines estaban ahí. Me preguntaba de dónde salían tan rápido. Cuando eran llamados, llegaban de inmediato. Y me preguntaba, entonces, que estarían haciendo mientras que no había tumultos, porque los líos eran esporádicos. ¿Sentados en sus autos esperando? Nunca recibí una respuesta a mi pregunta.

Cuando estuve ahí, el edificio sobre La Loma era el más nuevo. El resto de los edificios fueron construidos probablemente en los treintas o en los cuarentas.

Preston está en el pequeño pueblo de Ione, California. A veces recibíamos un trato especial y teníamos espectáculos en vivo; algunas veces incluía a famosos entretenedores, otras veces no. La gente del pueblo era invitada, y se sentaban arriba, en los balcones.

Teníamos nuestro propio Gran Teatro en Preston. Todas las semanas exhibían diferentes películas, y la gente del pueblo también venía.

Afuera de Preston había una compañía de internos (del mismo Preston) quienes cuidaban a los animales. Preston tenía su propia granja. Tomábamos leche fresca, y algunas de nuestras comidas provenían de la granja.

Preston también tenía su cementerio. Los internos que morían sin que se les conociera familia o si nadie reclamaba sus cuerpos, eran enterrados en Preston.

Había una reja de cinco metros que circundaba el rededor y una torre justo en medio del terreno con uno o dos guardias en ella. Si era enviado a algún lugar dentro de Preston y notaban que andaba al garete, alguien hacía una llamada telefónica desde la torre, notificando a los guardias que yo estaba fuera del camino.

El primer día, el de mi recepción, las cosas fueron bien; no habían grandes problemas. Todavía no conocía a nadie ahí, ni siquiera a los que habían venido de Perkins. Los tipos que habían venido conmigo eran de diferentes compañías en Perkins.

A la hora del almuerzo, nos avisaron que deberíamos estar listos para ir al comedor. Nos alineamos para usar el cuarto de lavabos. El cuarto era grande y con cristales en las paredes para que pudiéramos ser observados. En el centro del cuarto había una gran fuente con un arillo alrededor. Tenías que abrir la llave, pararte cerca y lavarte ahí en la vasija que formaba el arillo; todo esto lo hacíamos sin privacía. Si alguno estaba en el excusado, el guardia, podía sentarse afuera y observarlo, y así observaba todo y a todos. No había puertas en las casetas.

Los guardias, también les decían consejeros, en Preston. Como éramos jóvenes, esto nos sonaba bien. Cuando digo consejero, suena como si ellos fueran una suerte de individuos a los que uno puede contarles algo y confiar en ellos. Sin embargo, no todos podían ser confiables. Había buenos consejeros que realmente trataban de ayudarnos. Lo hacían cuando pasaban buenos reportes que nos ayudaban para ser liberados con buena conducta. Cuando el nombre de alguien aparecía como candidato en los tableros para ser liberado, ayudaba mucho si tenía buenos reportes.

La gran cafetería era muy vieja y atemorizante. Conforme avanzábamos para entrar, podía ver las grandes puertas y todo el ruído que se producía adentro. Nosotros éramos los últimos en entrar. El lugar estaba lleno de todos los individuos de Preston. Cuando entrábamos un extraño sentimiento me agitaba. Todos los que estaban ahí dejaban de hablar y volteaban a vernos. Cuando estás parado ahí contra la pared y formado, esperando para ser servido y tienes sobre de ti ochocientas miradas, no tienes un buen sentimiento. En pocos segundos el ruido comenzaba de nuevo y todos volvían a hablar y a comer. Todos los días, nuevos individuos venían a quedarse y otros abandonaban el lugar.

Más adelante en mi estancia en Preston llegué a ser parte de los otros grupos de individuos que dejaban de comer y volteaban a ver a los nuevos que llegaban. Dejábamos de comer y volteábamos a ver a los nuevos, porque en nuestras compañías escuchábamos historias acerca de cada nuevo interno. Las noticias volaban rápido. Algunas eran historias sencillas, pero otras en cambio eran espantosas historias de los que iban llegando. También escuchábamos de muchachos de San José, por lo que los buscábamos entre los que llegaban. Si un prisionero entraba a Preston por violación o por abusar a los niños, sabíamos de él antes de que llegara. Entonces lo identificábamos. Nadie quería a los tipos sentenciados por esos crímenes, porque pensábamos que la víctima podía ser la propia hermana, la madre de alguno, o pequeños hermanos que podían ser violados o abusados. Por su seguridad, este tipo de prisioneros, eran mantenidos lejos del alcance de todos los demás.

Un día después de dos semanas de haber llegado a Preston, me dijeron que yo había sido clasificado como un CFM (seguidor). Algunos eran líderes, otros manipuladores. ¡Este tipo de prisioneros, estaban siempre tratando de envolvernos en algo! Entonces los guardias ponían a todos los de su clasificación, juntos, en la misma compañía. Uno podía imaginar como los oficiales podían estar en lo correcto en sus clasificaciones. Si los líderes eran colocados juntos y pensaban todos las mismas cosas malas que hacer, ¿Cómo iban hacerle para liderear a los seguidores si ellos estaban juntos en otra compañía? Yo era un CFM. Nunca supe en que basaban sus estandares, pero yo fui considerado un seguidor. Si alguno decía -Vamos a robar un banco- Se suponía que yo diría -O.K. ¡Vamos!- Aunque tomé muchos exámenes de aptitud, siempre creí que ellos estaban equivocados o que no sabían aplicarlos.

Todas las compañías eran identificadas con una letra del alfabeto. En nuestra compañía había tipos que eran líderes y tipos que siempre andaban tratando de envolvernos en algo. En la compañía "C" donde supuestamente debían estar los líderes, yo vi algunos tipos simples que nunca liderearían a alguien. Siempre bromeábamos cuando nos decían la clase de tipo que supuestamente éramos. Pensábamos todos que esto era un gran chiste.

Fui escoltado a mi nueva compañía. La compañía "I". Le llamábamos 'La Lámpara'. Estaba en La Loma, en la parte montañosa de Preston. El edificio estaba rodeado de pasto y hecho de ladrillos rojos. Los pisos del edificio eran de concreto. Parecería que eran fríos, pero el sistema de calefacción había sido construído en el concreto. El edificio tenía tuberías en el concreto que se deslizaban, con un sistema de calefacción viajando a través de ellos. De ahí, que el lugar era templado.

Fui registrado en mi nueva compañía y me dijeron lo que podía hacer y lo que no. El guardia me llevó a los armarios y me asignó uno. Nunca antes había tenido un armario con mi propio candado.

Conforme arreglaba mis asuntos con el guardia, y mientras me hacía el registro, vi a los Locos. Ellos se mantuvieron observándome; ellos querían saber que clase de tipo era yo. Lo mejor sería mostrárselos cuanto antes.

El 'cuarto de día' semejaba una gran sala con mesas y sillas de las que uno podía rentar para una recepción de bodas. En una esquina había unos tipos levantando pesas sobre una plataforma. En medio, y sobre la pared había una TV sobre una base alta, rodeada de sillones de diferentes colores y rodeada de sillas.

El guardia sentado en una plataforma como de sesenta centímetros de alto para observar el cuarto entero. Alrededor de la plataforma había una barra con un riel. Se suponía que en ese riel debíamos colocarnos cuando hablábamos con el guardia. Había algunos guardias a los que no les importaba si no entrábamos al riel. Ellos estaban con nosotros las veinticuatro horas del día, los siete días de la semana, y llegaron a conocernos realmente bien.

Una vez que observé adentro del salón me senté en una silla para ver TV. Lo hacía para irme acostumbrando al lugar, mientras observaba, al fin y al cabo este sería mi hogar por un tiempo.

Tenía que usar el baño. Fui rápido y regresé, cuando estaba de vuelta vi a un Blood (Sangre) caminar hacia la silla que yo había dejado. El baño era igual que el del cuarto de recepción, con paredes transparentes y una gran fuente en medio.

Conforme me acercaba noté que el Blood era muy grande. Él era un levantador de pesas, y tenía que cortar las mangas de la camisa para que cupieran sus brazos. Mirando hacia el guardia, pensé -El guardia no está muy lejos, así que la pelea no va a durar mucho.- Luego acercándome al Blood, pensé -Tengo que hacer parecer esto muy bien, para que los Locos sepan que soy un tipo rudo.

-Hey, hombre. ¡Esa es mi silla!- le dije hablando recio, para que todos pudieran ver que era yo quien empezaba la pelea.

Mirándome me dijo -¡Hey, esse, consigue otra silla. Hay muchas vacías ahí.

Le di una mirada dura y le dije -¡No quiero otra silla. Quiero la mía!- me acerqué y empujé su cabeza esperando que se levantara.

Los otros Bloods que estaban sentados ahí, le dijeron -¡Hey, Blood, no permitas que 'esse'? Haga eso contigo! -El comenzó a levantarse. Me incliné hacia atrás y luego le di un golpe con toda la fuerza que podía, como siempre lo había hecho cuando quería noquear a alguien. ¡Sin embargo, cuando lo conecté, nada pasó! Este tipo era demasiado grande y yo solo pesaba sesenta y ocho kilos. Realmente lo había hecho enojar y se le notaba en la mirada. Sus cejas se contrajeron, y él tomó una profunda aspiración y la mantuvo adentro. Se me acercó, pero no muy rápido a causa de su tamaño. Cuando me sujetó, lo golpeé de nuevo. Todos gritaban y corrían hasta donde estábamos nosotros. Comenzamos a forcejear. Bien, comencé a forcejear, él no. Él me sujetaba y me tenía prisionero de la nuca, para que pudiera golpearme con la otra mano. Todo lo que pude hacer fue patearlo. Justo en el momento en que me iba a lanzar su golpe de knockout, llegó el guardia empujando al gentío y haciendo que los demás retrocedieran; el guardia detuvo la pelea. ¡Salvado por el guardia! Lo tenía yo bien planeado.

-¡Rodríguez, acabas de llegar y ya estás envuelto en una pelea!- dijo el guardia. Hablándole al Blood, dijo -¡Te sientas ahí! Y Rodríguez, tú vienes conmigo!- Me llevó a su plataforma -Sabes que debo mandarte a poner al 'Encierro' ¿No es así?

-¿Por qué?- le pregunté aparentando inocencia.

En pocos minutos, los policías antimotines llegaron. Había habido una pelea entre razas, por lo que el guardia había llamado a las oficinas. El guardia me miraba, con un sentimiento de simpatía y pensando que tal vez los otros internos habían comenzado el pleito con el prisionero nuevo, que era yo.

-¿Cuánto tiempo estaré encerrado?- le pregunté.

-Cerca de tres días- me contestó.

Uno de los hombres que fueron llamados preguntó -¿Qué pasa?

Justo como antes, ellos me esculcaron y me esposaron. Me colocaron en la silla de atrás de una vagoneta. Y nos dirigimos a una esquina lejana de Preston. La reja estaba detrás de este edificio con el castillo en el otro lado. Desde 'El Encierro' uno podía ver que tan viejo era el castillo. El 'Encierro' era un viejo edificio con enormes puertas enfrente. Había algunos individuos que trabajaban afuera cuidando las ovejas de la granja de Preston. Ellos me platicaron que habían estado dentro del castillo. En el sótano había calabozos con candados en las paredes donde podían encadenar a un prisionero si no tenía buen comportamiento. Si yo iba a ser encadenado por tres días en la pared, probablemente no querría regresar al 'Encierro' de nuevo. Pero comparado con el Castillo, 'El Encierro', no era tan malo.

Entrando al edificio, recordé una película de una gran prisión, con pasillos arriba y con celdas en ambos lados y celdas arriba y en la parte de atrás. Todo estaba hecho de ladrillos blancos y rojos. No eran celdas con barras, eran pequeños cuartos, sobre el piso, a un lado de un espacio abierto, había como cuatro cuartos aislados. Si un prisionero hacía mucho ruido y no quería estar en su celda, el guardia removía su ropa y lo colocaba en el cuarto aislado. Un agujero en la esquina era el baño. El cuarto era a prueba de ruidos, por lo que el prisionero podía hacer todo el ruido que quisiera. Nunca pasé tiempo ahí. Yo sabía cuando permanecer callado.

Todos los cuartos tenían una pequeña puerta o un hueco en la puerta para dejar pasar la comida cuando era servida. Nunca pude ver a la persona que servía la comida. Y no me era permitido hablar con él. Si yo era atrapado tratando de platicar con él podía ir al agujero el resto del día. Durante tres días no hablé con nadie. Mi record personal fue estar ocho días ininterrumpidos en el Encierro.

Una vez en mi cuarto recordaba la cárcel Juvenil. No había nada que hacer. Al menos en la Juvenil si era un buen lector, conseguía algo que leer. En el Encierro no había nada que leer, ni siquiera una revista. Tenía una pequeña ventana con nada que ver, porque una gran pared de otro edificio la tapaba, lo que aprendí a hacer realmente, fue usar mi imaginación. Podía ir a donde quisiera y ser quien yo quisiera ser. De hecho pensaba en las cosas que había hecho cuando estuve en casa y en las cosas que haría cuando regresara.

Capítulo Veintitrés

Rebelión

Cuando vivíamos en una pequeña casa sobre Spencer Street, mi madre trabajaba en las noches en la empacadora. Ella dormía en las mañanas. Cuando los niños nos levantábamos, debíamos tomar el desayuno y luego irnos al parque. Yo tenía cinco años, Eddie tenía siete. Su trabajo era cuidarnos en el parque. En esos días no era peligroso como hoy con secuestradores y tipos que abusan a los niños. Pero esto no quería decir que no hubiese pervertidos ahí.

Camino al parque en una mañana, me sentía rebelde. Cuando cruzábamos la calle, teníamos que tomarnos de las manos; era una regla de mis padres. Si no lo hacíamos y mi padre lo sabía, conseguíamos unos cinturonazos.

Llegamos a la esquina donde estaba la tienda, sobre Virgina Street y Delmas. Me alejé un poco para que no me alcanzaran con sus manos para cruzar la calle. Eddie dijo- Vamos, Arthur, sostente de mi mano.

-¡No!- protesté -¡Realmente no quiero hacerlo!

-¡Vamos! ¡Sostén mi mano!- demandó.

Siempre me decía que hacer, y yo no quería estar bajo su dedo cumpliendo sus órdenes. Repliqué -No quiero cruzar la calle ahí. ¡Voy a cruzar aquí!- apuntando a la calle, en el lugar donde yo estaba, que era Virginia. Eddie estaba cruzando por Delmas; y yo quería cruzar por Virginia Street, una calle llena de tráfico.

-¡No, No puedes! ¡Ven acá y cruza la calle con nosotros!- insitió Eddie.

-¡NO!- le dije.

-Arthur, mejor vienes para acá, o voy a decirle a papá que tu no me obedeces.- si Eddie hacía eso, yo sabía que conseguiría unos cinturonazos. Pero ese día, no me importaba lo que él hiciera. Esperándome en la esquina para cruzar la calle y mirandome, Eddie gritó -¡Arthur, ven aquí!

-¡No, yo quiero cruzar aquí!- le dije.

Ahora, Eddie harto de mí, dijo- Si cruzas ahí, espero que un auto te atropelle-. No le escuché; y si lo hubiera escuchado, no me importaba. Yo iba a hacer las cosas a mi modo. Comencé a cruzar la calle. Eddie se dio la vuelta y dio el primer paso para cruzar por Delmas. Justo en ese momento oyó los frenos de un auto y el ruido de un gran golpe. Asustado, volteó para ver lo que era. El gran ruido era la defensa del carro que había golpeado mi cabeza. Yo iba volando en el aire.

Mi pobre hermano realmente se sentía mal porque me había dicho que deseaba que un carro me golpeara. Probablemente pensó que ya estaba muerto. Tenía tres agujeros en la frente, estaba tirado en la calle con mi cabeza inerte e inconciente. El hombre que me había golpeado, también se sentía muy mal. Dijo que yo había aparecido enfrente de él saliendo de quién sabe dónde. Probablemente yo ni siquiera vi si venía algún auto. Estaba viendo a mi hermano porque lo estaba provocando.

Una señora del vecindario oyó toda la conmoción y corrió hasta ahí para ver que había sucedido. Me vio tirado en la calle y a toda la gente esperando a que los vehículos de emergencia llegaran. Corrió a nuestra casa donde mi mamá estaba lavándose el cabello. Ella tenía el cabello castaño y lo usaba largo, por lo que le costaba un poco quitarse el jabón rápidamente. La señora le dijo a mi madre que tomara un poco de agua antes de que le dijera lo que había pasado, pensando que eso la calmaría.

Lo siguiente que recuerdo, era que tenía un sueño. Muchas rocas pasaban rodando cerca de mí, tratando de aplastarme. Era como la película de Walt Disney, cuando las escobas están persiguiendo al ratón Mickey. Un montón de rocas venían hacia mí y yo no podía huir. Pensé que sería atrapado por las rocas. Nadie podría salvarme de ser aplastado. Las rocas se acercaban. Abrí los ojos y me di cuenta que estaba en el hospital. Mirando hacia un lado de mi cama, vi a mi madre sosteniendo mi mano, y sonriéndome. Ahora me sentía seguro.

Estuve en el hospital por unos días, y mi madre no se separó de mi lado. El hombre que me había golpeado vino a verme. Él se sentía realmente mal.

Mi hermano Eddie se iba recuperando y dejaba de sentirse culpable. ¿Y Yo? Juzgue por usted mismo para decidir si yo estaba "loco", por conseguir ese golpe. Y en algún momento, pienso que me ayudó a obedecer las órdenes de mi hermano cuando él decía que había que tomarnos de las manos para cruzar las calles.

◆◆◆

-¡Rodríguez! ¡Rodríguez! ¡Levántate!

Levanté la cabeza del colchón -¿Qué?

Un guardia estaba parado en la puerta mirándome y dijo -¡Vamos! Es tiempo de regresarte a tu compañía.

-Hombre, estos tres días pasaron muy rápido- dije frotando mis ojos mientras despertaba. Me detuve un momento, arreglándome el cabello con las manos y tratando de conjuntar mis pensamientos. Me paré cerca de la puerta y miré para atrás, al cuarto, pensando si no había olvidado algo. Entonces recordé que no había nada que buscar porque no había traído nada conmigo.

Cuando regresé a mi compañía, encontré que las cosas iban del modo como lo habría esperado. Los Locos vinieron a hablarme. Ellos me invitaron a sentarme con ellos. Ellos me dijeron las cosas que debía hacer y las que no debía hacer. No había muchachos de mi pueblo en ese tiempo. Cuando los había, uno tenía un sentimiento como de seguridad o de respaldo. No importaba con quien estuvieras peleando, el muchacho de tu pueblo significaba siempre un respaldo para ti.

Aunque no había alguno de San Jo había dos Locos de un pueblo cercano, Hollister, llegamos a ser muy buenos amigos, uno de ellos sería liberado en un mes.

Conforme pasaba el tiempo, llegué a conocer algunos asuntos de Preston muy bien. Medíamos el tiempo en años de continuidad. En ese tiempo le llamábamos una "bala". Una bala viaja rápido y llega muy lejos: eso era lo que ellos querían decir, pero de seguro no parecía ser así. Con un año de continuidad se suponía que tendríamos la oportunidad de ir al consejo. Un consejo es un comité que nombra el gobernador para revisar nuestros casos. Si no lográbamos ser liberados en ese año, volvíamos a poner nuestra esperanza en el siguiente año.

Mientras estuve en Preston, vi venir a muchos individuos con programas. Un programa funcionaba tres o cuatro meses. Mientras estuve ahí, algunos prisioneros venían, conseguían salir y luego regresaban, algunos de ellos hasta tres veces.

Es muy difícil explicar lo que se siente estando encerrado por tanto tiempo y estar lejos de casa. Nunca estaba contento, ni siquiera por un minuto. Pensaba en casa todos los minutos que pasaban. A algunos no les importaba; ellos usualmente andaban lejos de casa. Su casa era cualquier lugar... Su concepto de hogar era diferente al mío. En cuanto a mí, anhelaba ver el día en que sería liberado y sentía que perdía la paciencia esperando. Desperté muchos días pensando que vivía una gran pesadilla.

A menudo me preguntaba -¿Qué si en un año voy al consejo, y el consejo me da otro año? ¿Lo aceptaría con gusto?- No lo creía ya posible, por lo que comencé a pensar en salir corriendo y ¡Escaparme!

A menudo algunos tipos trataban de escapar. Cada vez que lo hicieron se dirigieron a sus casas, pero siempre fueron atrapados. Una vez tres de los Stone Outs, de nuestra compañía trataron de escapar. Regresando de la cena, se escondieron en los recipientes de basura. Todos en Preston fuimos encerrados. Nadie podía salir o hacer alguna cosa, no podíamos estar en el salón de día. Los guardias pensaban que todos sabíamos acerca de la huida. No teníamos ni idea de lo que los Stone Outs estaban planeando.

El plan de los internos que pretendían fugarse, era esconderse en los recipientes de basura; después de un rato todos se olvidarían de ellos. En la noche podrían saltar la reja y dirigirse a casa. Muy simple. El único problema fue que la gente que manejaba Preston no los olvidó. Los escapistas duraron dos días con sus noches en los recipientes de basura.

Preston mantenía todas las luces encendidas, incluidas las luces de búsqueda, con muchos hombres y perros rastreadores caminando alrededor del lado de afuera de la cerca. Fue un gran acontecimiento que estos tipos trataran de escapar. Por dos días no pudimos hacer nada en nuestra compañía a causa de estos Stone Outs. Finalmente no pudieron aguantar más con toda esa basura encima, por lo que salieron arrastrándose. Ellos llegaron hasta las puertas de nuestra compañía y tocaron la puerta para que los dejáramos entrar. Los observamos a través de las ventanas; se veían muy mal, ¡Realmente mal! Dos días en las latas de basura, y ¡Cómo apestaban!. Nuestros guardias nos dijeron que permaneciéramos callados, sin decir una palabra. En tres o cuatro minutos ellos habían reunido un ejército de guardias alrededor de nuestro edificio con los perros rastreadores. Nunca más vimos a esos tipos de nuevo. Fueron enviados a Tracy o algún otro lugar; de ahí que el escape, quedaba borrado de las suposiciones. Todos los días fue para mí una lucha para mantenerme firme y aceptar lo que venía. Me tomaba mi tiempo para reflexionar.

A menudo los guardias colocaban una lista de todos los prisioneros que habían sido liberados en el transcurso de los últimos seis meses. Casi todos lo que yo conocía en Preston, regresaban custodiados dentro de esos seis meses. Me decía a mí mismo que cuando fuese liberado yo no regresaría. Este no era un club campestre, y estando fuera de casa y tratando a los Straights, a los Bloods y aún con los Locos. No estaba tan mal cuando conseguía estar bien con todos, pero cuando algo andaba mal, solo tenía que cuidar mi espalda todo el tiempo.

Fui confinado en Preston por muchos meses. Mi buen amigo Danny, se alistaba para ser liberado. Él estaba emocionado de que pronto estaría en su casa de Hollister. El día que salió fue un día muy felíz para él, para mí en cambio fue un día muy triste. Llegamos a ser como amigos del vecindario. Empleamos casi todo nuestro tiempo juntos.

Hoy, treinta años después, cuando conozco a gente de su pueblo, les pregunto si lo conocieron o si conocieron a su familia o a alguien de alguna calle en particular. ¿Cómo podía saber en qué calle vivían todos? Le ayudé a Danny a escribirle cartas a sus amigos y a su joven esposa. Él no podía escribirles porque no podía poner sus sentimientos en letras. Le dije a Danny que yo podía ayudarle. ¿Cómo podía hacer esto si yo no podía deletrear? Bien, yo escribí las cartas a mi manera, expresando los sentimientos del modo que yo creía que debería tener, si es que los tenía.

Después que le escribía su carta, Danny se sentaba cerca de mí con su pluma y papel y me preguntaba el significado de cada palabra, porque todas las palabras estaban mal escritas. Yo no sabía deletrear. A él le gustaba mi manera de escribir, aunque le costara entender como escribía -Mi más querido amor, realmente te extraño. Recuerdo como acostumbraba mirarte en tus bellos ojos y...- No solo hice que a él le gustaran las cartas, sino que su esposa escribía de regreso diciéndole lo mucho que le gustaban las cartas que le enviaba y se asombraba de como había cambiado su escritura. Yo le escribía otravez; o debería decir, él le escribía de regreso, ¿No era así? Uno de nosotros le escribió y le dijo a ella que estaba tomando clases de escritura para expresar sus sentimientos a otros.

Ella amaba eso.

Conforme el tiempo pasaba, otros tipos querían que les escribiera sus cartas, -¿Hey Art. Escribirías una carta a mi dama?

-Seguro, esse, por el mismo precio que todos pagan- le replicaba. Nada se consigue gratis. Cargaba a sus cuentas algunos cigarrillos por cada carta.

Danny había sido mi socio de negocios y ahora tenía que partir. Más tarde recibiríamos algunos prisioneros de otras partes del estado. Yo no les caía muy bien a ellos, pero a mí tampoco me caían bien.

Unos pocos días después de que Danny se fue, uno de los Locos al que no le caía bien, estaba tratando de pasarse de listo conmigo. De hecho a mí tampoco me agradaba. Solía hacer chistes usando mi nombre, y todos se reían. Los Locos daban por sentado que no debía enojarme y se suponía que esto debía divertirme. Si llegaba a enojarme, esto significaría que no podía andar con los Locos. Yo sabía que si lo enfrentaba en medio del grupo, me metería en problemas, porque él les simpatizaba a los Locos. Además recientemente había sido enviado al Encierro por pelear. Había estado en Preston cerca de cuatro meses ya. Era tiempo de comenzar a portarme bien y dejar de pelear. También yo sabía que si peleaba con él cuando andaba con sus amigos de su pueblo, ellos probablemente se meterían al pleito; de ahí que yo tenía que pensar muy bien esto. ¿Cómo podía pelearme con él y al mismo tiempo que esto fuera en mi favor? Tenía que pensarlo muy bien.

El siguiente día el guardia se levantó y dijo que necesitaba otro Game Boy (Encargado de los juegos). Este trabajo normalmente se lo daban a los "Stone Outs". El Game Boy estaba a cargo de todos los juegos. Él podía revisarlos y volverlos a revisar al final del día o cuando los prisioneros terminaban el juego. El Game Boy no recibía dinero por este trabajo; era solamente algo que hacer.

Ernie era un Loco que se creía muy rudo. Tenía el pelo negro, lacio, y lo usaba corto. Era como Bobby X, siempre peinándose. Realmente era un tipo engreído. En la mañana cuando tenía que asearse, pasaba más tiempo mirándose en el espejo. Amaba mirarse a sí mismo.

Ernie era siempre inspeccionado para que devolviera sus cartas de póker. Pensé que podía ser el Game Boy y hacer que Ernie devolviera sus cartas más temprano. Si no lo hacía, entonces yo podía pelear con él sin meterme en problemas. Lo malo era que siendo Game Boy no recibías pago por tu trabajo; a mi no me gustaba hacer nada gratis, pero ya había planeado obtener algo por mi trabajo. Entonces levanté la mano y dije -¡Yo seré el Game Boy!

El Sr. Campbell, el guardia, me miró y replicó -¡No lo sé Rodríguez! Creo que no...Bien, probaremos por un rato, pero tienes que ser bondadoso con todos.

Viendo al guardia y moviendo la cabeza, le dije -¡Lo seré, hombre! ¡Estos tipos van a sentirse a gusto conmigo como su Game Boy!

El Sr. Campbell, apuntándome con su dedo, me dijo -No queremos que seas demasiado agradable ahora.

Los internos siempre trataban de convencer al Game Boy que les permitiera guardar las cartas toda la noche. De este modo ellos podían jugar toda la noche en el dormitorio.

El Sr. Campbell me dejó ser el Game Boy, pero no por mucho tiempo. Esa noche a las 9:30 yo debería comenzar a inspeccionar a los jugadores. El Game Boy usualmente dejaba a los tipos rudos al último, o podía meterse en problemas con ellos. Me dirigí a la mesa donde Ernie y un amigo de su pueblo jugaban.

-¡Hey, Ernie, dame las cartas, hombre!- le dije.

-¡Lárgate de aquí, Game Boy- exclamó.

Pensé dentro de mí -¡Voy a clavar a este tipo, pero antes voy a arreglar las cosas para que trabajen para mí!-. Regresé a donde estaba el guardia y le pregunté algo que yo ya sabía.

-Hey Sr. Campbell, si alguien no quiere regresarme las cartas, ¿supongo que debo insistir en que me las regrese?- le pregunté.

-Seguro Rodríguez, ese es tu trabajo. Si no quieren regresártelas, diles que no tienen elección, deben regresártelas.

-Sí, señor- le dije. Esta era la respuesta que yo quería escuchar.

Regresé al otro lado del salón de día, a donde Ernie estaba jugando cartas. Conforme me acercaba a su mesa, me di vuelta para asegurarme que el Sr. Campbell no estuviera observándome y evitar que mirara lo que yo iba a hacer. Esta vez no quería que el guardia nos separara rápido. Quería una oportunidad para atrapar a este "vato". La verdad es que a mí me caía mal y yo no le caía muy bien a él que digamos. Así que el tiempo del espectáculo había llegado.

-¡Hey Ernie!- Ernie se dio la vuelta para ver quien le hablaba. Yo estaba esperando que volteara para tenerlo a modo. No le iba a permitir que se levantara de su silla, como usualmente lo hacía, porque tenía que cuidarme del otro, del muchacho de su pueblo. Los primeros segundos de una pelea son críticos.

Ernie me miró, y pareció por un segundo que él sabía lo que estaba por suceder. ¡BOOM! Lo golpeé en la cara tan fuerte como pude. Se dobló hacia atrás, cayendo fuera de su silla. Conforme iba cayendo, se sostenía la mandíbula. Su amigo se levantó, con ambos puños listos para golpearme.

En ese momento, Richard corrió desde la mesa próxima en donde estaba jugando cartas y le dijo al amigo de Ernie -¡Hey, esse, si te metes entonces la cosa es entre tú y yo!

No había esperado eso de Richard.

Ernie consiguió levantarse rápido y comenzamos a pelear. Nunca había visto a Ernie pelear antes. Pensaba que él solamente era un hablador y había armado un buen acto haciéndose pasar por rudo. Él ya estaba en Preston cuando yo llegué, pero seguramente les había hecho creer que era rudo y buen peleador y llegó a creérselo. Pero solo era un hablador, y fue descubierto. Él hacía muchos intentos de golpearme, pero ninguno lograba conectarme. Él golpeaba el aire. En pocos minutos los guardias estaban ahí separándonos.

Nos llevaron a Ernie y a mí a la plataforma. El guardia me dijo que me sentara en una silla lejos de la plataforma y mientras Ernie era llevado al escritorio. Él les contó la historia. Pude escuchar a uno de los guardias, el Sr. Campebell, decirle que cuando el Game Boy pide las cartas, se supone que debería regresarlas. Le ordenaron luego que sentara en una silla frente a la TV, por un momento. Luego fue mi turno.

-¡Rodríguez, ven acá arriba- Fui a la plataforma y me senté en la misma silla donde Ernie se había sentado -Rodríguez, ¿Qué pasó? ¡Este es tu primer día como Game Boy, y ya estás envuelto en una pelea! ¡Yo sabía que no debía dejarte ser un Game Boy!

Como si estuviera confundido levanté la vista, y le dije -¡Qué se supone que debía hacer? ¡No quería regresarme sus cartas!

-Deberías haberme avisado- dijo. Era justo lo que yo quería escuchar.

-Lo hice. Y usted me envió de vuelta.

Ahora el Sr. Campbell se rascaba la parte de atrás de la cabeza.

-Sí. Estás en lo correcto; nunca debí enviarte de regreso. Realmente es mi culpa- ¡Hey! Era exactamente lo que yo quería escuchar.

Me dijo que no sería más un Game Boy. Muy bueno para mí. Fui un Game Boy el tiempo que había querido ser Game Boy.

Richard estaba bien. Era del área de Los Angeles.

Él había llegado un mes antes de que esto pasara. La mayoría de los tipos de mi compañía, la "I", estaban por asalto o por algún tipo de alboroto. Richard había dicho que estaba ahí, por asalto también. Era un tipo alto, con cara delgada y espigado de cuerpo. Tenía la naríz larga y recta y terminaba en punta como si señalara a alguien. Era un tipo dócil, pero no parecía ser del tipo gangsteril como él se describía a sí mismo con los demás.

Un día estábamos sentados afuera, en el pasto. Hablábamos acerca de las cosas del hogar- de como eran en nuestro pueblo. Richard se me quedó viendo y me dijo -¿Art, puedo decirte algo?

-Seguro, Richard- le contesté

-¿Si te lo digo, no podrás decírselo a nadie más O.K.?

-Seguro, no hay problema- le contesté de nuevo. Yo amaba escuchar secretos.

-Bien- comenzó -Le dije a mi abogado como eran las cosas aquí, y él arregló mis papeles para que pareciera que estoy aquí por asalto.

-¡Oh no!- pensé -Espero que no esté aquí por violación o algo como eso- Y me quedé esperando a que siguiera contándome.

Finalmente dijo -Bien. No estoy aquí por asalto, si no porque soy un incendiario.

-¿Qué quieres decir con incendiario? ¿Qué quemas cosas?- le pregunté. Me miró preguntándose que estaría yo pensando porque a los internos no les gustaban esta clase de individuos que cometían esta clase de crímenes. Los otros prisioneros pensaban que estos individuos eran dementes. Richard no parecía del todo demente. Además era un agradable miembro de los Locos.

Richard me respondió -Sí, yo quemo muchas cosas.

-¿Por qué?- le pregunté.

-Disfruto viendo las cosas quemarse. Tú sabes, cuando estás parado ahí, observando un edificio quemarse y todos los bomberos tratando de apagar el fuego, ¡Es emocionante!- Sus ojos se abrieron más como si recibiera la impresión de lo que lo había emocionado.

Richard continuó -¡Es muy emocionante con las luces centelleantes de los autos de la policía y las luces de los carros de los bomberos!

Corté su inspiración -¿Y qué si alguien sale lastimado o si muere algún niño? ¿Entonces qué?

Richard se quedó sin saber que decir, de repente exclamó -¡Nadie murió, Art! ¡Solamente algunos edificios se quemaron!

No es de sorprenderse que no quisiera contárselo a nadie más. Él realmente parecía un demente cuando hablaba acerca de eso. Richard me miró con una mirada espectral y me dijo -Tú sabes como es esto, Art. ¡Es muy divertido!

-¿Muy divertido?- pensé. Muchos niños se meten en problemas por jugar con cerillos o cosas similares.

Capítulo Veinticuatro

El fuego

Estaba en quinto grado, e iva a la escuela Lee Matson. Debería estar yendo a la escuela Mayfair Elementary, pero Mayfair se había saturado de alumnos en ese tiempo. El quinto y el sexto grado fueron enviados a Lee Matson.

Detrás de Lee Matson no había autopistas, casas o alguna otra cosa. Solo eran campos. Alguna de las casas de Story Books estaban siendo construidas. Entre Mayfair y Lee Matson, había un enorme campo vacío. Poco después algunas casas fueron construidas ahí. Hoy esas casas parecen viejas.

Acostumbrábamos caminar a casa por el camino de atrás. Detrás de la escuela había un camino de terracería. El propietario del campo usaba el camino para pasar con sus vehículos para cosechar lo que había sembrado en el campo. Más allá había un campo donde los niños jugaban con la pelota. Detrás de este campo había otro con grandes arbustos y breñales secos. Cerca de ese campo estaban las cercas de las casas que estaban sobre Lavone Street.

Alrededor del mes de Septiembre, los arbustos y breñales estaban realmente secos. Dejábamos un rastro, un camino, conforme caminábamos a través de él todo los días para llegar a casa.

Yo estaba en mi clase cuando la campana sonó. Acostumbraba jugar en el patio con un niño llamado Billy. Ese día Billy me llamó, porque quería mostrarme algo. Una vez que estábamos en el campo, volteó a ver a todos lados; buscando en sus bolsillos, sacó tres cajitas de cerillos.

-Hey, Art ¿Quieres quemar la escuela?- me preguntó. Billy y yo habíamos estado juntos en la escuela desde que estábamos en primer año. Siempre andábamos haciendo cosas tontas juntos.

Cuando me mostró todos los cerillos, le dije -Billy, yo no quiero quemar la escuela. ¡Eso es cosa de dementes!

-No. Probablemente no quiera hacerlo, pero es una buena idea- replicó.

-Dame una caja de cerillos- le dije preguntándome cómo se sentiría quemar la escuela.

Después de clases conseguí un cigarrillo de parte de uno de los muchachos que fumaban. En ese tiempo, experimentaba fumando cigarrillos de vez en cuando, pero realmente no me convertí en fumador, aún.

Se me había hecho tarde. La mayoría de los niños habían llegado a su casa. Tenía una cajita de cerillos y un cigarrillo. ¿Comenzaría un fuego? Me detuve detrás de la escuela Mayfair en el campo de arbustos y yerba seca. Observé alrededor para ver si alguien me miraba. Saqué el cigarrillo y lo puse en mi boca. Agarré un papel, lo enrollé y lo tiré en el suelo. Luego tomé el cigarrillo y le hice una hendidura en un lado. Tomé la cajita de cerillos y metí uno en el cigarrillo, y luego otros. Luego los coloqué sobre el papel. Cuando prendí el cigarrillo, pensé que tomaría tiempo para que se quemaran los cerillos y de que empezara a quemarse el papel antes de que prendiera la hierba seca.

Me alejé, atravesando el campo de juego de la escuela Mayfair; miré hacia atrás cuando pasaba del otro lado de la reja. No había humo, todavía. Conforme caminaba sobre King Road, observé de nuevo para ver si había algo de humo. En ese momento comencé a preocuparme. Comencé a pensar -Qué si no es un fuego pequeño, y se vuelve uno grande? ¿Qué pasa si se quema algunas de las casas cercanas? ¿Qué si se quema la escuela Mayfair?-. Me di la vuelta y comencé a correr para detener el fuego. Justo en el momento que iniciaba la carrera, escuché las sirenas. ¡LOS CARROS DE BOMBEROS! Corrí a las casas que estaban cerca en King Road. En el momento que alcanzaba King para cruzar la calle, por la prisa de llegar a casa oí todos los carros de bomberos que venían por mi camino. Los primeros camiones pasaron chillando cerca de mí. Luego otro pasó con sus luces encendidas y destelleantes y con los bomberos colgados de la parte de atrás del camión. El tercer camión de bomberos también pasó chillando enfrente de mí. Conforme pasaba este último camión, uno de los bomberos que iba parado en la parte de atrás se me quedó viendo directamente a los ojos. Yo también lo vi. Y sus ojos no se apartaban de mí. ¡Él sabía que yo había empezado el fuego! La culpabilidad estaba escrita en mi cara. Aún cuando el gran camión, con sus luces destellantes y las sirenas chillando, dieron la vuelta en la esquina, el bombero no apartó la vista de mí. Casi le dio toda la vuelta a su cuerpo para mantener sus ojos en mí. Como un disparo crucé la calle tan asustado que casi me atropella un auto.

Una vez que llegué a casa, permanecí en mi cuarto preocupado de que se asomaran en la puerta de enfrente y me llevaran. Ellos sabían que yo había empezado el fuego, ellos podían matarme. En la noche, todos querían saber que andaba mal conmigo. Ni siquiera comí mi cena.

Nadie vino a mi casa. Nadie sabía que yo había comenzado el fuego. Al siguiente día caminaba hacia la escuela como usualmente lo había hecho antes. Cuando llegué al campo, hasta donde alcanzaba mi vista estaba negro. Solo la yerba seca se había quemado; las casas no; la escuela tampoco; ni los niños. ¡Qué alivio! Estuve preocupado toda la noche y aún no les había dicho a mis amigos. Era embarazoso y me daba vergüenza decir algo.

◆ ◆ ◆

Mientras Richard me contaba como era de divertido prender fuegos, yo me ponía en desacuerdo con sus pensamientos. Le dije a Richard - ¡No empieces un fuego aquí! Por favor ¡Puedes matarnos a todos!

-¡Oh no! Yo no haría eso. ¡No soy de ese tipo de dementes!

-¡Sí. De acuerdo!- pensé.

Unos pocos días después escuchamos que un Loco venía de San José. Yo tenía esperanzas que fuera colocado en mi compañía porque necesitaba ayuda. Desde que había tenido el pleito con Ernie, las cosas no habían ido muy bien. Ernie conocía a muchos tipos internos en Preston, y ellos me lanzaban duras miradas. Cuando iba a la cafetería, un Loco que era de su pueblo, solía preguntarme -Esse ¿Cómo está Ernie?

Mirándolo de frente le contestaba -¿Qué parezco, su cuidador? Él anda por ahí, ¿Por qué no le preguntas?- Debería ser muy listo para contestar porque yo sabía por qué estaba preguntando. Ernie y sus amigos buscaban la oportunidad para pelear con nosotros en unos días. Todos lo sabíamos.

Durante una de nuestras comidas, los internos nuevos, los que acababan de llegar entraron a la cafetería. Volteé a verlos como siempre. Quería ver si había alguno que pudiera conocer. Algunas veces mirábamos regresar a algunos tipos que habían sido liberados y volvían al ser aprehendidos de nuevo. Ellos regresaban a Preston porque lo extrañaban. Había un tipo chaparro, era uno de los nuestros, un Loco que parecía rudo. Cuando estaba en la línea, los tipos que estaban comiendo le decían -¡Orale Chuco! ¿Qué andas haciendo... esse?

Pensé -Este Chuco conoce mucha gente.

El tipo que estaba sentado cerca de mí, me dijo -Hey, Art, ese tipo Chuco, es un tipo de tu pueblo, es de San José.

Mirándolo parado en la línea, pensé -¡Es él!-. Sentí como que si lo conocía. No importa donde estuviera yo en Preston vi su nombre: "Chuco de San Jo", escrito en todas partes, en los libros, en los juegos, y también grabado en los bancos. Muy bien, era mi paisano. Lo observaba esperanzado que fuera enviado a mi compañía. En ese tiempo solo cuatro de nosotros andábamos juntos y había otros siete Locos en nuestra sección.

El tiempo de mi gran pelea con Ernie se iba acercando. Richard y los otros dos tipos dijeron que cuando esto sucediera, querían estar presentes y pelear también. Ernie era de la clase de tipos que cuando estaba hablando con sus amigos volteaba a verme y se reía como si estuviera hablando de mí. Dos veces me paré de mi mesa de juego y me acerqué hasta donde él estaba y le preguntaba- ¿Qué dijiste, esse?

Las dos veces, alzó la vista para mirarme y dijo -Nada esse, yo no dije nada- Yo sabía que él no quería pelear conmigo de nuevo, pero sus paisanos, sí querían. No me importaba. Yo estaría listo cuando fuera.

El tiempo pasó despacio. Todos me decían que pasaba rápido, pero no era así. Recibía cartas de mi hogar todo el tiempo. Mi madre vendría a verme pronto. Mi pobre madre quería verme cada semana, pero el dinero era el problema. Después supe que mi madre pagó la mitad de los honorarios de mi abogado, la otra mitad la pagó mi papá. Ella venía de visita cada pocos meses, no muy a menudo. No me daba cuenta entonces, pero era mejor así. Los muchachos que tenían muchas visitas tenían que pasar tiempos muy duros. Ellos veían a sus familiares a menudo y extrañaban su casa aún más. Algunos tipos recibían paquetes todas las semanas, llenos de cajas de cigarrillos y comida enlatada.

No solamente recibía cartas de mi casa, también recibía cartas de mis amigos. Tenía tres novias a las que les escribía cartas de amor. La novia que tenía mientras estaba en la cárcel del condado encontró otro novio después. Ella era mi novia antes de que me enviaran a prisión. Ella realmente me importaba, pero ella no pudo esperarme.

Encontró a otro con el que se casó.

Mis novias a quienes les escribía cartas eran Alicia, Yolanda y Sally. Nunca conocí a Sally en persona; ella era la hermana de Andy. Andy era uno de mis amigos que estaban dispuestos a pelearse con Ernie y sus paisanos. Él me dijo que su hermana era realmente muy bonita, y él le había contado todo acerca de mí. Después de eso, ella quería escribirme. Después de escribirnos por un tiempo, pensé que si ella se veía tan bien como escribía, iría a verla en Stockton cuando fuese liberado. Recibí una fotografía de ella un día y ¡no podía creerlo! ¡Ella lucía como su hermano, como un gorila con lápiz labial!

Alicia era novia de Dennis antes de que yo fuera encerrado. Cada pocos días ella me llamaba para que le aconsejara acerca de Dennis y ella; entonces hablaba con ella de Dennis. Me gustaba Alicia como buena amiga y yo no pensaba que las cosas fueran de otro modo. Cuando estaba en Preston recibí una carta de Alicia preguntándome cómo estaba y cómo iban las cosas. Le escribí de vuelta y le conté todo acerca de la prisión y como estaba mirando el futuro para cuando saliera y esperanzado de verla a ella y a todos mis amigos. En unos días, ella me escribió una carta fuerte diciéndome cuanto le gustaba yo. Ella me dijo que tenía estos sentimientos desde que me había llamado para hablar de Dennis, y ella quería ser mi novia. -¿Por qué no?- pensé. Probablemente pasaría un año y medio más antes de que fuese liberado de Preston. Me mantuve ocupado escribiendo cartas a todas mis novias.

La escuela de Preston se complementaba con algunos talleres: madera, metal, piel, artes y artesanías. Algunos talleres formaban parte de la escuela de Preston. Alguien venía a enseñar a los internos algunos oficios. Una de las clases que yo tomé fue taller de piel; aprendí a hacer bonitas bolsas de piel para mujer. El edificio de la escuela era casi de la misma edad que los edificios de la Loma. Tenía diferentes salones de clases y los maestros eran agradables. Ellos pasaban un tiempo muy malo condecendiendo con individuos irrespetuosos.. Ellos no querían causarnos más problemas de los que ya teníamos. Estas clases me hicieron recordar los buenos tiempos que pasé en la escuela pública elemental (primária).

Capítulo Veinticinco

EL CUARTO DE BAÑO

Cuando yo comencé a ir a Lee Matson, nos tenían juntos a los pequeños y a los grandes. La escuela Lee Matson tenía clases de Educación Física y un gran gimnasio. A Billy y a mí nos disgustaba vestirnos para la clase de E.F.(Educación Física). Un día nos pusimos de acuerdo para no asisitir a la clase, pero ¿Dónde nos esconderíamos?

-Vamos a escondernos detrás del gimnasio, si alguien viene, pretenderemos que vamos caminando a algún otro lado. Ellos nunca sabrán- dijo Billy.

Recuerdo que sin vacilar le dije -O.K.- Nos fuimos detrás del gimnasio. En esos días Lee Matson era una nueva y flamante escuela. Detrás del gimnasio, nadie podía vernos. Media hora después, desde las ventanas y sobre nuestras cabezas, pudimos oir a todas las muchachas en el cuarto de baño. Los dos nos volteamos a ver al mismo tiempo.

Volteé a ver a Billy y él volteó a verme. Le dije -¿Quieres?

-¡Tú sabes que sí!- dijo

-¡Yo primero!- exclamé. Las ventanas eran del tipo de las que tenían los viejos edificios, se abrían desde arriba. La parte de abajo de la ventana tenía una hendidura como de una pulgada de ancho. Billy me ayudó a subirme a sus hombros; así había logrado suficiente altura para ver a través de las ventanas.

-¡Guau! ¡Nunca había visto algo como esto antes!- dije en una voz que parecía un susurro.

-O.K. Art, ¡Es mi turno!- exclamó Billy ansioso. No podía creer que estaba viendo a todas las muchachas tomando un baño.

-Apúrate, mis hombros no aguantan más. ¡Estás demasiado pesado!- gritó. Yo sabía que no estaba muy pesado. Lo que él quería era subir a ver lo que yo estaba viendo.

Después de un rato me cansé de que Billy llorara por el dolor de sus hombros. -O.K.O.K. Voy a bajar- Las muchachas habían terminado de bañarse.

Puso un pie en la pared y yo coloqué las manos juntas para poder ayudarlo, luego se acomodó sobre mis hombros -primero un pie, luego el otro. Billy usaba unos grandes zapatos de trabajo que lastimaban mis hombros. Justo cuando terminaba de trepar y se asomaba, observé por el rabillo del ojo al entrenador dando vuelta en la esquina. El entrenador no se había dado cuenta que lo había visto acercarse; así que giré un poco el cuerpo para quedar de espaldas a él.

En el momento que me giraba, vi que se detuvo y cruzó los brazos en el pecho; entonces dije -¡Hey Billy, yo creo que no deberíamos estar haciendo esto!

-¿Qué? ¿Qué quieres decir?- contestó Billy.

-Sí.¿Qué hay ahí?- pregunté inocentemente.

-¿Qué quieres decir?- preguntó.

-Billy, yo creo que mejor te bajas. ¡No creo que sea una buena idea esta que tuviste!- Y ya me andaba cayendo por el peso de Billy. Sin embargo, estaba sorprendido que el entrenador no hubiese dicho nada aún.

-Vamos Billy, mejor te bajas. ¡Creo que esto no está correcto!- dije, esperanzado de que el entrenador supusiera que yo era el inocente.

-¡OK muchachos! ¡Bájense de ahí! Dijo el entrenador y su voz sonó como un ladrido. Me sentía complacido de que al fin había dicho algo; mis hombros no aguantaban más. Billy casi calló de mis hombros cuando escuchó la voz del entrenador.

Una vez que bajó y le dio la cara al entrenador me dijo en susurro -¿Por qué no me dijiste?

Miré a Billy y encogí los hombros. El entrenador no estaba realmente enojado con nosotros. Me dijo que me integrara a la clase de EF y que no volviera a mirar en las ventanas de nuevo. ¿Y Billy?... Bueno, él tuvo que ir a la oficina del director.

◆ ◆ ◆

Un día en Preston recibí la noticia de que uno de mis maestros se iría a otra parte fuera de Preston; entonces me cambiaron a la clase del Sr. Williams. Yo había escuchado historias acerca del Sr. Williams. Él era un hombre muy viejo, quizás con más de ochenta años. Se había retirado de su trabajo; y como era un buen maestro, el estado le dio un trabajo en Preston.

Los internos me habían dicho que los estudiantes podían hacer lo que quisieran en sus clases. Él no podía escucharlos; él era sordo. Algunos decían que a él no le importaba. Yo sabía que en sus clases, solo estaría perdiendo mi tiempo. Tenía cosas más importantes que hacer, como jugar póker en mi compañía.

Cuando entré a la clase del señor Williams, todo mundo estaba hablando y jugando. El señor Williams estaba sentado en la silla de su escritorio, parecía como si hubiera estado haciendo algo y luego se hubiera quedado dormido. Me preguntaba si no estaría muerto.

Varios de los tipos que conocía se sentaban atrás del salón de clases, ahí me senté con ellos, sin despertar al profesor.

-Hey, esse, ¿Cómo te va?- le pregunté a uno.

-Bien, ¿Vas a tomar clases aquí?- preguntó.

-Sí. Pero no se si debería despertarlo- repliqué, levantando el mentón hacia el profesor.

Volteó a ver al señor Williams y dijo -De todos modos él no sabría. Si le dices algo, de todos modos no lo recuerda. Por lo que si yo fuera tú, no le diría que estás aquí. Él verá el papel donde te ponen en su clase y pensará que estás aquí, pero probablemente no lo ha leído aún. De todos modos da lo mismo.

Después de clases regresé a mi compañía, preguntándome cómo podía utilizar esta situación en mi ventaja. Siempre andaba pensando las maneras en que podía obtener algo de las situaciones en Preston. No había nadie más que se preocupara por mí. Aún si alguien quería cuidarme, no era mucho lo que podía hacer. Si tenía un maestro que no podía recordar, quizás yo podría hacer lo que estaba planeando. No pensaba que funcionara, pero el siguiente día iba a tratar de hacerlo de todas maneras.

La siguiente mañana entré a la clase. Pasando por el escritorio del señor Williams le dije -Buenos días señor Williams.

-Huh- me miró levantando la vista sobre sus lentes que tenía en la punta de la nariz. Se quedó viéndome sobre el marco de las gafas, -Buenos días- reconoció. Pienso que lo sorprendí porque nadie decía 'Buenos días' a los profesores. Algunos Stone Outs lo hacían de repente, pero no muy a menudo. Cuando saludé al señor Williams, me observó y no se dio cuenta que yo era un nuevo estudiante. Pienso que para él todos lucíamos igual. Me senté donde había estado el día anterior.

El señor Williams se levantó de su silla, y fue al pizarrón, se dio la vuelta para vernos y dijo -Escuchen con atención, todos tienen que leer estas páginas en sus libros-. Y apuntó algo que estaba escrito en el pizarrón.

Uno de los Locos que estaba en la clase, tenía sus pies arriba del escritorio cercano al mío. Él se burló -¡Sí, sí, sí, sí, sí!- Todos en el salón se rieron. Yo no sabía si el maestro los había escuchado. Parecía que no. El señor Williams regresó a su escritorio con su trabajo hecho para todo el día. En pocos minutos estaba profundamente dormido.

Levantándome de mi silla me aproximé a su escritorio -¡Señor Williams, señor Williams!- le dije. La segunda vez un poco más fuerte -¡Señor Williams, señor Williams!

-Sí- asombrado, acomodándose en la silla, enfocaba su vista en mí. -Sí ¿Qué es?- dijo, mientras me preguntaba si me reconocía.

-¿No le molesta si voy a la oficina a checar algo?

-Seguro, adelante- respondió.

Salí de la clase y caminé por el pasillo, me dirigí a la oficina que estaba al final del largo pasillo que tenía salones de clases a ambos lados. En el final del pasillo había grandes puertas de cristal con un hombre trabajando en una máquina de escribir.

Cuando entré a la oficina, el hombre me preguntó -¿Qué necesitas?

-¿Quiero ver cuántos créditos necesito para graduarme?- le pregunté.

-Seguro, ¿Cuál es tu nombre?

-Arthur Rodríguez.

-Déjame ver si puedo encontrarlo.

Se dirigió a un gabinete y lo abrió. Tenía pequeñas gavetas. Jaló una de las gavetas que contenía muchos pequeños documentos. -Aquí estás, Arthur Wiggins Rodríguez.- dijo.

Todos mis papales legales tenían mi nombre intermedio como Wiggins. Yo no tenía un nombre intermedio, pero era el apellido de soltera de mi madre. Y Wiggins lo usaban como mi segundo nombre.

Tomó el documento y me lo dio sin mirar las anotaciones. Lo miré y le pregunté de nuevo, cuántos créditos necesitaba para graduarme.

Sentándose en su silla y colocando sus manos en la máquina de escribir, dijo -El estado de California requiere de 190 créditos.

-¿Puedo llevarle este documento a mi profesor? Lo traeré rápido.

-Seguro, déjame apuntarlo, es en caso de que no regreses.

Tomó nota, me miró y dijo- Todo listo.

Conforme regresaba de la oficina y me acercaba al salón de

clases, sabía que encontraría al señor Williams durmiendo. Tenía la esperanza que su memoria fuera tan mala como me habían dicho.

Cuando estaba en casa e iba a la escuela, era considerado un estudiante "F" (mal estudiante). Aunque fuera a la escuela todo el tiempo que estaba en Preston, no me podría haber graduado; yo estaba muy lejos de los 190 créditos.

Entré al salón. Ahí estaba el señor Williams, justo como pensé: durmiendo. Había mucho ruido en el salón, y me asombraba de que pudiera dormir.

-¡Señor Williams! ¡Señor Williams!- Colocando mi mano sobre su hombro, lo moví un poco -¡Señor Williams, despierte!

Moviendo la cabeza de nuevo para volver en sí, me preguntó -¡Qué es?- Me miró. Se notaba un poco irritado a causa de que lo había despertado de su sueño de la mañana.

-Señor Williams, tengo un gran problema- le dije ansiosamente. El señor Williams estaba totalmente despierto y se acomodó en la silla.

-¿Qué es?

-Bueno. Mire usted. Fui a la oficina a checar cuanto tiempo debo seguir yendo a la escuela. Pedí un documento con mis créditos, ¡Y mire lo que me mostraron!- dije ásperamente. Coloqué el documento sobre su escritorio. El lo observó como si estuviera confundido. Pienso que el caso que le presentaba así no tenía ni pies ni cabeza para él.

-Sí, pero ¿Qué es esto?- preguntó el señor Williams.

-Bien, señor Williams, ¡pienso que usted es demasiado viejo para este trabajo!- insistí -Usted olvidó darme mis créditos del año pasado. ¡Mire!- apunté a una hilera de filas vacías en el documento. La razón por las que estaban vacías, era porque yo no estaba en Preston en ese tiempo, pero el señor Williams no sabía eso. -¡Exactamente aquí!- le dije, y apunté de nuevo a otra fila de líneas vacías y continué -siento como si hubiera estado viniendo aquí todo este tiempo, por nada, señor Williams-. Levantó el documento y lo observó. Lo estudió por unos segundos. Luego lo puso en el escritorio frente a él y comenzó a llenar la primera fila con un cinco (cinco créditos). En la siguiente fila, escribió otro cinco; en la siguiente, cinco de nuevo. Mi corazón estaba agitado. ¡Había funcionado! ¡Llenó todas las filas con cincos!

-Ahora está mejor- dijo.

-Sí, ¿Pero qué acerca del primer semestre?- le pregunté, repentinamente y con gran codicia.

-Oh, sí, de acuerdo-. Entonces llenó la otra fila, cinco, cinco, cinco. Terminó las filas con un grupo de cincos. Pensé dentro de mí - Este maestro realmente está muy viejo para este trabajo, él todavía no sabía quien era yo.

-Aquí lo tienes- dijo con una sonrisa.

-¿Debería presionarlo más o debería detenerme cuando todo aparentaba estar bien?- medité. En esa etapa de mi vida, me gustaban los riesgos. -¡Qué diantres! ¡Todo o nada!-, me dije.

-¿Y qué con el comienzo de este semestre señor Williams? No me dio ningún crédito por este semestre -El hombre hizo lo mismo, escribió puros cincos. Cuando terminó, le pedí que escribiera sus iniciales en todos los cincos. Recogí mi documento, por lo que el hombre podía regresar a dormir en esta mañana, mientras yo regresaba a la oficina. Cuando iba en el pasillo conté todos los cincos que me había dado, y sumé los créditos que ya tenía de la Secundaria. ¡Eran 195! -¡Todo listo!- grité en un susurro. Estaba tan contento que salté intentando tocar el cielo. No lo podía creer, ¡Había funcionado!

Dentro de la oficina, estuve esperando cerca del escritorio hasta que el empleado terminara de escribir. Levantó la vista.

-¿Terminaste de usarlo?

-Sí. Lo he revisado. ¿Cuánto tiempo se supone que debo seguir yendo a la escuela si ya he conseguido mis créditos?- le pregunté.

-¿Qué? ¿tienes todos los créditos? -me preguntó. Tomó el documento de mi mano. Quitándose el lápiz de la oreja, sumó los números de la tarjeta para ver cuantos tenía.

Finalmente dijo -Tú ya no deberías estar aquí. Tienes suficientes créditos; ya te has graduado.- Luego me dijo que ya no tenía que regresar a clases.

-¿Puedo ir a mis clases de artesanía, si lo deseo?- le pregunté. Me gustaba ir a las clases de manufactura de pieles porque se me permitía hacer cosas que podía enviar a casa, a mi familia y a mis amigos.

-Seguro que puedes.

¡Qué buen estudiante era yo!

Cerca de dos semanas después de que terminé las clases, vi una comitiva de Preston entrar a nuestra compañía. Los hombres usaban trajes y solamente los había visto pasar por la carretera o en eventos especiales. Entraron al cuarto de día y se dirigieron a la plataforma donde el guardia estaba sentado. Tan pronto como el guardia se dio cuenta que se dirigían a él, se levantó de su asiento. Me preguntaba ¿Qué querrían?. Nunca antes los había visto llegar a nuestra compañía. El guardia bajó de la plataforma y se reunió con ellos en el piso. Cuando se juntaron, se reunieron en un círculo unos minutos. El guardia miro por encima del grupo de individuos y examinó el cuarto de día muy despacio, enfocando con los ojos parcialmente cerrados y buscando a alguien. Yo lo observaba para ver que era lo que pasaba. Yo quería ver donde sus ojos iban a detenerse. Al que él estaba buscando de seguro se le había perdido. Examinó el cuarto de nuevo muy cuidadosamente. Todos los señores estaban esperando a que él encontrara al que buscaba. Sus ojos se iban acercando a donde yo estaba sentado. Sus ojos me encontraron y dejo de buscar. ¡Él me estaba buscando a mí! Giró su cabeza en dirección al otro hombre y apuntó su dedo en mi dirección. Yo miré a mi alrededor para asegurarme que su vista se dirigía a mí.

-¡Oh no! ¿Qué hice?!- pensé.

El guardia levantó sus manos y exclamó -¡SU ATENCIÓN POR FAVOR! ¡SU ATENCIÓN POR FAVOR!- Mientras el guardia hablaba, todos los hombres vestidos de traje miraban hacia donde yo estaba, con sonrisas en sus caras.

Yo pensé, -Si ellos me están mirando, debo haber hecho algo bueno por primera vez.

-¿Puedo tener la atención de todos? ¡Todos en silencio! ¡Completamente callados!- gritó el guardia. Cuando el ruido se apagó por completo, continuó -Quiero que todos se vayan a los lados y se paren contra las paredes. ¡Estos caballeros quieren hacer un anuncio!

-¡Un anuncio!-. Me sorprendí. -Un anuncio y todos me están mirando a mí-. Uno de los profesionales, con tipo de hombre de negocios, no me quitaba la vista de encima. -¿Qué quiere esta gente?- pensé, sintiéndome un poco irritado.

El Alcaide de la prisión se movió hasta el centro del cuarto. Observé que llevaba unos papeles en la mano. Comenzó a hablar -¡Tengo un muy especial anuncio que hacer! Aquí en Preston no nos sucede esto a menudo. Cuando sucede, pensamos que es especial. Quiero animar al resto de ustedes para que trabajen muy duro para su futuro. ¡Uno de ustedes ha trabajado realmente muy duro en sus estudios, y mi equipo de gentes y todos los que trabajamos en Preston, queremos felicitarlo en su desempeño en la Escuela de Industrias Preston! Me gustaría...- Dijo levantando los papeles al nivel de sus ojos y colocándose unas gafas continuó -¡Me gustaría felicitar a esta persona por su graduación de nuestra escuela. Ustedes le han ayudado, haciéndolo exitoso!

Luego el hombre leyó el papel -Arthur, y, déjeme ver, Arthur, y, y, Arthur y...- Tenía problemas para leer mi nombre intermedio. -¡Arthur Wiggles Rodríguez!- dijo con confianza.

-¡No Wiggles! (Culebreo) ¡Wiggins!- me dije a mí mismo.

En vez de aplaudir, los internos comenzaron a reírse. -¡Hey Wiggles!- gritó alguien y luego otro -¡Orale Wiggles!

Este hombre no sabía el daño que acababa de hacerme. ¡Conforme pasaba el tiempo tuve que combatir para quitarme ese nombre! No me importaba que me embromaran con el nombre Wiggles, pero me enojaba cuando los internos trataban de clavármelo como mi apodo.

Después de unos días, Chuco, mi coterráneo de San José, llegó a nuestro salón donde nos reuníamos durante el día. Todos lo mirábamos, y pensé que mi deseo se convertía en realidad. Una vez que terminó su registro, él no esperó a que nos le acercáramos; él había pasado por esto algunas veces antes.

-Orale. Chuco de San Jo- dijo, comenzando a un lado de los Locos y acercándose a mí. Él estrechó las manos de todos. -Chuco de San Jo- repetía a todos los que se iba presentando. Cada Loco le dijo de donde era.

-Art de San Jo- le respondí.

-¡Art, hey, gente de mi pueblo! Oí que alguien de mi pueblo, estaba en esta compañía.

Después de este día, Chuco llegó a ser uno de nosotros. A Ernie y a los muchachos de su pueblo no les gustó esto. Cuando íbamos al comedor o salíamos al patio a caminar todos los muchachos de las otras compañías conocían a Chuco. Chuco era un individuo chaparrito que parecía y actuaba como un chuco (pachuco). No pasamos mucho tiempo juntos, tal vez solamente un año antes de que fuese liberado.

En un lado de nuestra compañía estaba el cuarto donde pasábamos el día. En medio del edificio había un pasillo que iba a los dormitorios. El dormitorio era tan grande como el cuarto de día, con literas pegadas en las paredes. Teníamos al menos dos guardias vigilándonos todo el tiempo. En el cuarto de día había un guardia sobre la plataforma observándonos, y en el dormitrio había otra plataforma parecida a la otra, donde podíamos ser observados durante la noche.

Una vez que las luces eran apagadas, el guardia de la plataforma leía nuestro correo. Todo era leído antes de que se nos fuera entregado. Mi cama no estaba lejos de la plataforma. Algunos guardias abrían el correo con su abre cartas y colocaban una pila que se suponía debían ser leídas. Una vez que todas las cartas eran abiertas, el guardia agarraba su libro para leer. De ahí, que no todo nuestro correo era censurado.

Algunas noches eran de locos. Cuando apagaban las luces y todo estaba en silencio, algunos tipos arreglaban sus camas aparentando que estaban durmiendo en ellas. Bajaban al piso y se arrastraban hasta la esquina de atrás. Una vez ahí, jugaban cartas o solo cuchicheaban. Cuando el guardia hacía su ronda, cada hora o cada dos horas, los internos se escondían debajo de las camas hasta que el guardia pasaba. Nunca fueron atrapados, pero varias veces estuvieron a punto.

Nunca jugué este juego. Siempre pensé que era suficiente el tiempo que pasábamos en el día jugando cartas y hablando. Las noches eran para dormir. Yo solía cerrar los ojos y dormirme, flotando en los sueños de veranos, regresaba a casa.

Capítulo Veintiséis

SOPLA TU CUERNO

San José era un pequeño pueblo en los cincuentas. Virginia Place estaba al final del pueblo y detrás de nuestra casa había cercas con alambres de púas y ranchos. Los ranchos eran más bien lecherías donde había un montón de vacas. Avanzando más sobre King Road, encontrábamos campos que parecían solitarios. Nuevos fraccionamientos comenzaban a abrise por todos lados. Si uno se adentraba un poco en el campo sobre la carretera, se veían las casas aisladas de los ranchos y de repente uno se sentía en un ambiente rural.

Algunas mañanas calurosas de verano, mi madre solía levantarnos de la cama y decirnos -¡Voy a llevarlos a "Blow your Horn" (Sopla tu cuerno), el día de hoy! Era uno de los despertares más alegres porque nos gustaba mucho ir a Blow your Horn, y además nos permitía llevar a nuestros amigos con nosotros. Blow your Horn, era un área para nadar que estaba por el rumbo de la zona Coyote Creek (Arroyo del coyote).

Mi madre manejaba un viejo Plymouth de 1935. El auto tenía un gran asiento, con un espacio detrás vacío, sin asientos, donde uno podía ir parado; este espacio vacío estaba conectado a una gran cajuela. Era uno de esos carros viejos que se veían como si la cajuela, de forma vertical, fuera al aire. Podía llevar quince niños o más. Todos nuestros amigos solían venir a la casa y luego nos acompañaban a Blow your Horn; este paseo lo hacíamos a menudo.

Cuando ya estábamos listos para partir, nos amontonábamos detrás del asiento y dentro de la cajuela; algunos se sentaban en el asiento de adelante con mi mamá. Parecía como si hubiéramos salido a dar un paseo rápido en el auto. El nombre Blow your Horn, se lo puso la gente que vivía en el lado este de la ciudad durante ese tiempo.

En este particular día de verano, íbamos en el auto sobre King Road en un área que nosotros llamábamos 'los palos'. Esta carretera atravesaba el campo abierto. Atravezábamos King Road y donde comienza a dar la vuelta, nos salíamos a una pequeña carretera mirando al oeste. Ésta nos llevaba a Singleton Road, no muy lejos de Senter.

Desde la cajuela llena de niños, gritábamos -¿Mamá, ya casi llegamos?- No podíamos esperar para llegar. Era primoroso ir a Blow your Horn en el verano. El agua estaba limpia y fresca, y en un par de lugares, el agua era onda. Era como un parque que nadie mantenía. La carreterita rural nos llevó hasta la orilla del arroyo, ahí encontramos lugar para estacionarnos.

La cajuela se abrió, y juntos brincábamos fuera del auto. Corrimos bajando la loma a un lado del camino. En vez de que un puente pasara encima del arroyo, la carretera entraba al arroyo. El agua fluía debajo de la carretera entre dos inmenos tubos. En el invierno, cuando llueve más fuerte, la carretera se cubría de agua. Los dos tubos que conducían el agua a través del camino eran lo suficientemente grandes como para que nos metiéramos en ellos y cruzar nadando en el arroyo auxiliados de nuestros tubos de respiración.

Como el agua fluía a través, me lancé al agua desde el camino. La encontré refrescante y agradable. El agua fluía hasta mi pecho, clara y fresca. Estaba listo para mi primer paseo por los tubos. El agua era succionada por los tubos y al oxigenarse se volvía un agua blanca, como de leche, hasta que salía al otro lado donde se vaciaba en una alberca.

Era emocionante esperar mi turno para pasar por los tubos. Uno de los muchachos más grandes fue primero. Conforme me aproximaba, podía sentir la corriente que me jalaba para entrar. ¡Ahí voy! Iba avanzando por adentro, así que mantuve mi tubo de respiración en la boca. ¡Era una violenta ansiedad provocada por el agua natural!

Todo estaba verde y limpio alrededor del arroyo. A menudo venían las vacas a tomar agua. En ese tiempo no era gran cosa que una vaca se aproximara a nosotros. Había muchas vacas amistosas en el valle.

Una vez que cruzábamos por los tubos, corríamos del otro lado del camino, y nos lanzábamos a la alberca para ir de nuevo através de los tubos. Hicimos eso una y otra vez. Realmente la pasábamos muy bien cuando visitábamos Blow your Horn. Mi madre se divertía mirándonos.

Agarrando mi tubo de respiración, salté al agua desde un lado del camino, listo para cruzar. Un auto tocó su bocina como si nos dijera -¡Cuidado muchachos!

Cuando era tiempo de irnos, mi madre sonaba la alarma. -¡OK, muchachos. Última sambullida! ¡Nos vamos!- Caminando hacia el auto, abría la cajuela para que los niños pudieran entrar. Ahora venía el regreso a casa.

En esta tarde en particular, mi hermano Eddie había ido a cambiarse los pantaloncillos mojados. Mi madre no había notado que él no estaba con nosotros. Cuando vió a todos los niños subirse, manejó de regreso y se alejó y dejamos a Eddie. Ed se había quedado con sus pantaloncillos y una camisa mojada, probablemente pensando que regresaríamos por él en un ratito.

Cuando llegamos a casa, todos los niños se apresuraban para salir del auto y le agradecían a mi madre por ser bondadosa. Entré a la casa para tomar un baño. Eddie no estaba ahí. Como él siempre quería estar con sus amigos, pensé que estaba con ellos, más bien que pensando en tomar un baño.

Mi madre estaba preparando la comida, ya que era la hora en que mi padre llegaría a la casa de trabajar. Su turno en la Compañía Americana de Empaques, terminaba a las 3:30. La compañía estaba entre la Quinta y Martha, así que le tomaba como media hora para llegar a casa después de que se aseaba en el trabajo.

A las 3:45 mi madre preguntó -Arthur, ¿Dónde está tu hermano Eddie?

-Creo que fue a la casa de Freddie o a la de Robert- contesté.

-Llámalo. Tu padre llegará pronto a casa.

Salí a la puerta de enfrente, y luego me paré frente a la casa, y colocando mis manos como embudo alrededor de mi boca grité -¡EDDIE EDDIE!- Moviendo mi cabeza un poco para que mi llamado fuera en todas direcciones, grité de nuevo -¡VEN A CASA! ¡EDDIE VEN A CASA!- Creo que era esto lo que debía hacer.

Regresé dentro de la casa, y mi madre me preguntó -¿Viene?

-No lo se, mamá. Ya lo llamé- repliqué.

Robert y Freddie vivían cruzando la calle, como seis casas más abajo. En esos días en nuestra pequeña ciudad, el ruido viajaba rápido. No es como ahora que es una gran ciudad. Sin embargo, si te despiertas a las 3:00 de la mañana todo está en silencio. Si gritas en la calle puedes ser escuchado tres cuadras adelante. Pero trata durante el día haber si puedes ser escuchado.

-Arthur, ve a buscar a tu hermano. La comida está casi lista- dijo mi madre.

Me dirigí a la casa de Freddie y les pregunté a unos niños que jugaban en la calle si habían visto a mi hermano Eddie.

-No, no lo hemos visto- respondieron.

Toqué en la puerta de enfrente de la casa de Freddie. Su madre me dijo que todos los muchachos estaban en el patio trasero. Me dirigí al patio, dando vuelta y ví a Robert, Freddie, Donald y Genedale, pero a Eddie no.

-Probablemente me vio llegar, y Eddie se está escondiendo- pensé.

-Hey, amigos. ¿Dónde está Eddie?- pregunté.

Robert contestó -No lo hemos visto desde que fuimos a Blow your Horn.

-¡Vamos! ¡Yo se que está con ustedes, amigos- insistí.

-No, no está con nosotros. Pensamos que estaba en tu casa. Vamos a tu casa a ver- dijo Freddie.

Sin creerles, caminé un poco entre los arbustitos para mirar si Eddie no se escondía.

-Bueno. Si lo ven, díganle que mi padre está por llegar a casa pronto. ¡Si no está cuando llegue, mi padre se va a enojar mucho!- Todos me miraron con una expresión de preocupación, sabiendo como era cuando mi padre llegaba a estar furioso. Dándome la vuelta regresé unos pasos, todavía sin creerles, entonces dije con voz muy fuerte -¡Eddie si estás aquí, mejor te vas a casa!

Cuando entré a la casa por la puerta de atrás, mi madre me preguntó -¿Lo encontraste? ¿Dónde está él?- Ella miró por encima de mí, esperando ver a Eddie.

-No pude encontrarlo, mamá. No estaba con Robert, ni con Freddie. Tal vez está con alguien más.

-¡Ay, ay, ay, ése Eddie! Tu padre está por llegar a la casa en pocos minutos. ¡Espero que llegue a casa antes que tu padre!

Más tarde, todos los niños que estaban en la casa de Robert vinieron a la puerta de atrás de la casa y tocaron. Fui a ver que querían.

-Hey, amigos- dije, cuando vi a Robert y todos los otros chicos en la puerta. Y busqué entre ellos para ver si Eddie venía ahí, pensando que estaban jugando conmigo.

-¿Está Eddie aquí?- preguntó Freddie.

Pensé que estos tipos estaban burlándose. Yo sabía que era un truco. Estaba seguro de ello.

-Ustedes saben que no está aquí. ¿Dónde está? Él ya está en problemas-dije.

-Él no está con nosotros. No lo hemos visto desde que regresamos de Blow your Horn- dijo uno de ellos.

-Les dije que Eddie no estaba en casa y que dejaran de insisitir que él estaba ahí, porque no estaba. Yo seguía pensando que ellos seguían con su truco.

El sol iba bajando y esperábamos que Eddie regresara a casa. Para ese tiempo su problema ya era muy grande. Todos pensaban que estaba en una de las casas de Virginia Place. Yo estaba en la calle jugando con los niños cuando a lo lejos vi a uno que se parecía a Eddie, caminando hacia nosotros. Eddie tenía un modo de caminar que nadie podía copiar. Cuando caminaba balanceaba su cuerpo para adelante y para atrás. Conforme se acercaba, dejé de jugar porque creí estar seguro que se parecía a él.

-¿Dónde había estado?- pensé. Conforme se acercaba noté que todavía traía sus pantaloncillos cortos y su camisa húmeda puestos, de cuando fuimos a Blow your Horn. Corrí dentro de la casa para decirle a todos que Eddie venía por la calle.

Finalmente había regresado. Mi hermano había caminado casi todo el camino. Unos adolescentes que iban en un auto, lo recogieron en King Road y lo dejaron en Virginia Place. Estaba muy cansado y tenía mucho frío cuando llegó a casa.

Mi madre se sintió realmente muy mal por haber olvidado a uno de nosotros en Blow your Horn. Después de que pasó esto ella contaba a todos los niños, para que no volviera a suceder.

◆ ◆ ◆

Recibí una carta de mi madre. Ella me decía que la familia se cambiaba a otra casa sobre Emory Street. Las buenas noticias eran que ellos vendrían a visitarme pronto. Yo anhelaba que vinieran a visitarme porque no lo hacían muy a menudo. Yo no había visto a mi madre por mucho tiempo. Estaba seguro que sería agradable ver a mi hermana también. Los últimos años ella y yo habíamos crecido muy juntos y teníamos los mismo amigos en Virginia Place. También extrañaba a mi hermano pequeño, Víctor. Esperaba que él no se volviera como yo y que luego también terminara en Preston.

Dos semanas mas tarde, me vestí con mis mejores ropas y esperaba mi visita. Cuando llegaron, fui llamado y llevado a la parte frontal de Preston, al centro de visitas. Mi madre estaba realmente felíz de verme. Se veía mucho más vieja y tenía círculos oscuros alrededor de sus ojos. Pensé que estaba enferma. Mi hermano Víctor me dijo que mi madre lloraba y sollozaba todas las noches por Eddie y por mí. Dijo que a menudo iba a su cama a tratar de confortarla. Tendría que hacerme cargo de eso. Le dije a Víctor -¡Yo no sé por qué llora si el que está encerrado soy yo, no ella!

Unos meses después me llamáron por una visita. Conforme me acercaba al centro de visitas, me preguntaba quién podría ser. Si hubiera sido mi madre de nuevo, yo lo habría sabido. Ellos me hubiéran escrito para avisarme que venían. Tal vez esta era una visita sorpresa.

Caminando dentro del centro de visitas busqué alrededor por mi madre. Ella no estaba en ninguna parte. Al principio creí que había un error; nadie había venido a verme. El centro de visitas era un cuarto largo, como una gran sala llena de gente. Conforme estuve ahí tratando de reconocer a alguien antes de regresarme, vi a mi padre parado enfrente. No podía creerlo. ¡Mi padre estaba ahí! No podía pensar que hubiera venido hasta Ione, California para verme un ratito. No pensé que fuera tan importante ya que yo pensaba que mi padre no se preocupaba mucho por mí. Él y yo habíamos tenido muchos problemas antes de que se fuera a México.

Capítulo Veintisiete

LA HUIDA

Cuando yo tenía como quince años, la planta donde trabajaba mi padre, La American Can Company (Compañía americana enlatadora) estaba por cerrar. Mi padre había dicho, mucho tiempo antes, que cuando su planta cerrara, se regresaría a México. Lo había repetido muchas veces, tanto que no le creíamos. Y queríamos ver si era cierto. La vida podía ser mucho más simple así; pensabamos.

Una mañana después de que había pasado la noche en la casa de un primo segundo, nos levantamos temprano en la mañana. No le había pedido permiso a mi padre de pasar la noche fuera, así que si yo llegaba después de que se hubiera despertado, le haría pasar un gran coraje. Esto es si él llegaba a casa antes que yo. Mi padre había estado fuera de casa todo el fin de semana. Después de trabajar se dirigía al bar de Ralph sobre Keyes Street y regresaba muy tarde en la noche. Él estaba siempre enojado por una cosa o por otra en esos días.

A mi primo le decíamos Nico. Su verdadero nombre era Fermín. El vivía detrás de North Side Market (Mercado del lado norte), en la esquina de la Trece y Hedding Streets. Su patio daba a Hedding. Del otro lado, en el frente de la casa había una pequeña calle. Nunca usábamos la calle de enfrente porque siempre caminábamos por atrás sobre las vías del tren. Esta mañana, en particular, caminamos sobre las vías en Hedding Street. Eran las

6:30 de la mañana, y no había autos en la calle. Desde lejos, vi un automóvil viniendo de la Décima calle. Se movía rápido y parecía el Cadillac marrón de mi padre. Sentí que no podía ser él, porque una mujer con largo cabello oscuro venía sentada cerca lado del hombre que manejaba. Cuando el auto pasó cerca de mí, vi a mi padre y a la mujer riendo. Ella tenía un brazo alrededor de mi padre y su cara cerca de él, mientras su cabello se movía por el viento. Mi corazón descendió al estómago. No podía imaginar a mi padre con otra mujer además de mi madre. Probablemente para él era natural salir con otras mujeres pero para mí, que era uno de sus hijos, era muy duro de aceptarlo.

Cuando llegué a casa, le dije a mi madre lo que había visto. Ellos estaban teniendo muchos problemas en ese tiempo y ella parecía saber ya de la otra mujer. Mi padre no vino a casa ese día, ni en la noche. Regresó el domingo, y durmió casi todo el día.

Sin que yo supiera, mi madre había encontrado un número telefónico en uno de los bolsillos de mi padre. Mi mamá y Eddie buscaron en el directorio telefónico el número para ver a quien pertenecía. Creían que era el número telefónico de su novia. No sé como supo mi padre, pero él imaginó mal la historia. Probablemente él mezcló que yo le había dicho a mi madre acerca de la otra mujer. El pensó que era yo quien había estado buscando en el directorio con mi madre.

En este punto de mi vida estaba teniendo muchas dificultades con él. Llegué a pensar que yo no le importaba. Se había formado una gran animosidad entre él y yo. No le hablaba, y él solo me hablaba cuando estaba enojado. Y tampoco le contesté cuando me dijo que trabajara los sábados de sol a sol en el patio y que cuidara de que las cercas y los arbustos estuvieran bien. Cuando mi padre no venía a casa los sábados, nos despertábamos y mirábamos al frente para ver si su auto estaba ahí. Si no estaba, entonces no teníamos que levantarnos y trabajar hasta la puesta del sol. Tristemente, parecía que mi madre ya no lo amaba; y él tampoco la amaba a ella más.

Cerca de dos semanas después de que vi a mi padre con la otra mujer, llamé a mi novia y le pregunté si ella y su hermana querían ir con mi amigo Tony y conmigo al cine. Fuimos los cuatro y realmente nos divertimos. Tomamos el autobús a Willow Glen (Valle de arbustos) que nos llevó al Garden Theater (Teatro Jardín), y vimos una película de los Beatles. Los Beatles eran gran cosa en ese tiempo. Yo no era realmente su admirador pero fui para saber por que se hablaba tanto de ellos.

Después de dejar a mi novia en la parada del autobús, y me encaminaba a mi casa de Virginia Place, venía sobre Capitol del área de Story Road, vi el auto de mi padre estacionado frente a la casa. Esperaba que él estuviera durmiendo después de un día agitado de fiesta. Entré por la puerta de atrás sin hacer ruido, fui a la cocina a conseguir algo para comer. Estaba hambriento. La casa estaba en silencio. Nadie estaba en casa, excepto mi padre. Entré a la cocina y lo vi sentado en la sala con sus lentes oscuros puestos, tomando a una gran lata de dieciséis onzas de cerveza Olympia.

-Hola papá- le dije.

Había una regla en nuestra casa, y era que siempre que viéramos a nuestro padre o a nuestra madre debíamos decir buenos días, hola o algo. Si no lo hacíamos, habrían problemas. Mi padre no dijo nada. Solo estaba sentado ahí. Me estaba esperando. Mi padre no acostumbraba a estar sentado en la sala solo. Desde que abrí la puerta del refrigerador sabía que algo iba a suceder.

Tomé el cartón de leche, lo puse en una mesita, alcancé un vaso. Mi padre dijo -¡Arturo, ven aquí!- Me acerqué al arco de la entrada de la sala y me paré, esperando lo que me iba a decir. Yo sabía que no era algo bueno porque me daba cuenta de que mi papá estaba un poco borracho.

-¿Qué, papá?

Mi padre le dio una fumada a su cigarro, luego exhaló el humo y dijo -¡Arturo, te desprecio!

Yo le grité -¡NO PUEDO AGUANTAR MÁS! ¡TE ODIO! ¡TE ODIO!

Mi padre se levantó muy enojado. Yo me di la vuelta y corrí saliendo por la puerta trasera. Cuando iba saliendo, le grité una vez más -¡TE ODIO!-. Nunca le había hablado a mi padre de ese modo en toda mi vida. Luego le grité otra vez -¡NO VOY A REGRESAR!

Me fui a la casa de un amigo y pasé la noche ahí. Llamé a mi madre todos los días para informarle donde estaba, para que no se preocupara por mí. Mi madre me dijo que mi padre había creído que yo estaba tratando de conocer la identidad de su novia. Estuve fuera de la casa por unos días. Luego mi madre me dijo que mi padre había dicho que podía regresar a casa y que no me diría nada.

Finalmente regresé a casa, y todo pareció marchar bien por un rato. Pero no nos habíamos conciliado.

Ahora mi padre me estaba visitando en Youth Authority. ¡Yo estaba conmocionado!

◆ ◆ ◆

Mi padre me dio un abrazo y me dijo -Hola, Arturo.

-Hola papá.- le dije, todavía en la conmoción de no saber qué decir.

-¿Vendrá a darme malas noticias o algo parecido?- pensé.

Me dijo que lo siguiera a un pequeño cuarto a un lado de la gran estancia. Uno de los guardias que estaba parado ahí, miró a mi padre y le sonrió cuando entramos a la pequeña estancia. Siempre me pregunté si mi padre les había pagado a ellos para que le permitieran utilizar el privado, o pensaba que tal vez les había dicho que era un oficial o alguien importante. Mi padre a menudo acostumbraba hacer movidas astutas.

Nos sentamos en las sillas cerca de la mesa -M'ijo, solamente puedo estar una hora de visita. Tengo negocios importantes en Los Angeles. Mi gente está esperandome afuera.

En México mi padre y su familia eran muy bien conocidos. Su hermano, mi 'tío' Pancho, era juez en la ciudad de México. También era concejero del Presidente de México, por lo que tenía mucho poder en el país. Cuando fuimos a la corte, mi padre presentó una carta oficial del Presidente de México. Decía que si era liberado y entregado a mi padre, sería llevado a México y tendría cuidado y educación en México. Mi otro tío, Jorge, vivía en Mexicali. Él era doctor y más tarde llegó a ser Surgeon General (Director de Servicios Coordinados de Salud Pública en el estado de Baja California Norte). Mi padre pasaba mucho tiempo con mi tío Jorge.

-Arturo, ¿Cómo has estado?- preguntó mi padre. Aunque estábamos dentro de un edificio, él seguía usando sus lentes oscuros. Venía vestido en un traje gris y corbata. Habia demasaido calor como para usar un traje; era un caluroso día de verano. Mi padre comenzó a decirme acerca de sus de negocios y cuanto dinero había hecho.

Conforme me decía esto, pensaba dentro de mí -¿Si tienes mucho dinero, por qué no dejas algo aquí?

Mi padre tenía un propósito definido. Estaba en la etapa de su vida cuando pensaba que el dinero lo era todo. Su visita duró solamente una hora. Ésta fue la única vez que vino a verme; mi madre venía cada pocos meses. La visita de mi padre terminó y eso fue todo.

Es bueno aclarar, que aunque los Locos pertenecíamos al mismo grupo, no siempre andábamos todos juntos. Solo era que algunos no nos caímos bien. Un día estaba sentado en el salón de día, mirando la TV cuando uno de los Locos vino y se sentó cerca de mí. En este día en particular, había en la plataforma un joven guardia que estaba trabajando. Su nombre era Señor Gorman.

El Loco miró sobre él y me dijo -¡Sabes, esse, este señor Gorman es un hombre religioso!

Estirándome para ver al guardia, le dije -¿Es cierto?

El Loco continuó -Hey, si tú le permites a él que te predique, dicen que él puede conseguir que te reduzcan la condena.

-¿Realmente, esse? Voy a ver qué puedo hacer respecto a eso.

No esperé mucho tiempo. En cinco minutos ya me había levantado de mi silla y me dirigía a la plataforma. Puse un pie en la plataforma, y me sujeté de la barra, y le dije -Hey, señor Gorman ¿Cómo está?- el Señor Gorman estaba ocupado haciendo algo en ese momento.

Levantando la vista y volviendo a mirar donde estaba viendo, y sin ponerme mucha atención, replicó -Estoy bien Rodríguez.

-Señor Gorman. Escuché que usted es una persona religiosa- Esto atrapó su atención inmediatamente. Dejó lo que estaba haciendo y volteó a verme.

-Sí. Es correcto. Lo soy. ¿Y qué hay de tí?

-Bueno. Quisiera saber acerca de todas las religiones.- Yo estaba mintiendo. No sabía nada de religiones. Mi padre nunca nos permitió, cuando éramos niños, aprender acerca de ninguna religión, lo mismo cuando fuimos creciendo. Sentía que nosotros debíamos hacer nuestra elección cuando fuésemos adultos.

Permanecí en la plataforma dejándole que me predicara.

Más tarde cuando me senté de vuelta, el Loco que me había dicho acerca del Señor Gorman, se acercó y me preguntó burlonamente -Esse, ¿Lo has conseguido?

-Hey, esse, haré cualquier cosa que tenga que hacer para salir de este lugar. ¡Si el tipo quiere predicarme, él puede predicarme!

Entre el tiempo que pasé de la prisión Juvenil, a Preston, y estando con Isaac y Phil. Agarré el irregular vocabulario de los Locos, como "esse" y todas las palabras que usaban los Locos. Antes de que fuera sentenciado a Preston, no hablaba de este modo. Cuando finalmente fui a casa, mis amigos pensaban que realmente había cambiado mi modo de hablar. No me daba cuenta, pero se olvió una costumbre; llegó a ser mi lenguaje.

Mi pasatiempo en Preston era jugar cartas, normalmente jugaba póker. Había empezado un pequeño negocio. En un juego yo estaba jugando con un Straight y le estaba ganando. Ya tenía como tres paquetes de cigarrillos del Straight. Él estaba perdiendo todo, pero no quería dejar de jugar. Quería recuperar sus cigarrillos que había perdido y los que había pedido prestados a sus camaradas. Esos también los había perdido. Me pidió que le prestara algunas de mis ganacias para seguir apostando contra mí.

-¿Quieres que yo juegue con mis cigarrillos?

-Si, hombre ¿Por qué no?- preguntó con una mirada amistosa.

Le propuse -Mira, hombre, esto es lo que voy a hacer. Si quieres cigarrillos prestados para jugar contra mí, y para que intentes ganarme los tuyos, te prestaré uno por dos.

-¿Qué quieres decir con uno por dos?

-Bien- le expliqué -Te prestaré un cigarrillo, y me puedes pagar dos. ¿Cómo te suena eso?

-Sí. Me suena bien- dijo. Por lo que eso fue lo que hicimos.

El siguiente día recibió un paquete de cigarrillos por el correo, y me pagó los que le había dado. Todo mundo andaba mendigando este tipo de cigarrillos. Si no teníamos de paquete teníamos que fumarnos los que el estado nos daba, y ese tipo de tabaco era como fumar aserrín con mal sabor. Venía en pequeños recipientes, y uno tenía que enrollarlos.

-Hey, Art. ¿Me prestarías unos cigarrillos?- solían preguntarme los internos.

-Seguro. Dos por uno.- Entonces sacaba mi libreta de notas y lo escribía, de ese modo sabía quien me debía cigarrillos. Si alguno quería un cigarrillo prestado y no recibía paquetes o nunca recibía dinero, entonces tenía que buscar otro que le firmara como aval.

Conforme pasaba el tiempo, tenía mi armario lleno de cigarrillos. Servían como dinero en el sistema correccional. No se nos permitía tener efectivo. Era lo mismo como en la prisión; teníamos dinero en una cuenta y a través de ella podíamos comprar lo que necesitábamos. Llegó el momento en que requería de dos armarios para almacenar mis cigarrillos y las otras cosas que compraba por los intercambios de mi nuevo negocio. Se nos permitía tener solo uno, pero yo rentaba otro, de un tipo al que le tenía que pagar con cigarrillos.

El Señor Gorman regresó el siguiente día con literatura religiosa. Lo miraba así: me ponía de su lado y él se motivaba para que yo fuese a la plataforma y me hablara acerca de ella. Le dije que me gustaba leer materiales como estos y que los leería con cuidado. Yo era un gran mentiroso. No me gustaba leer material religioso, y de seguro que estos no iba a leerlos, porque no podía. Tomaba la literatura y me sentaba enfrente del TV y me recostaba sobre uno de los sillones, mirando al Señor Gorman. Abría una de las revistas y pretendía leerlas. No obstante que tenía la revista abierta, realmente estaba viendo la TV. A menduo volteaba la cabeza y actuaba como si le estuviera dando vuelta a las páginas cuando el Señor Gorman me miraba. Algunas veces, el Loco que me había dicho de la inclinación religiosa del guardia, venía y bromeaba conmigo por lo que estaba haciendo.

-¡Hey, esse, pienso que vas a conseguir salir muy pronto. ¡Vas a conseguir salir de aquí!

El Señor Gorman continuó trayéndome literatura, y continué actuando como si la leyera. Pensé que era agradable.

Cuando llegué a Preston, no pesaba mucho. No subí mucho de peso tampoco en ese lugar. Poco después de que llegué a mi compañía, me fue dicho que cuando fuera a la cafetería no debía comer arroz.

-¿Qué quieres decir con no comer arroz?- pregunté.

Uno de los Locos me explicó la situación. Me dijo que los Locos que trabajaban en la cafetería ensuciaban el arroz, y nos decían que no lo comiéramos.

No pude entender -¿Por qué querrían ellos ensuciar el arroz?

-¡De este modo nos vengabamos de los Bloods y de los Straights, haciéndoles comer algo contaminado y ellos no lo saben!- dijo y comenzó a reírse.

Pensé que esto era enfermizo, se vengaban de unos contaminándolos y ellos no lo sabían. Si yo iba hacer algo en contra de alguien me hubiera gustado que supiera que lo tenía atrapado.

Cuando íbamos a comer, le preguntábamos a los Bloods -Hey, Blood, ¿Quieres cambiar tus frijoles por mi arroz?- Los Bloods contestaban -¡Seguro, esse, me gusta el arroz! A veces ellos nos preguntaban primero si queríamos intercambiar el arroz por sus frijoles.

Pensaba que estos Bloods no eran muy listos. Sin embargo, un día yo estaba formado detrás de un Blood, antes de que nos sirvieran la comida. Conforme avanzábamos a la zona donde servían, podíamos mirar solamente las manos de los que servían. Había una cubierta en la parte de arriba de la línea de servicio, por lo que no podíamos ver al tipo que servía del otro lado. Los servidores sabían quienes éramos por el color de nuestras manos. Ese día el servidor de los frijoles era un Blood. Como me había ubicado un poco más cerca de lo habitual, escuché cuando el Blood le sirvió al Blood que iba delante de mí, -¡Hey Blood, no te comas los frijoles!

-¡Qué!- dije dentro de mí. Todo el tiempo habíamos pensado que los frijoles estaban limpios. Si los Blood las estaban ensuciando y los Locos ensuciaban el arroz, ¿Qué contaminaban los Straight? Después de ese día comencé a perder peso.

Capítulo Veintiocho

LAS HORMIGAS

Cuando tenía cinco años viviamos en Spencer Street. En ese tiempo mis padres necesitaban ayuda extra en la casa y alguien venía a hacerce cargo de nosotros los niños. Contrataron a una muchacha para que ayudara a mi madre. Inesita era agradable con nosotros cuando nuestros padres estaban en la casa, pero cuando ellos se iban una transformación sucedía. Ella no hablaba muy bien el ingles, porque recién había llegado de Costa Rica en Centro América. Una vez estábamos jugando afuera, en nuestro bote, en el patio trasero cuando ella nos llamó a la casa. Yo me preguntaba que querría. Parecia enojada. Cuando llegamos adentro de la casa nos dijo que nos sentáramos en unas sillas y que nos calláramos.

-¿Quién robó el pan?- preguntó.

-¿Quién qué?- dije sin entender cual era su queja.

-¿Quién robó el pan?- repitió. Ella decia que uno de nosotros había robado una rebanada de pan de caja, y ella quería saber quien había sido. Yo no sabía quien era. Miré a Eddie; él dijo que no sabía. La pequeña Tita, bueno, ella no tenía que robar una rebanada de pan. Si ella quería una ella solo tenía que tomarla, no tenía porqué robarla. Inesita estaba gritándonos. Ella nos dijo que si no averiguaba quien la había robado, ella le iba a decir a mi padre cuando llegara a casa. Todos sabíamos lo que esto quería decir. No podía creer que probablemente alguien iba a ser asesinado por una rebanada de pan. Inesita marchaba de un lado a otro en la cocina tratando de hacernos confesar. Nos mantuvo ahí hasta que mi padre llegó a la casa.

Cuando escuchamos el auto de mi padre, en la calle, estábamos realmente preocupados.

Él entró a la cocina y nos vio a todos nosotros siendo interrogados. Inesita miró a mi padre y pensó que iba a aprobar sus métodos. Lo primero que pensé es que iba a nalguearnos por robar una rebanada de pan. -¿Qué pasa aquí?- Mi padre quería saber.

Inesita empezó a decirle que había visto que el recipiente de pan se hacía más pequeño, y que uno se había perdido. Ella sabía que uno de nosotros había entrado a la cocina y lo había robado. Mi padre se enojó mucho... estaba realmente furioso, ... pero no con nosotros ¡Con ella! Mi padre tenía sus malas cualidades, pero también tenía sus buenas cualidades.

Le dijo a Inesita que el pan era nuestro y podíamos comerlo cuando quisiéramos. No podía ser robado por nosotros porque era nuestro. Todavía quedaba el asunto de que si estábamos mintiendo acerca de que alguien había agarrado el pan. Mi padre mandó a Eddie a comprar el mismo tipo de pan, en la tienda de la esquina de Virginia y Delmas. Cuando Eddie retornó, abrieron el recipiente para contar las rebanadas. No para ver si estábamos mintiendo sino para mostrarle a ella que no mentíamos. ¿Cómo hizo mi padre para saber que no estábamos mintiendo? Él era muy bueno para observar a sus hijos y conocer cuando le estaban diciendo la verdad, no todo el tiempo, pero muchas veces sí.

Durante el tiempo que Inesita nos estuvo cuidando; una mañana nos levantamos temprano para ir al parque, nos sentamos en una mesa para comer nuestro desayuno. Usualmente nos gustaba tener una banana en nuestro cereal. Esta mañana íbamos a tener algo muy diferente. Listos con nuestra tazas y cucharas, Inesita sirvió nuestro cereal. El cereal venía con hormigas ¡muchas hormigas! Nuestro cereal estaba cubierto con ellas.

Eddie grito -¡Inesita, esto está cubierto de hormigas!

Esperando que ella dijera -Lo siento, voy a darles algo diferente-; en vez de eso, dijo algo muy distinto -¡Cómanlas, son buenas para la salud!

¿Porqué querría élla que las comieramos? Tal vez en su país comían hormigas ó hasta las montaban, pero aquí no. Ella estaba realmente enojada con nosotros. Y nos dijo que mi padre nos iba a nalguear cuando regresara del trabajo; se sentó en la mesa, tomó la cuchara y nos hizo comer el cereal. Creo que Eddie y yo, somos los únicos seres humanos que han comido hormigas vivas. Sabían como chile. ¡Cada vez que masticaba una hormiga, el sabor era PICANTE como chile!

¿Por qué le permitimos a Inesita que nos alimentara con hormigas? Bueno. Yo tenía cuatro años y Eddie seis. No teníamos poder. Iniciamos una buena pelea, pero al final comimos hormigas vivas. Durante ese tiempo Inesita estaba enamorada de mi padre. Mi madre ni siquiera se lo había imaginado, hasta que Inesita se fue. Una vez, ella necesitaba un aventón a San Francisco; mi padre la llevaría. Mi madre no fue, porque ella estaba cansada y quería quedarse con nosotros.

Le dijo a mi padre -Ve tú, Joe. Yo me voy a quedar aquí.- ¡Ese fue un gran error!

El día que Inesita se fue dejó una carta diciéndole a mi padre que tenía que abandonarnos porque ella estaba enamorada de él y no podía aguantarlo más. ¿Qué quería decir esto para nosotros los niños? ¡Quería decir que no habría más acusaciones de robo de pan y no más hormigas para el desayuno!

◆ ◆ ◆

La gran pelea con Ernie al fin se llevó a cabo. Los guardias se enteraron, de un modo misterioso, que iba haber un tumulto. Ellos pensaban que se preparaba un motín. Esa tarde los guardias antimotines estuvieron esperando en sus autos. Teníamos que pasar todo el día en el cuarto de día, sentados sin hacer ningún ruido. Esta espera estuvo a punto de causar otro lío.

Uno de los Bloods se divertía, exclamando -¡Vamos, vamos a hacerlo!- Los otros Bloods le decían que cerrara la boca.

-¡Los esses van a comenzar una pelea por tu culpa, hombre!- No obstante que los Locos éramos menos en cantidad, las otras razas debían tener cuidado con los Locos porque nosotros éramos más capaces de clavar a alguien con una estaca. Por esto éramos llamados Locos.

Dos días después tuvimos nuestra gran pelea. Uno de los Straights vino a verme y me dijo que no deberíamos pelear con Ernie. Él y Ernie eran buenos amigos. Si comenzábamos una pelea él iba intentar separarnos inmediatamente. Le dije que sería mejor que se mantuviera al margen porque este era un asunto que solo involucraba a los Locos; los Straights no tenían nada que ver. Cuando la pelea comenzó cerca de los armarios, Richard y el amigo de Ernie, empezaron a pelear primero. Yo estaba cerca y tan pronto como empezó, los Straight trataron de separarlos. Los blancos sujetaron a Richard de los brazos; el amigo de Ernie aprovechó para golpearlo. Entonces, todos comenzamos a pelear y en segundos, todo mundo estaba envuelto en la pelea, hasta los tipos que no tenían que ver, se habían metido ya. Se volvió un griterío semejante a un escándalo. Parecía como una de las viejas películas del oeste cuando se hacía un alboroto en el bar. Pero viendo hacia atrás, tengo que decir que fue muy divertido.

El escuadron antimotines cargó sobre nosotros, y fuimos llevados todos al 'Encierro' (la jaula dentro de la jaula, cerca del castillo) Esta fue la vez que pasé más tiempo encerrado ahí. Si ellos hubieran averiguado por qué empezó todo, y que yo quería noquear a Ernie, hubiera sido enviado a prisión en Tracy. Ellos nunca supieron que pasó o quien lo había comenzado.

Después tuve otros pleitos, pero no tantos como al principio. Comencé a bajarle un poco en ese sentido. Era como Isaac me había dicho cuando estábamos encerrados juntos -Después de que pelees con todos, te respetarán y dejarán de molestarte.

El Señor Gorman seguía trayéndome literatura y yo seguía pretendiendo leerla. Algunas veces ponía la literatura en mi armario y le decía que la leería más tarde, lo que nunca hacía. Lo dejaba que me predicara varias horas a veces. Un día me preguntó si me quería sentar con él y tener una discusión religiosa seguido.

-Seguro. ¿Por solo una hora a la semana? ¿Podrían algunos de los otros individuos venir y sentarse en la discusión también?

-Entre más sean, mejor- dijo. Entonces anduve en el salón de día preguntándoles a todos si querían un recorte de tiempo (de su condena). Les dije que debían dar solo una hora de su tiempo. Cuatro tipos querían aprovechar cualquier oportunidad para salir antes de Preston y al final aceptaron mi oferta.

Entonces había adquirido la convicción de que si seguía teniendo mis pláticas religiosas con el Señor Gorman recibiría que me acortaran el tiempo en Preston. Sin embargo, no fue exactamente un recorte de tiempo. El Señor Gorman envió una recomendación al 'Consejo', para que yo me presentara ante ellos tres meses antes del tiempo en que debía hacerlo.

-Conseguiré salir antes. Treinta días después de que vaya al 'Consejo' seré liberado- les dije a mis amigos de San Jo.

En la mañana que tenía que ir al 'Consejo', me desperté temprano; me sentía emocionado y muy nervioso. Al rato, esa misma mañana, me senté en la sala de espera donde la audiencia se llevaría a cabo. Todos los tipos que entraban, cuando salían de la sala iban felices. Pensé que de seguro yo iba a ser liberado antes.

Entré al salón y vi a cinco, hombres y mujeres "stone-faced" (con cara de piedra). Sentados detrás de lo que parecía un gran escritorio, suficiente grande para todos ellos; estaban en silencio, mirando los papeles que tenían enfrente, sobre el escritorio. Uno de los hombres era el que había ido a mi compañía, a hacer el anuncio y la entrega de mi diploma y me había llamdo Wiggles. Pensé que cuando me viera, me reconocería y me diría algo bueno.

Una dama que no me estaba mirando, pero que estudiaba los papeles dijo -No se porque estás aquí antes de tiempo. Estás en la correccional por asesinato. No puedes ser liberado.

Sentí el impulso de decirles -No estoy aquí por asesinato, estoy aquí por asalto. ¡No asesinato!

Todos marcaron algo en sus papeles, levantaron la vista y dijeron -De acuerdo, el próximo.

-¿Eso es todo?- pregunté.

-Sí, Rodríguez.- y en voz más fuerte agregó, ya sin hablarme a mí. -El próximo.

Cuando iba saliendo del cuarto del Consejo, sentí como que iba a caerme al piso. Daba por echo que iba a ser liberado. Todas las horas que había estudiado con el Señor Gorman habían sido para nada.

Cuando entré al salón de día vi al Señor Gorman sentado en la plataforma. Me llamó.

-¿Qué pasó?- preguntó. Le dije lo que el Consejo había dicho. Me dijo que no me preocupara y que iba a tratar de conseguirme que me rebajaran seis meses el tiempo para ir de nuevo al Consejo, y que la próxima vez a lo mejor funcionaría.

-No te preocupes- insisitió.

-¡Cómo podría no preocuparme? El Consejo no sonó muy prometedor- dije, alejándome disgustado.

Cuando regresé al Consejo, meses después, fue una exacta repetición de la primera vez. Luego fui, de nuevo, cuando conseguí que me enviaran treinta días antes al Consejo. Y de nuevo fue la misma cosa.

Después de noventa días fui al Consejo, esa era la fecha que supuestamente debería salir. Daba por echo, que sería liberado. Entré al salón y me senté. Uno de los miembros del Consejo me miró y me dijo- El asesinato es un crimen muy serio. Vamos a darte otro año. Casi me caigo de la silla. Yo no sabía si podría resisitir otro año en Preston. ¡Quería irme a casa en ese momento!

Seguí estudiando con el Señor Gorman porque sentí que de esto podía obtener ganancias después. Cuando este año pasara, el Señor Gorman conseguiría reducirme el tiempo para ir al Consejo de nuevo. Tal vez lo conseguiría.

El tiempo pareció pasar más aprisa durante el segundo año. Casi todo mi tiempo lo pasaba jugando al póker y escribiendo cartas.

Durante el segundo año recibía cartas de mi familia o de mis novias. En una carta a una de mis novias, le dije que casi había terminado la bolsa que le estaba haciendo. Según yo esto se lo había dicho antes, bueno eso pensé. Ella me escribió de regreso en una semana y me dijo que ella no sabía que estaba haciendo una bolsa para ella. Fue cuando me di cuenta de que la bolsa era para mi otra novia. Le dije a la novia equivocada lo de la bolsa. Ahora tenía que hacerle a la novia equivocada, una bolsa más. Envié dos bolsas muy bonitas el mismo día.

Cerca de dos semanas después, recibí cartas de ambas chicas el mismo día. Estaban furiosas. Ambas fueron de compras a una tienda del centro y ambas vieron a una chica que conocían. Conforme platicaban, salió a relucir mi nombre. Ambas muchachas tenían un novio llamado Art que estaba en Preston. ¡Qué coincidencia! Ambas habían recibido recientemente bolsas; y se veían iguales, como del mismo manufacturador. Ambas chicas estaban realmente hirviendo de coraje. Cada una de ellas pensó que era mi única novia. Alice me dijo que tenía otro novio; pero ahora a causa de esto ocuparía yo el segundo lugar en su corazón; el otro novio ocuparía el primero. ¿Qué podía decir? La otra muchacha me perdonó por haberla engañado y por no ser ella la única que había recibido una bolsa.

El Señor Gorman me dijo que iba a tratar de enviarme al Consejo noventa días antes. El tiempo se acercaba. Me quedaban como seis meses para el gran día. Esperaba que el Consejo me liberara esta vez.

En Preston teníamos nuestro hospital, si algo andaba mal con nosotros, poníamos nuestro nombre en la lista. Cada mañana la lista tenía quince o veinte nombres escritos. Los tipos que tenían que ir a la escuela, estaban siempre en la lista. Si lograban aparentar bien que estaban enfermos, no tenían que ir a la escuela. Por un tiempo estuve teniendo unos fuertes dolores de cabeza, y puse mi nombre en la lista todas las mañanas.

El hospital estaba en un viejo edificio. Si ha visto viejas películas en blanco y negro que muestran viejos hospitales construidos en los años treinta, son parecidos a como el hospital de Preston se veía. Tenía viejas puertas, viejas ventanas, todo viejo. No obstante que estábamos en los años sesentas, todo lo de Preston era de los treintas. Sin embargo, el hospital se mantenía limpio.

Cuando fue mi turno para ver al doctor me observó y me preguntó acerca de mis dolores de cabeza. Me dijo que la medicina que me había dado, era realmente fuerte y que debía haber ayudado. Le dije que parecía ayudar. Cada vez el doctor le ordenó la enfermera que me diera dos cucharadas de medicina que parecía jarabe verde. Una mañana cuando fui al cuarto de auscultación, una nueva enfermera trabajaba con el doctor. Me preguntó lo usual acerca de cómo iba con mi dolor de cabeza, y le dijo a la enfermera que me diera la misma medicina.

Sorprendida, la enfermera miró al doctor y le dijo -Pero Doctor, eso no le va ayudar en nada a él.- Levanté la vista para ver la expresión de la cara de la enfermera y luego miré al doctor para ver que decía, entonces vi la expresión en su cara.

Miró irritado a la enfermera y dijo con una voz severa -Depende de lo que esté curando.

-Oh!- dijo ella con mucha pena. Ella hizo lo que el doctor le dijo que hiciera. En otras palabras, todo estaba en mi mente. Ese día dejé de poner mi nombre en la lista para ir al hospital.

En el taller de manufactura de pieles, el instructor me puso a cargo del almacén. Yo era el que había durado más tiempo en su clase. Bien, pues yo hacía mi trabajo en el almacén; si alguien necesitaba algo venía y me lo pedía: piel, goma, frascos, hilo u otras cosas, lo pedían y yo se los daba.

Un día uno de los Locos vino hasta el mostrador y dijo -Esse, Art- y me pasó una jarra -Llena esto con algo de pegamento de goma, hombre- Tomé la jarra y observé para ver si el instructor no me miraba.

-O.K. Ve a sentarte, te lo tendré lleno en un momento- le dije. Fui a la parte de atrás como si estuviera haciendo mi trabajo. El instructor estaba en su escritorio, no me observaba porque confiaba en mí. Me había conocido por mucho tiempo, y aun no había hecho ninguna cochinería en su clase aún. Me gustaba estar en el taller de pieles, porque disfrutaba mucho haciendo cosas que enviaba a casa.

Cuando ya tenía la jarra llena y regresé al mostrador, el Loco se acercó y la tomó, cubriéndola con su mano para que nadie pudiera ver que le había dado.

Miró al maestro y me dijo -Ven con nosotros, esse. Vamos a 'cargarnos' (drogarnos).

Le dije que podía hacerlo, pero que él sabía que yo tenía que terminar mi trabajo. Solamente tenía que esperar seis meses para ir otra vez al Consejo. Si era atrapado oliendo goma, conseguiría otros seis meses automáticamente. Entonces cuando me presentara ante el Consejo, probablemente me sería dado otro año. Durante este tiempo yo estaba tratando de pensar y razonar las cosas antes de tomar mis decisiones.

-¡Qué diantres! Yo no había estado 'cargado' por dos semanas o más. Sentí que no seríamos atrapados de todos modos; nunca lo habían hecho en el pasado.

Algunas veces aspirábamos goma en nuestra compañía. Otras veces conseguíamos cervezas y nos emborrachábamos. Los Locos hacían cerveza de las papas en la cocina y solían enviarnos un poco. Debíamos pagarles con cigarrillos. De repente, alguien conseguía pegamento.

Cuando le dije al instructor que había terminado mi trabajo en el almacén, la clase estaba por terminar, en unos diez minutos.

-No hay problema- me dijo.

Salí del almacén y fui a sentarme con los tipos de la goma. Ellos me miraron y empezaron a reírse, ya 'cargados' por el pegamento.

-¡Déjame oler un poco, esse!- le dije.

Aspiré la goma cerca de veinte minutos, pero el otro tipo había aspirado como veinticinco. La goma estaba fuerte y no dejaba el mismo sabor en el aliento después de aspirarla, como la que teníamos en nuestra compañía. Esta goma era diferente; era para unir productos de piel.

Eran las 11 de la mañana; tiempo de regresar a nuestra compañía y alistarnos para la comida. Cuando dejé el cuarto, me sentí tan 'cargado' que me estrellé en la puerta. El instructor levantó la vista para ver si yo estaba bien.

-Espero que no piense que estoy 'cargado'- pensé cuando salía del cuarto.

Comencé a reirme con los otros tipos. Estábamos bien 'pasados'. Sentía como si hablara con un altoparlante en mi cabeza. Cuando alcancé a salir del edificio, me recliné sobre la pared y cerré los ojos, todo me daba vueltas dentro de la cabeza.

Tan pronto como cerraba los ojos, me convertía en otro. Estaba atrapado en un gran cuarto, redondo, como si estuviera dentro de una enorme pelota. La pelota tenía un agujero en la base, y yo empezaba a caer en el hoyo. Me mantenía colgado dentro de esa pequeña cosa, pegado a una de las paredes dentro de la pelota. Cada vez que tragaba, la superficie de la pelota se movía, y yo caía un poco más profundo. Tenía la urgencia de tragar y no podía, mi garganta estaba seca. Cada vez que tragaba caía más en el agujero. No sabía que había en el agujero del fondo del cuarto redondo, pero yo sabía que no era nada bueno. Mi garganta estaba seca, y yo tenía que tragar. Si tragaba saliva una vez más, caería en el agujero. ¿Qué podía hacer?

-¡HEY HOMBRE! ¡ART! ¿ESTÁS BIEN?

Abrí mis ojos.

-¿Dónde estoy?

Un Blood de mi clase estaba parado frente a mí -¿Estás bien hombre? ¡Realmente te ves 'cargado'! ¡Mejor enfríate, si no te van a cachar!

-Hombre, tienes razón- Sostuve mi cabeza y coloqué mi cabello hacia atrás, tratando de cambiar el aspecto.

Conforme regresaba por el camino de acceso a mi compañía, comencé a caer desde lo alto. Usualmente tomaba solo un par de minutos quitarse la 'carga' con la otra clase de goma. Esta otra, tomaba como diez o quince minutos. Era un material muy fuerte.

Cundo llegué a la puerta de mi compañía, sentí como que me caía al piso. Estaba muy cansado. Me fui a uno de los sillones y me dejé caer para dormir.

-¡Son las 11:30!- gritó alguien.- Hora de comer.

Uno de los internos me preguntó -¿Hey, Art, vas a ir a comer?

-No, Me voy a quedar aquí y me voy a dormir- En treinta segundos yo estaba en un sueño profundo.

Dos horas más tarde desperté a causa de una gran conmoción.

-¿Qué pasa, hombre?- le pregunté a uno de los Bloods, que estaba sentado cerca de mí.

-No lo sé, esse. Algo pasó en la compañía "H", en la próxima puerta. Tienen una ambulancia ahí.

Tal vez alguno se envolvió en una pelea y fue cortado. Miré el reloj; eran casi las 2:30. No tenía hambre. Esto no era habitual, yo siempre estaba hambriento. De hecho, sentía un poco de náusea. Tal vez era por lo que había comido más temprano. Pero no había comido nada desde la mañana. -¡Oh bueno!- pensé -probablemente se me quite cuando vaya al cuarto de día y con el movimiento.

Me levanté y fui al baño. Mientras estaba ahí, escuché a alguien que realmente estaba enfermo, quejándose, con prolongados sonidos de dolor, y como si estuviera vomitando. Sonaba terrible. -Debe haber sido la comida. Alguien contaminó los frijoles.

Caminé hasta la mesa donde los Locos jugaban cartas y me senté en una silla que estaba vacía.

-¿Quieres jugar, Art?- Preguntó uno de los Locos.

-No, no me siento bien ahora, por mi estómago- le dije.

-Oh, sí. Como Freddie. Está en el baño vomitando- dijo uno de los Locos.

¡Freddie! Freddie era uno de los tipos que habían aspirado el pegamento conmigo. No pensaba que fuera por la goma, pero mi estómago se estaba poniendo peor cada minuto.

Uno de los individuos recogió sus cartas después de que le fueron dadas y dijo- ¡Espero que Nacho no esté enfermo, esse!

-¿Quieres decir Nacho, el de la compañía 'H'?

-Sí, esse. Tuvieron que llevárselo en una ambulancia hace unos minutos.

Oh, Nacho era el otro tipo que había aspirado el pegamento con nostros. Miré al tipo que sabía de esto, y le pregunté -¿Qué le pasó a él?

No sabían. Mi paisano que regresaba de llevarle algo al guardia, me dijo que Nacho estaba vomitando materia verde. Él había perdido la conciencia cuando estaba vomitando. Luego dijo -Era algo espeso, su cara cayó encima del vómito. Estaba mal, esse. Espero que no agarremos alguna clase de plaga o algo parecido. Hey, hombre, cuando Freddie regrese del baño y venga aquí, le voy a decir que no se siente cerca de mí. No quiero que me contagie con la plaga.

Justo cuando estaban saliendo estas palabras de su boca, todos volteamos a ver. Todos estaban corriendo al frente del cuarto de día. Algo había pasado cerca de la plataforma. Nos levantamos para ver si era algo como una pelea o algo parecido.

En pocos segundos un Straight pasó cerca de nosotros, de regreso a su mesa y dijo -¡Es Freddie, hombre! Se ve muy mal. ¡No sé qué tomó, pero no luce muy bien!- En pocos minutos la ambulancia de Preston llegó para llevarse a Freddie a otro lado.

En un momento yo comencé a sentirme más mal. Pensé -Espero que no sea por el pegamento. Si es por eso, voy a ponerme igual de mal que esos tipos.- Me mantuve tratando de convencerme a mí mismo que no me iba a enfermar. De repente mi cabeza comenzó a dolerme muy fuerte.

Uno de los Locos me miró y preguntó -¿Estás bien Art?

Cuando me preguntó me levanté y dije -Algo me está pasando. ¡No sé qué es!

Caminé unos pasos hacia el frente del cuarto de día, y sentí que me dio vuelta el estómago. Esa materia verde salió, disparando de mi boca. Sentí como que iba a perder la conciencia; sentí el cuerpo muy débil. Caí arrodillado y no sabía que sostener, si mi cabeza o mi estómago. Caí completamente al suelo.

Lo siguiente que supe, era que todos me estaban rodeando. El guardia estaba gritándoles a todos -¡PARA ATRÁS! ¡TODOS PARA ATRÁS!- Con sus brazos extendidos para mantener a todos atrás. La última cosa que recordaba era el guardia preguntándole a alguien algunas cosas. No quería que nadie tocara nada en la mesa, pensando que podría ser contagioso.

-¡RODRIGUEZ, RODRIGUEZ, DESPIERTA!- Abrí mis ojos. Estaba en un cuarto blanco. El doctor estaba parado a un lado de mí, y una enfermera estaba en el otro lado. -¿Cómo te sientes?- me preguntó. Cuando me preguntaba, contesté vomitando. Trataron de traerme una cacerola, pero fue demasiado tarde. La enfermera puso una toalla alrededor de mi cuello.

-¿Recuerdas haber comido algo diferente? ¿Alguien te dio algo para comer que tú normalmente no comes?- preguntó el doctor. Traté de mover la cabeza, pero la próxima cosa que recordaba era, todo volviéndose negro.

En medio de la bruma de mi mente recuerdo a alguien tratando de limpiarme, cambiando las toallas alrededor de mi cuello. -¿Cómo te sientes?- preguntó la enfermera. -No te sueltes. Estamos pidiendo una ambulancia, y en un momento estarás de camino a Perkins donde están los mejores doctores.

El cuarto estaba oscuro. No sabía que hora era o cuanto tiempo había estado ahí. En el pasillo vi a dos doctores platicando. Estaban mirando lo que parecía un diagrama o algo por el estilo.

Me desperté de nuevo, y las cosas se miraban de espanto. Levanté mi cabeza un poco para ver si alguien estaba a mi alrededor. Recuerdo que estaba pensando que no quería morir solo. El doctor estaba reclinado contra la pared en el pasillo con sus manos cubriendo su cabeza; estaba en profundos pensamientos o tratando de descansar sus ojos. Escuché una voz. El doctor se acomodó enderezandose y habló con uno que venía caminando hacia él. Cuando la persona que estaba hablando, llegó hasta el doctor, pude verlo bien. Era un hombre viejo vestido de negro. Tenía puesto un pequeño sombrero negro tipo derby; camisa negra y pantalones negros; y un largo abrigo negro también. Llevaba una maleta que parecía un maletín negro de doctor.

El doctor apuntó a mi cuarto. El hombre viejo de negro miró hacia mí, y su mirada se cruzó con la mía. Entró al cuarto muy despacio, mirándome. No me gustaba este hombre viejo. El viejo trataba de ser agradable y tenía una sonrisa amigable. Se paró a un lado de mi cama, tomó mi mano, y la sostuvo.

-¡Casi es tiempo, Arthur!- sintiendo mi mano con su otra mano, continuó -Pero aún no. Regresaré en un rato contigo- y me sonrió . Vi a una enfermera pasar cerca y traté de gritar para que se detuviera. Yo quería que ella me ayudara; para que este viejo y horrendo hombre de negro no pudiera llevarme. Sin embargo, no pude gritar.

Meses después de que esto había pasado, puse mi nombre en la lista para ir al hospital.

Pregunté acerca del hombre viejo, pero nadie sabía de quien estaba hablando.

Desperté dos veces más. La siguiente vez que desperté, estaban limpiándome de nuevo. Habían puesto toallas frescas alrededor de mi nuca y querían saber como me sentía. No podía hablar. Cada vez que trataba comenzaba a vomitar horrenda bilis.

La siguiente vez que abrí los ojos, me estaba moviendo en la carretera en una ambulancia con las luces destellantes. Pensé que tal vez ellos creían que no iba a lograrlo aunque despertara por unos minutos inmediatamente reiniciaba el interrogatorio. -¿Qué te duele? ¿Qué comiste? ¿Alguien más comió lo que tú comiste?-. Aun no podía hablar. Las toallas estaban alrededor de mi cuello.

La siguiente vez que volví en mí, estaba en un cuarto de hospital en Perkins. Una enfermera estaba sentada cerca de mí. Otra enfermera entró y dijo - puedes llevarlo de regreso a su cuarto ahora; sus rayos x salieron negativos - Ya habían tomado rayos x y ni cuenta me había dado. Estaba semiconciente.

Cuando regresé a mi cuarto, la enfermera vio que tenía los ojos abiertos. Ella preguntó -¿Cómo la estás pasando, amigo? Te llevaremos a cirugía muy pronto. Los doctores se están alistando.

Esta era la primera vez que podía hablar, la miré y le pregunté -

¿Qué estan pensando hacer?- quería saber si ellos habían encontrado lo que andaba mal conmigo.

-Quieren ver si pueden encontrar lo que anda mal contigo haciéndote una cirugia exploratoria. ¿Te sientes mejor?- preguntó la enfermera. Comence a sumirme en lo negro de nuevo. No sé si le respondí o nó.

Recuerdo que estaba pensando -No puedo decirles a ellos lo que hice porque traería consecuencias, podría ser enviado a Tracy y me conseguiría otros seis meses más a mi condena. Y yo prefería morir entonces, que conseguir otros seis meses.

A la siguiente vez que desperté la enfermera dijo que los doctores querían esperar la cirugía porque yo había hablado la última vez que había vuelto en mí. Este era una buena señal. Directamente enfrente de mi cama, había un gran reloj en la pared, encima de la puerta. Veía la hora cada vez que despertaba. Permanecía más despierto conforme el tiempo pasaba. Otra enfermera vino a mi cuarto y me dijo que iría a cirugía en una hora. Le dije a la enfermera que me sentía mejor ahora. Ella corrió y se lo dijo a los doctores. Todos vinieron a verme y me dijeron que les había dado a todos un gran susto. Ellos creían que yo no iba a sobrevivir y no tenían idea de lo que andaba mal conmigo. Me sentí mejor conforme pasaba el tiempo. Me di cuenta más tarde que lo que me había parecido como un día de estar inconciente, habían sido realmente cerca de cinco días.

Conforme los días pasaron me sentía mejor y recuperaba mi fuerza; a menudo alguien venía a mi cuarto y me preguntaba si tenía alguna idea de lo que me había pasado. Aún algunos hombres vestidos con trajes vinieron a verme y querían entrevistarme, para ver si ellos podían darse cuenta de lo que había pasado. Les dije a todos ellos que yo no sabía; y ellos decían que tampoco sabían.

Estuve en Perkins casi dos semanas; me mantuvieron en un pequeño cuarto, encerrado con llave y nunca fui enviado a una compañía. De repente, un día me llevaron de regreso a Preston, a mi compañía original. Todos mis amigos querían saber lo que había pasado. Nunca les dije lo que había ocurrido realmente, por precaución de que alguien se lo dijera a los guardias.

Escuchamos que el primer individuo, Nacho, había muerto. Nunca supimos de Freddie, el otro individuo. No supimos si murió, si se recuperó, si fue enviado a casa o si había ido a otra prisión, pero lo que si sabíamos es que ya no estaba en Preston. Aun sus paisanos no sabían lo que le había pasado. Ellos habían aspirado el pegamento, el doble de tiempo que yo lo había hecho. Tal vez ellos fueron visitados por el hombre viejo con el abrigo negro y el sombrero tipo derby, justo como yo lo habia sido.

Era tiempo de regresar al Consejo. El Señor Gorman había conseguido que me redujeran noventa días del tiempo como había dicho que lo haría. El día que fui al Consejo, estaba nervioso, tanto como lo había estado el año anterior.

Entré al cuarto del Consejo, como lo había hecho la última vez. Me dije a mi mismo que necesitaba empezar a hablar tan pronto como entrara al cuarto (para impresionarlos) -Me gustaría agradecerles a todos ustedes por no haberme dejado ir antes; la estancia aquí realmente me ha ayudado- y todo lo demás. Esperaba que ellos no fueran tan duros conmigo. Había estado allí mucho tiempo y quería salir. -De acuerdo, Arthur Rodríguez. Revisando tu récord, podemos ver que has hecho algunas grandes mejoras.

Yo realmente quería oir las siguientes palabras.

-¡Te concedemos tu liberación!

Capítulo Veintinueve

¡LIBERTAD!

Treinta días habían pasado desde que había estado en el cuarto del Consejo. Desperté en mi cama sin creer que el día había llegado ¡El gran día! Hoy, me iba a casa. Esos treinta días parecieron los más lentos de todo el tiempo que estuve confinado en Preston. Cada día miraba el reloj y observaba las horas pasar y hasta los minutos. ¡Y el día finalmente había llegado!

Sacar todas mis cosas del armario para ver que llevaría a casa y que dejaría fue un duro trabajo. Algunas cosas que tenía no las usaría por ahora que estaría en casa. Iba a llevar a casa pocas cosas como unos marcos de cuadros, hechos de paquetes de cigarrillos, artículos de piel de mi taller de artesanías y mis fotografías personales. Todas las otras cosas se las regalé a mis amigos.

Ahora tenía que decirles adiós a todos mis amigos y tambien al cuarto de día el cual fue mi casa por dos años. Como me había sucedido en la cárcel fue duro dejar mi celda después de seis meses.

Todos mis amigos me rodearon. Me dijeron que vendrían a San José a visitarme cuando fueran liberados. Me pidieron que les consiguiera muchachas bonitas para que les escribieran. También me pidieron no olvidarlos. Les dije que nunca los olvidaría y hasta el día de hoy no los he olvidado.

El Señor Gorman estaba en la plataforma listo para bajar a decirme adios. Ante de que bajara me acerqué a él deseando estar a solas con el por un segundo.

-Señor Gorman, le agradezco mucho que haya sido tan bueno conmigo mientras estuve aquí.

El colocó su brazo rodeando mis hombros y dijo -cuando estés en casa, asegurate de tener un buen comportamiento Rodriguez. ¿De acuerdo?

-De seguro que lo haré.

Salí del cuarto de día; y todos agitaron sus brazos y me exclamaron su adiós, aun los Bloods y los Straight. Durante ese último año había hecho amistad con todos lo cual hizo que el tiempo pasara más fácil. Conforme atravesaba Preston di una vuelta alrededor y esperanzado de que nunca regresaría como muchos de los otros individuos habían hecho.

El auto de Preston me llevó por todo el camino hasta entrar al pequeño pueblo de Ione.

Y de ahí a la estación de autobuses Greyhound. Cuando me bajé del auto, el chofer de Preston me dio un sobre con mi boleto de autobús para regresar a casa y cinco dólares para comida. Cuando se alejó, fue cuando realmente me sentí libre.

Abordé el autobús y me senté cerca de una ventana; conforme dejaba el pueblo de Ione pensé acerca de las historias que hablaban del castillo. Podía ver el castillo por el rabillo de mi ojo conforme el autobús se movía paralelo a Preston, pero me esforzaba por no voltear la cabeza para verlo. No me levanté de mi silla ni siquiera me moví hasta que dejamos el área. No quería un viaje redondo de regreso a Preston.

Cuando llegamos a San José recordé el día que dejé la ciudad. Esa fue la última vez que vi a Phil. Isaac estuvo en Preston conmigo. Él estaba del otro lado de mi compañía, en la compañía "J". Le hablé algunas veces, tal vez muy pocas. Parecía como que no le iba muy bien en Preston. Cuando el tiempo pasó, no volví a ver a Isaac de nuevo. No sé sí fue liberado o si fue enviado a algún otro lugar de Preston.

En una de las cartas de mi hermana Tita, me dijo que mi hermano Eddie estaba siendo liberado. Eddie ya tenía un mes en casa. No podía creer que pronto estaría en mi hogar.

El autobús se estacionó en el lote de estacionamiento de

Greyhound y recogí mis pertenecias: una caja y dos maletas. Caminando dentro del edificio de Greyhound eché un vistazo alrededor para ver si mi madre estaba ahí o si había enviado a alguien más.

Ed agitó su brazo saludándome -¡Hey, Art!- y nos abrazamos.

-¿Eddie cuando saliste?- le pregunté.

-Hace más o menos un mes- dijo.

-¿Cómo está mamá?- le pregunté cuando salíamos por las puertas de enfrente de la estación de autobuses.

-Ella está bien.- Caminamos hasta el auto que Eddie había traído para recogerme. -Hey, esto es agradable. ¿De quien es?

-Mío- respondió Eddie. Era un Chevy Impala de 1960, bajado hasta tocar el suelo y con rines cromados, era gris y con franjas rojas. Pintarles franjas a los autos, era la última moda en esos días. ¿Como podía Eddie comprar este auto, si apenas tenía un mes de libertad? Me dijo que había encontrado un trabajo inmediatamente y mi madre lo había avalado para comprar el auto. Conforme Eddie manejaba, le pregunté como estaban las cosas en casa. -Las cosas bien. Mamá tiene un novio y parece ser agradable.

Llegando a la casa sobre Emory Street el auto se detuvo en la esquina. Yo salí y me detuve enfrente de la casa, haciendo reminiscencias. Esta era la casa en la que mis abuelos vivían. Recuerdo cuando éramos niños y cuando llegábamos de visita. Tía Maryann y Tía Connie venían corriendo a saludarnos. Esos fueron tiempos muy agradables. Más tarde cuando habían pasado algunos años y mi padre y mi madre compraron la casa, Eddie y yo ibamos ahí para arrancar la maleza y para ayudar a nuestro padre mientras arreglaba algunas cosas, trabajos que los arrendadores se suponía que harían. -¡Esos no fueron días buenos!- pensé. Era duro trabajar con mi padre.

Nunca viví en Emory Street antes de esto. Mi madre se mudó ahí cerca de un año antes que yo regresara, porque ella estaba teniendo algunas dificultades con llamadas telefónicas amenazantes. Ella estaba preocupada pensando hasta donde podían llegar esas llamadas y se mudó a su otra casa en Emory. Ahora ella no tenía que preocuparse. ¡Eddie y yo estabamos en casa!

Entré a la casa. La primera cosa que noté, fue la pequeña sala. -¿Cómo puede la gente vivir en un pequeño lugar como éste?- me pregunté; realmente no era tan pequeño; era sólo que en Preston todas las cosas eran enormes. Aquí, nuestra sala parecía tan pequeña como una caja de cerillos. De hecho, todas las cosas me parecían pequeñas a mí ese día, aún el baño. En la cocina, cuando nos sentamos a comer, los utensilios me parecían demasiado pequeños para usarlos. En Preston y Perkins todas las cosas eran extra grandes.

Tan pronto como entré a la casa, mi familia me dio la bienvenida por mi regreso dándome abrazos y besos, todos estaban felices de verme. Había muchas cosas que yo quería hacer. -A su tiempo- pensé. -A su tiempo.

Mis amigos Art y Dennis vinieron a verme esa tarde. Me dijeron que me llevarían a dar la vuelta para divertirnos juntos. Alice mi ex novia tambien vino a verme. Ella ya tenía otro novio con quien se había casado, pero fue muy agradable que viniera de todos modos.

La casa en Emory Street, fue construida por los años cuarentas, a tres casas de Coleman Street entre Hedding y Taylor Street. Estaba exactamente enfrente de una compañía llamada "Master Metal Product", un gran edificio plateado.

Mis abuelos vivieron en esta casa años antes. Cuando éramos niños, la casa tenía un garage. Cuando visitabamos a mi abuela, mis tíos y mis tías hacían fiesta en el garage. Acostumbrábamos mirar furtivamente; parecía como "American Band Stand", un espectáculo de los años cincuenta y sesenta. Todo mundo estaba bailando. Cuando salimos de prisión, mi madre les permitió a mis abuelos vivir en el garage. Fue arreglado como un pequeño apartamento con una recámara, la cual también servía como sala y como cocina. No había baño; ellos tenían que ir adentro de la casa para usar los servicios. Más tarde, cuando mis abuelos se mudaron, Eddie y yo nos mudamos a la casa de atrás. Desde este punto no le llamabamos el garage; era la casa de atrás.

Durante el tiempo que estuvimos encerrados, las cosas realmente habían cambiado. Los días de los "Hippies" estaban en su apogeo. Todo era flores para los niños y amor libre. Algunos de nuestros amigos ya no eran los mismos. Eran hippies con cabello largo barbas y cintas amarradas en la cabeza. Algunas veces usaban camisas que parecían camisones de dormir.

Durante la primera semana después de mi liberación, empecé a buscar un trabajo. También tenía que checar con mi oficial de palabra. Al principio se suponía que debería verlo cada semana. Me hice el propósito formal de que no iba a ser atrapado por hacer algo malo y ser devuelto a prisión. Sin embargo yo no estaba planeando mantenerme al margen de los problemas; yo estaba planeando no ser atrapado por hacer cosas malas. En esto había una gran diferencia.

Después de los primeros días que estuve en casa ya sabíamos

Eddie y yo que ibamos a tener problemas. Sentía que no le caía bien al novio de mi madre (el individuo que vivía con nosotros) y yo no estaba muy seguro de mis sentimientos hacía él. Mi pequeño hermano Victor se sentía a gusto con él. Tita no tan bien, pero de todos modos lo aceptaba.

Una noche Eddie estaba en su trabajo (lijando partes en la tienda de cromo platino). Yo estaba en casa, en mi cuarto, cuando escuché a mi madre y a Bob discutiendo en la cocina. Me levanté para ver lo que estaba pasando. Bob estaba un poco borracho y le estaba gritando a mi madre.

-HEY, HOMBRE, ¿Qué crees que estas haciendo gritándole a mi madre?

Él miró volteó hacia donde yo estaba y dijo, al mismo tiempo que movía su mano -aléjate muchacho. Regresa a la cama. ¡Este no es ninguno de tus negocios!- volteó a ver a mi madre y volvió a gritarle, acercándose a ella.

Conforme los segundos pasaban, me enojaba más. Este sí era mi negocio.

Entonces le grité -¡Hey hombre mejor te callas; o te voy a noquear!

Bob apuntó a mi pecho y exclamó algo. No le oí. Estaba listo para darle mi primer golpe. Sabía que me estaba metiendo en dificultades porque Bob era un hombre formal y yo era un jovencito. Justo en ese momento, Eddie entró. Cuando cerraba la puerta detrás de él, vio lo que estaba pasando.

-¿Qué está pasando?

-Ese individuo está haciéndole pasar un mal rato a mamá, hombre; ¡Y yo voy a noquearlo!- al mismo tiempo, Bob estaba gritando algo, y mi madre le estaba gritando a Bob. Era dificil escuchar a todos al mismo tiempo.

-¡Art permanece callado! ¡Mamá, Bob cálmense! ¡Silencio!- gritó Eddie.

-Yo comencé a gritarle algo a Bob de nuevo; Bob también me gritaba- Eddie demandó -¡Art, espera, escucha! ¡Bob, si quieres hablar con mi madre eso está bien pero no le digas malas palabras!

Bob miró a mi madre y dijo -Tú esto y tú lo otro y eres una-. Los ojos de Eddie se juntaron con los míos y ambos soltamos al mismo tiempo golpe tras golpe sobre Bob. Bob no sabía qué lo había golpeado. Conforme lo golpeabamos, retrocedió a la puerta de enfrente . Abrimos la puerta y lo pateamos para sacarlo. El hombre rodó hacia fuera, en el porche de enfrente de la casa. Pensé que había tenido suficiente, cerré la puerta y lo dejé tirado en el porche.

Mi madre estaba enojada. Eddie también estaba enojado, ya que él había estado viviendo con Bob por más de un mes. ¿Y yo? Bueno, yo me sentía bien. Pensé que habíamos cumplido con nuestro deber.

Echábamos miradas a la ventana de enfrente a menudo para ver si podíamos observar lo que Bob estaba haciendo. No estaba por ahí. Pero sabíamos que no se había marchado porque su Chevy Corvair estaba todavía enfrente. En un momento, mientras miraba afuera de nuevo, creí escuchar algo. Estaba seguro que era Bob.

¡Hombre, este tipo no aprendía rápido sus lecciones!

Esta vez traía una especie de herramienta en sus manos, algo como un gran zapapico para cavar agujeros. Esta era la causa que lo había demorado. Estuvo buscando en la calle algunas cosas para combatirnos. El zapapico no le ayudó mucho. Abrí la puerta y corrí hacia él, golpeándolo antes de que pudiera tirar un 'swing' (tipo de golpe). Eddie llegó inmediatamente detrás de mí, swinging (golpeándolo)

Bob no estaba muy lastimado. Al siguiente día tenía los ojos morados y estaba todo mallugado. Pienso que lo que le dolía más, era su ego, porque dos muchachos lo habían derrotado. Después de ese día, fue muy cuidadoso y callado. Nunca más le dijo a mi madre malas palabras cerca de nosotros, y fue muy cuidadoso de no argumentar ruidosamente con ella. Continuó viviendo en la casa por un tiempo.

Desde el día que fui liberado de Preston, tuve muchas fiestas. Al principio era los fines de semana solamente; pero conforme el tiempo pasaba, fue todos los días de la semana. No mucho tiempo después que salí de la cárcel, Art y Dennis me preguntaron si quería ir a festejar con ellos.

-Seguro que sí.

Vinieron a recogerme a mi casa. -Hey, ¿A dónde vamos?- pregunté

-Es muy temprano todavía, así que daremos unas vueltas por ahí mientras. Más tarde buscaremos una fiesta y recogeremos algunas muchachas- dijo Art.

Regresamos al lado este del pueblo. Nos detuvimos en la taquería de Tico, sobre Alum Rock Avenue, sobre el freeway 101. En esos días, en los tacos de Tico, una muchacha venía hasta tu auto, tomaba tu orden, luego traía tu comida hasta el auto y colgaba una charola en la ventana.

Estuvimos en los "Tacos de Tico" un rato, donde les conté algunas historias acerca de Preston. Después de un rato, nos fuimos y paramos en la casa de Dennis; él tenía que recoger algo. Cuando dejamos la casa de Dennis, nos detuvimos a comprar una caja de cervezas. Dennis iba en el asiento del chofer, Art en el asiento de un lado, y yo en el asiento de atrás. En la tienda, traté de pagar las cervezas. Art dijo que regresara mi dinero a mi bolsillo porque ellos invitaban. Anduvimos dando vueltas por el lado este, ya que era muy temprano para ir a buscar una fiesta.

Fuimos a una estación de gasolina a conseguir algo de combustible para el auto de Dennis. Cuando terminamos de ponerle gasolina, subimos al auto y nos acercamos a una cabina telefónica. Al principio creí que iban a hacer una llamada. Art se apeó fuera del auto y caminó hasta la caseta. No podía discernir lo que estaba haciendo, pero no estaba llamando a nadie. Se dio la vuelta y regresó al auto con una sonrisa.

Algo pasaba con él. Yo reconocería esa sonrisa en cualquier parte; era la que esbozaba cuando hacíamos cosas que supuestamente no debíamos hacer cuando éramos más jóvenes. Era la misma sonrisa que mostraba cuando nos embarcábamos en una aventura.

-¡Lo conseguí!- dijo Art, cuando se subía al auto.

-¿Qué conseguiste?

Tenía la falda de su camisa levantada y llena de monedas que había tomado de la alcancía de la cabina telefónica.

-¡Qué diantres!- dije -¿Cómo conseguiste todo ese dinero? ¿Qué hiciste? ¿Rompiste la alcancía del teléfono?

-No- dijo Art -Lo que hice fue cortar estos pequeños plásticos del tamaño de la ranura que está donde caen las monedas. Venimos aquí hace un par de días y las ensartamos en la ranura. Todos los que usan el teléfono no reciben su cambio. ¡Nosotros lo recibimos!

Recogió un delgado y largo alambre y me lo mostró. Cuando regresamos, apoyamos con esto en la ranura y empujamos el plástico que ha quedado sosteniendo la monedas en la alcancía del teléfono. -¡Es como ganar en una máquina de apuestas, hombre! No te preocupes, esto lo dividiremos contigo.

Pensé en eso un segundo, luego tomé un poco de cerveza, después de tragarla le dije -No quiero nada de ese dinero, Art. No quiero regresar a la cárcel. Hey, hombre. Si ustedes quieren irrumpir en las alcancías de los teléfonos y conseguir algo de dinero, adelante. Yo estoy feliz aquí con mi cerveza. Podemos ir a una fiesta más tarde.

-¿Estás seguro? Porque aquí hay suficiente para todos- dijo

Dennis.

-Sí. Estoy seguro. Quiero permanecer limpio al menos por un tiempo. Estoy en 'libertad bajo palabra', hombre. Si me contamino con una pequeña cosa, lo que conseguiré será que me regresen a la cárcel.- lo dije sonando mis dedos -Hey, si mi oficial de palabra me ve aquí tomando cerveza, ¡Podría mandarme de regreso a la cárcel ahora mismo!

Nos detuvimos en tres o cuatro cabinas telefónicas. Para este momento, ellos ya tenían una bolsa llena de monedas. Les dije que podían comprar algo más de cerveza.

Nos dirigimos a una tienda por la Calle Treinta y dos y Alum Rock. Art y Dennis salieron del auto y entraron a la tienda para comprar la cerveza. Cuando salieron, caminaron hacia otra cabina telefónica. Estos tipos habían arreglado todas las cabinas telefónicas del lugar. Vi las manos de Art moverse cerca del aparato de teléfono para cachar el dinero que salía como si saliera de una máquina tragamonedas de apuestas. Cuando Art se dio la vuelta, vi la falda de su camisa levantada con todas las monedas. Era duro de creer la cantidad de monedas que la gente pone en el teléfono en uno o dos días.

Entraron al auto. Art me miró y me preguntó -¿Estás seguro que no quieres algo de dinero? Hay mucho para cada uno.

-Como te dije, Art, estoy feliz con mi cerveza. Si ustedes quieren hacer sus cosas con las alcancías de los teléfonos, adelante.

Pusimos la cerveza en el piso de atrás, junto a mis pies. Cuando salimos de una vía ligera y dimos una vuelta en una calle residencial un auto de la policía pasó cerca de nosotros, moviéndose en la dirección opuesta. Art y Dennis voltearon para ver si se había percatado de nosotros. Eso es la peor cosa que puedes hacer, voltear a ver a un policía. Giré la cabeza y vi las luces del freno del auto que se iluminaron.

-¡Oh, no!- dijo Art. Dennis dio otra vuelta a la derecha y hundió el acelerador. Su Chevy Impala de 1964 se movía rápido. Dimos otra vuelta a la derecha y luego a la izquierda sobre la Avenida Alum Rock. Dennis miró en su espejo retrovisor.

-Ni señas del policía- dijo Dennis. Nos movimos rápidamente sobre la calle y nos colocamos en el carril para dar vuelta y entrar a la autopista. Dennis hundió el pie en el acelerador; puso el pedal hasta el piso. La máquina realmente nos llevaba rápido. Conseguimos alejarnos de los policías. Pasamos la salida de McKee y todavía nos movíamos a gran velocidad. De repente el auto se iluminó de luces rojas. Inmediatamente oímos las sirenas acercándose. Había un auto de la policía detrás de nosotros y otro a un lado. Cuando estábamos reduciendo la velocidad, Art me dijo que escondiera el dinero, el alambre y los plásticos debajo del asiento de atrás. Justo cuando nos deteníamos, terminé de esconderlos.

Un policía corrió hasta nosotros. El otro policía se estacionó enfrente, saltó de su auto, y también corrió; éste abrió mi puerta y dijo -¡AFUERA!- No había pasado ni la mitad de un segundo -¡DIJE AFUERA!- gritó de nuevo.

-¡O.K., O.K., ya estoy saliendo! ¿Cuál es el gran negocio?- pregunté, asombrándome de que estuvieran tan nerviosos.

Cuando tenía a Art y a Dennis afuera, el policía preguntó -O.K., ¿De qué están huyendo?- Mantenía a Art y a Dennis contra el auto con una mano y con la otra los registraba. Cuando el policía comenzó a registrarme, el otro terminó de registrar a mis amigos. Se metió a la parte de atrás del auto. Desde donde yo estaba parado cerca del auto, lo vi hurgar debajo del asiento.

Recogió el alambre, y el plástico y dijo -¡Lo encontré!- Sonaba como si ya supiera lo que estaba buscando. Colocó el alambre y el plástico en el toldo del auto. -¿Qué es esto?- preguntó. Yo realmente no pensaba que él supiera lo que era. Yo estaba seguro que no lo sabía. -Posesión de instrumentos de robo con escalamiento- (burglary)- declaró, cuando dejaba caer la bolsa de monedas sobre el toldo del auto. -¡Muchachos, están bajo arresto por 'robo con escalamiento'!

Yo no quería esto. No quería regresar a la cárcel. El policía me empujó a la parte de atrás del auto para alejarme de Art y Dennis. Miré a mis amigos. En ambas caras había una expresión muy triste cuando se dieron cuenta que el policía me llevaba en otra dirección, lejos de donde ellos estaban.

De camino a la estación de policía, le dije al oficial que yo no tenía nada que ver con el caso de 'asalto con escalamiento'. Yo estaba bebiendo cerveza y eso era todo.

-Nosotros sabemos que tú eres parte de esto. Estábamos esperándote a que regresaras por el dinero. Te vimos la otra noche, pero te escapaste- dijo el policía.

-Usted no me vió la otra noche porque no estaba aquí. Realmente no sé de que está usted hablando- le dije tristemente. Yo no quería regresar a la cárcel.

Llegamos a la estación de policía. Era lo mismo como la última vez que había estado ahí. La misma sala de recepción donde Art, el

Redhead, dijo -En el lugar equivocado, en el tiempo equivocado-. Caminamos por el mismo pasillo a los mismos cuartos pequeños. Caminando hacia los cuartos, moví la cabeza con agitación. No podía creerlo. No podía creer que regresaba al mismo lugar de nuevo. No quería que esto pasara nunca. Realmente no lo quería.

Una vez que estábamos en el cuarto, el policía entró y quería saber que había pasado. Repetí mi historia de nuevo.

-Si mis amigos estaban robando las alcancías del teléfono. Yo no lo sabía.

El policía se sentó en la mesa, cerca de donde yo estaba sentado y dijo- Si no sabías, ¿Qué piensas que hacían cuando ellos se detenían en las casetas telefónicas?

Miré al policía como si me estuviera concentrando y tratara de recordar. Repliqué: -Pensé que ellos estaban llamando a algunas muchachas para salir en la noche. No sabía nada acerca de las alcancías del teléfono.

-¿Y qué de la bolsa de monedas? ¿De dónde crees que vino?- preguntó.

-Creí que ya la traían con ellos desde antes. Si ellos lo estaban agarrando le aseguro que yo no lo sabía- le respondí de nuevo. El policía me pidió que le enseñara mi cartera. La saqué de mi bolsillo de atrás y se la di. El policía hurgó dentro de ella y repentinamente se detuvo.

Sus ojos se movieron y su mirada se posó en mí. Sacó de mi cartera la tarjeta de mi 'oficial de palabra' y me preguntó -¿Por qué fuiste encerrado?-Pensé que tal vez al ver mi nombre en su lista, se habían dado cuenta que había estado encerrado en el pasado.

-Asesinato, quiero decir asalto con arma mortal.

Entonces, él se levantó, caminó hasta el frente de la mesa, se detuvo, puso un pie en la silla y dijo -Si nos dices lo que realmente sucedió, le pasaremos un buen reporte a tu 'oficial de palabra' y le diremos que cooperaste con nosotros. ¿Cómo te suena eso?

Bajé la cabeza y la sostuve con las manos abiertas, tomando una profunda inspiración.

-Ya la dije hombre. ¡Ya le dije todo! Deme un descanso. ¡Si le digo algo más, estaría mintiendo!

Sacó su pie de la silla, caminó hacia la puerta, y la abrió. -¡O.K., si tú así lo quieres!

Cuando dejó el cuarto, todo quedó en silencio, muy silencioso. Podía oir un murmullo de alguna parte. No provenía del pasillo; se oía lejano. Estuve en el cuarto cerca de cuarenta y cinco minutos antes de que regresara el primer policía con otro oficial. Ahora jugaban al mal policía, y al bueno. Uno quería ser mi amigo y ayudarme y el otro quería refundirme de por vida.

Entonces recordé, pensando en el pasado, una escena: -¿Enviaron a estos tipos a la escuela para aprender la rutina del buen policía y la del mal policía? Lo hacen muy bien. Puro teatro.

Llegamos a las 7 p.m., y me mantuvieron ahí hasta cerca de las 2 a.m.

Una y otra vez, las preguntas y las respuestas eran las mismas.

-¡Tú sabías!

-¡Yo no sabía!

-¡Sí, sí sabías!

-¡No, de seguro que no!

-Nosostros sabemos porque Art y Dennis nos dijeron.

-¡No sé qué les dijeron a ustedes, pero yo no sabía!

Salieron del salón, uno de ellos regresó y me dijo -¡O.K.; Arthur, te vas a prisión!

Me colocó unas esposas, me metió a un auto, y subidos en el auto de la policía, le dimos vuelta al edificio hasta la entrada de la prisión; el mismo lugar donde había dejado a Isaac y a Phil. Fui registrado en el libro y colocado en una celda de espera. Una vez que el registro fue completado, fui llevado por las escaleras al otro piso. Odiaba el olor de ese lugar. Era una revoltura de esencia de pino, de la que usan para limpiar los pisos y olores de cuerpos sudorosos en movimiento.

Todas las cosas lucían del mismo modo como cuando yo las dejé casi tres años antes; aún la gente lucía igual. Una vez que estuvimos arriba, nos encaminamos a un pasillo donde aparecieron grandes puertas de barrotes. Las cosas comenzaban a parecerme familiares. No podía ser. ¡No de nuevo! ¡Mini Row! (¡La pequeña crujía!). Cuando pasamos por la gran puerta de barrotes, miré adentro de la gran celda donde Phil, Isaac y yo pasamos mucho tiempo juntos. Había dos prisioneros durmiendo, cubiertos completamente con sus sábanas. Más adelante llegamos a las celdas pequeñas, el sheriff abrió una y me dijo- Esta es tu celda.

Cuando entré, no lo podía creer. ¡Aquí de nuevo! Miré hacia arriba, al techo, ¿Qué era eso que estaba viendo grabado arriba? "¡ART ESTUVO AQUÍ!" ¡Sentí un escalofrío que recorrió mi espalda! Me senté en la tarima de abajo, y otra vez volví a apretarme la cabeza con

181

las manos abiertas sintiéndome frustrado. No podía creer que hubiera regresado por un delito tan estúpido. Me pareció escuchar la respiración de alguien. Me levanté y miré en la otra tarima, la de arriba, y ahí vi a un tipo durmiendo y cubierto completamente con su sábana.

Me acosté en la tarima de abajo pensando como iba a extrañar a mi familia de nuevo. Apenas había llegado a casa y mi madre se sentía feliz de tener a sus dos muchachos con ella. ¿Y mi hermana? Bueno, la iba a extrañar también. Tita había sido una buena hermana los últimos años.

Capítulo Treinta

MALCRIADA DE CABELLO RIZADO

Pensaba en el tiempo en que estuve en sexto grado. Yo era muy ruin con Tita. Pensaba que era rudo, y no quería que ella caminara conmigo a la escuela. Recordaba como se daba prisa para adelantárseme en la puerta de la casa de Virginia Place y esperaba a que yo saliera.

Cuando la veía, pensaba "¡Oh no!" Y le gritaba -¡CRUZA LA CALLE! ¡NO TE JUNTES CONMIGO!- Pensaba que si caminaba conmigo, me haría lucir mal. ¡Tener que llevar a mi hermanita a la escuela! Recogía piedras y se las lanzaba.

-¡Que no camines conmigo, te dije!

Aún así trataba de seguirme, pero se mantenía como dos casas atrás. ¿Por qué la trataba así a ella cuando éramos niños? Recordé que Tita era una pequeña niña consentida. No era su culpa. Mi padre la consentía. Cuando era su cumpleaños, mi padre le preparaba una fiesta. También cuando mis padres salían a comer, ella los acompañaba. Iba con ellos porque era una niña. Víctor también iba porque era el bebé. ¿Y Eddie y yo? Bueno, 'la comida era demasiado rica para nuestra sangre'; mi padre decía eso.

Recordé que una vez estaba en el cuarto de Tita, jugando con ella. Hice algo que la hizo enojar. Mi padre estaba descansando en la sala en un sillón, mirando la TV. Tita me echó una mirada amenazante. Se levantó; y se arrimó a la puerta de la recámara, gritando -¡Papá! ¡Papá, Arthur me está pegando!- Me quedé asombrado sin creer que ella hiciera semejante cosa. Mi padre saltó del sillón y caminó hacia el cuarto.

-¡Arturo, ven aquí! ¡Qué pasa contigo que le estás pegando a tu hermana!- Mi padre sacaba su cinturón. -¡Voltéate!

-¡PAPÁ, NO LE PEGUÉ! ¡ELLA ESTÁ MINTIENDO!- Grité.

Bueno, esto no traía ningún bien. Mi padre no me creía porque yo era un niño y Tita una niña. Para mi padre las niñas eran algo especial. Llorando, me fui a mi cuarto. Tita me dijo que me anduviera con cuidado, porque podría obtener otra cuota de castigo.

-No, no voy a obtenerla- le dije.

-¡PAPÁ, ARTHUR ESTÁ PEGÁNDOME DE NUEVO!

Mi padre regresó al cuarto, y me castigó de nueva cuenta.

-¡Papá, yo no le pegué a ella! ¡Tampoco la primera vez le pegué, ella dijo que le había pegado!- Mi padre me observó como si me creyera.

-Mira, cuando yo era niño, mi madre me castigó porque mi hermana dijo que le había pegado. Ella solo lo hizo una vez porque la próxima vez que lo hizo, realmente le pegué. Después de eso solamente me acusaba cuando era verdad que le había pegado. Por lo que si realmente no le pegaste, deberías hacerlo cuando vuelva a acusarte, antes de que yo llegue al cuarto porque de todos modos vas a ser castigado.

Regresé al cuarto con Tita, y le dije que si le decía a mi padre que le había pegado, realmente le iba a pegar. No creo que me haya creído porque en un momento ella gritó- ¡PAPÁ, ARTHUR ME ESTÁ PEGANDO!- Salté sobre ella y comencé a pegarle realmente tan duro como pude. Y no me detuve hasta que mi padre entró al cuarto. Tita ahora sí estaba llorando. Fui castigado de nuevo, pero esta fue la última vez. Tita nunca me hizo esto de nuevo.

Tita era una niña bonita, su cabello se enrollaba en pequeños rizos de color negro. Cuando alguien llegaba a visitarnos, mi padre solía llamarla. Tita, salía entonces luciéndose con su vestido nuevo y sus pequeños rizos y hacía un espectáculo. Mi padre ponía un disco de música que le gustaba a Tita, y ella bailaba para todos. Cuando lo había hecho, se inclinaba haciendo una reverencia; y todo mundo le aplaudía. Ella era una pequeña y consentida niña.

Ahí estaba yo pensando en mi familia y que quizás sería encerrado de nuevo. Realmente iba a extrañarlos. Dormía en intervalos de sueño y vigilia.

◆ ◆ ◆

-¡RODRIGUEZ! ¡A LA REJA!- Salté de la litera y me puse los

pantalones. Me llevarían a algún lado. Hombre, me preguntaba a dónde. Miré al tipo que estaba en la parte alta de la litera; todavía estaba durmiendo. Aún no había hablado con él. La puerta hizo un ruido, como un ruido metálico, como hacen las puertas automáticas cuando destraban su cerradura. Eran como las 6:30 a.m. Parecía como si hubiera aclarado afuera.

Caminé hasta la recepción. Todos los que estaban en las celdas estaban durmiendo aún. Me preguntaba si me estaban cambiando de cuarto o ¿Qué? Cuando llegué al final de la recepción, el sheriff estaba esperándome. Se dio la vuelta y me indicó que lo siguiera. Me llevó a uno de los cuartos pequeños donde una vez hablé con mi abogado. Adentro estaba sentado un detective con algunos papeles en frente de él. Me examinó con la vista cuando entraba al cuarto.

-Arthur, ¿Cómo estás esta mañana?

-Estoy bien. Apenas estoy despertándome.

-Antes de todo me gustaría saber ¿Tienes algo nuevo qué decirme?

Asombrándome por qué él había venido tan temprano a hacerme ése tipo de pregunta, le dije -Realmente no, sólo es la misma cosa que dije anoche.

El hombre me miró con una mirada amigable, entonces dijo -Bien, los oficiales que te arrestaron anoche querían que durmieras aquí. En su reporte dijeron que los otros dos muchachos confirmaron tu historia. Por lo que el detective quiere liberarte esta mañana.- Estaba feliz. ¡No podía creerlo! ¡No iba a ser enviado de regreso a la cárcel!

El detective continuó -Mantén a tu 'oficial de palabra' al margen de esto; no le digas nada porque nosotros no vamos a notificárselo. Tus dos amigos nos dijeron lo que pasó.- Se levantó de su silla. Yo también me levanté y estreché su mano, agradeciéndole por el alivio. También le pedí que agradeciera de mi parte a los otros policías por liberarme. Antes de que me fuera, me dijo que me mantuviera alejado de los problemas. Me dije a mí mismo "Eso es algo muy difícil que yo pueda hacer."

No mucho después de que estuve a punto de ser enviado de nuevo a la cárcel por lo de las alcancías telefónicas, compré mi primer auto. Mi madre trató de firmar como aval como lo había hecho con Eddie, pero su crédito se había excedido. Yo necesitaba un auto desesperadamente en orden de que también necesitaba un trabajo y poder moverme de un lado a otro. Mi tío favorito Frank vino a mi rescate. Me dijo que él podía prestarme algo de efectivo para comprar el auto. Con este dinero compre un Pontiac de 1959.

Mi tío Frank me dijo que no me preocupara acerca del dinero. Él me dijo que podía pagarle su dinero cuando pudiera más adelante.

Cuando fui liberado de Preston, comencé a buscar un empleo inmediatamente. Me despertaba, desayunaba y salía todo el día a buscar mi trabajo. Fui a un área industrial, comenzando en una esquina, y me iba de puerta en puerta llenando solicitudes de trabajo. Una mañana me levanté de la cama, miré por la ventana para avizorar que tipo de día sería, y noté una Empresa que estaba al cruzar la calle. Había estado ahí junto, pero nunca lo había visto como un lugar para pedir trabajo. Era Master Metal Products (Productos Maestros de Metal). La Compañía tenía mucha gente esperando en la puerta de enfrente para entrar a trabajar. Una vez que me vestí, caminé hacia el edificion y llené una aplicación. El encargado quizo entrevistarme de inmediato.Después de la entrevista me dijo: -Tienes trabajo, puedes empezar mañana-. Los trabajadores de Master Metal Products se reían de mi. En las mañanas mi madre me decía que sacára el auto de la cochera y que lo pusiera en la calle. Ella no quería que yo bloqueara la vía libre con mi auto mientras estaba trabajando del otro lado de la calle. Por lo que yo tenía que sacarlo de la vía de acceso antes de que me fuera a trabajar. En la mañana todos los tipos del otro lado de la calle esperaban enfrente del edificio hasta que el encargado abría la puerta. Cuando estaban ahí, me miraban caminar fuera de la casa y encender mi auto. Permitía que se calentara antes de moverlo, lo retrocedía sacándolo de la vía libre, y lo estacionaba enfrente de la casa o del otro lado de la calle donde todos estos tipos esperaban. Me bajaba del auto, lo cerraba con llave, y caminaba hasta donde estaban ellos.

-¿Por qué haces eso, Art? ¿Por qué manejas al trabajo?

-Hey, hombre, Si yo no manejo hasta el trabajo como todos los demás, no me sentiría bien- Los bromeaba. Yo hacía esto todas las mañanas, y ellos pensaban que yo estaba loco.

Vivir del otro lado de la calle de mi lugar de empleo tenía sus ventajas y sus desventajas. Era difícil reportarme enfermo cuando realmente no estaba enfermo. A veces yo tenía otras cosas que hacer, como andar de paseo con mis amigos.

Tenía que planear cómo y qué un día antes. Estacionaba mi auto del otro lado de la esquina la noche antes de que me reportara enfermo. Si no estacionaba el auto ahí, los jefes podrían verme alejándome en el auto y saber que no estaba realmente enfermo. La mañana siguiente cuando llamaba, hacía que en mi voz se notara que estaba muy enfermo; colgaba el teléfono, salía por la parte de atrás, y saltaba la cerca. Sin duda el encargado debió preocuparse por mí porque vino a ver como estaba. Dejó su tarjeta de presentación debajo de la puerta, porque el tipo enfermo estaba tan enfermo que no podía salir de la cama. Eso es lo que le dije a él al siguiente día -Estaba demasiado enfermo para venir a la puerta.

Un día, un poco después de que había conseguido mi trabajo, el pintor estaba entrenándome para ser pintor de lámina metálica. Trabajé realmente duro mis primeros dos meses. El día más duro era el lunes, porque yo celebraba desde el viernes hasta muy tarde del domingo y venía al trabajo con una gran 'resaca'(cruda).

Un día que regresé a casa de trabajar, mi madre nos dijo que mi padre había llamado de LA (Los Angeles) y quería que fuéramos sus cuatro hijos a verlo. Yo no sabía si debíamos ir porque no habíamos visto a mi padre durante mucho tiempo. Mi madre nunca habló desfavorablemente de él y nunca nos dijo que lo odiáramos. Pero la verdad es que tampoco nos hablaba favorablemente de él, tampoco. Estábamos todos ese día en casa, sentados en la sala.

Miré a Eddie y le pregunté -¿Qué piensas Eddie? ¿Deberíamos ir?

Ya que Eddie era el mayor y lo respetábamos como tal, le dejamos a él que decidiera esta vez.

-Sí, vamos- Así que eso fue lo que hicimos. Eddie, Tita, Víctor y yo nos fuimos en el Chevy de Eddie a San Gabriel, California. Mi padre estaba haciendo negocios de diferentes tipos, y se estaba quedando con un amigo rico. Yo no sabía realmente que tan rico era, pero pensé que tenía abundantes posesiones.

Tenía un chofer y un teléfono en su auto. En esos días no mucha gente tenía teléfonos en sus autos.

Nos sentamos con mi padre a platicar. Estábamos felices de vernos y queríamos estar cerca. No le culpamos a él por las experiencias que tuvimos cuando éramos niños. Estábamos relmente complacidos de que podíamos verlo y de saber que él estaba mejor. Mi padre no había cambiado desde que lo vi en Preston, hablando de todo el dinero que estaba haciendo y alabándose a sí mismo y de como daban vueltas sus negocios.

Al hacer este viaje para ver a mi padre, se abrió una vía para acercarnos a él, lo cual nunca fue posible hacer cuando estábamos creciendo. Antes de partir de regreso, todos fuimos con él a la acera de enfrente de la casa de su amigo y nos tomamos una fotografía.

Un día después del trabajo en Master Metal Productos, me encaminé a la casa cruzando la calle. Cuando llegué a la 'casita de atrás' (la que había sido garage), noté la puerta abierta un poquito. Un tipo estaba sentado en el cuarto hablándole a Eddie. Cuando entré, vi quien era, Pensé -Hombre, ¿Qué está haciendo este tipo aquí?

Richard Parra se levantó y dijo -Hey hombre, ¿Cómo la estás pasando? No extendió su mano para saludarme, porque no sabía como iba yo a reaccionar. Pensé acerca de la última vez que vi a Richard. No fue un pensamiento muy agradable.

Capítulo Treinta y Uno

LA VÍA DE LOS ENAMORADOS

No mucho antes de que fuéramos enviados a prisión, andábamos paseando por el pueblo. Yo estaba en un auto con Eddie y otros amigos. Nuestros amigos venían siguiéndonos en un segundo auto. En un tercer auto iban Richard, Rudy y otros. Richard y Rudy me caían mal y yo no les caía bien a ellos. Los veía a menudo en Overfelt High School (Preparatoria Overfelt). Ellos pensaban que eran rudos y yo pensaba que también era rudo; cuando nos encontrábamos nos echábamos duras miradas. Richard salía con mi hermano y sus amigos de repente pero no muy seguido, sabíamos que algún día íbamos a liarnos a golpes.

El otro auto se aproximó a nosotros y uno de los tipos dijo -¡Hey, hombre. Rudy quiere pelear con Art!- Le dije al conductor que se detuviera inmediatamente. Yo estaba listo y no quería esperar.

-Hey, hombre detente. ¡Voy a atrapar a ése tonto inmediatamente!- exclamé levantándome de mi asiento y alzando los brazos como si quisiera colocarme encima de todos. Quería bajarme del auto. Eddie me dijo que me enfriara.

El dijo -¡Cálmate Art. Tú puedes pelear después con él, hombre!- Cuando el auto de ellos pasó cerca de nosotros de nuevo vi a Rudy alardeando y tratando de colocarse encima de todos en su auto. Él quería pelear conmigo ahí en la calle. Vi a Richard tratando de mantenerlo atrás.

En un ratito, alguien dijo -Hey, vamos a agarrarlos en Lover's Lane (la vía de los enamorados). Lover's Lane era una agradable y silenciosa calle con una gran área de estacionamiento. En esos días, era un lugar para llevar a tu novia a platicar y a besarla. Era parte del parque Williams Street. La actual Lover's Lane estaba sobre la calle dieciséis cercana al parque que empezaba en Williams.

Eddie continuó -No habrá nadie ahí ahora; es un poco tarde. Ellos pueden pelear todo lo que quieran.

-Hey hombre, estoy listo. ¡Vámonos!- dije, quemándome por dentro y listo para pelear.

Nos movimos cerca de los otros autos para que caminaran junto a nosotros. Cuando estaban a un lado de nosotros, uno de los individuos dijo a los del otro carro -A Lover's Lane, hombre. Ellos pueden pelear ahí-. Para esta hora ya era tarde y todas las fiestas habían terminado. No habría nadie en Lover's Lane.

Ibamos de camino a Lover's Lane, ¡Pero esto no era para mostrarnos cariño! Realmente yo no sabía que tan buen peleador era Rudy, pero sabía que en la escuela se comportaba rudo. Realmente yo quería pelear con Richard porque había oido que el éra un buen peleador y a mí me gustaban los retos. Esta pelea íba a ser solo entre Rudy y yo porque todos los individuos que iban en los autos eran nuestros amigos. Algunas veces, aun entre amigos nos peleábamos. La diferencia era que al siguiente día éramos amigos de nuevo.

Cuando llegamos a la Vía de los Enamorados, estaba yo listo para averiguar que tipo de peleador era Rudy. Estacionamos los autos y caminos silenciosamente dentro del parque; no queríamos despertar a la gente en las casas del vecindario. Realmente no era que nos importaran ellos, era porque no queríamos que llamaran a la policía. Todos caminamos bajo los grandes árboles y estábamos listos. Rudy tiró su primer swing (tipo de golpe) y erró. Era mi turno.

-Este tipo no puede pelear- pensé cuando comenzamos a tirarnos golpes. Cuando la pelea terminó, había derrotado a Rudy muy fácilmente. Tenía los ojos morados al otro día.

De acuerdo con todos los presentes yo había sido el unánime ganador.

Dejamos el parque. Richard estaba realmente enojado porque yo había derrotado a su buen amigo.

-¡Hey, Art, esto va a ser entre tú y yo la próxima vez!- dijo.

-Estoy listo ahora mismo, hombre- dije enojado caminando hacia Richard.

Eddie jaló mi brazo. -Calmate Art. Ahora no. ¡Si quieres pelear con Richard, espera para otra ocasión!- Yo estaba cansado y manchado con la sangre de Rudy, pero no me importaba. Richard era al que yo quería combatir. Conforme pasaron los siguientes días, nos enviábamos mensajes que eran como puyas incitándonos a nuestra próxima pelea en una siguiente oportunidad. Esa oportunidad nunca llegó. Nos enredamos en la "gran pelea" y fuimos enviados al encierro.

Ahora Richard estaba aquí en mi casa platicando con Eddie.

◆ ◆ ◆

-¿Cómo estás?- le pregunté a Richard, mirando a Eddie. Cuando Eddie me miró, hice un movimiento con la cabeza; el movimiento fue hacia arriba y con una pequeña inclinación a un lado, como indicándole que saliera a hablar conmigo.

Ed le dijo a Richard -Vuelvo en seguida- Él salió conmigo. Cuando íbamos dejando el cuarto, Richard se levantó y puso sus manos en sus bolsillos, como si no supiera que hacer. Afuera, Ed mostraba una mirada como si ya supiera lo que iba a decirle.

-Hey Eddie, ¿Qué es esto? ¿Por qué está este individuo aquí?- pregunté. Durante el tiempo que estuve encerrado soñaba que me hacía cargo de asuntos que había dejado sin terminar con diferentes gentes. Richard era uno de ellos.

Eddie levantó las manos con las palmas hacia arriba y dijo -¡Enfríate Art! ¡Estás enojado de algo que sucedió hace mucho tiempo! Richard no quiere pelear contigo nunca. Él está contento ahora.

Miré a Eddie con duda y me fui a la 'casa de atrás' donde platicamos con Richard unos minutos. Me sentí a disgusto y decidí ir a la casa de enfrente. Recordé que Richard vivía dando vuelta a la esquina; esto lo hacía nuestro vecino. Las cosas cambiaron y más tarde Richard y yo llegamos a ser los mejores amigos.

Vivir en la casa de atrás nos dio mucha libertad de ir y venir a placer. A mi madre no le gustaba que estuviéramos fuera muy noche. Se preocupaba mucho por nosotros pensando que podríamos terminar de nuevo en la prisión. Se quedaba esperándonos y decía que odiaba ver que saliéramos en nuestros autos ya muy tarde en la noche.

Esto tampoco disminuyó y no nos detuvimos ni por nuestra madre. Entre tratar con mi padre y con nosotros cuando íbamos creciendo, ella había experimentado una vida muy difícil.

Capítulo Treinta y Dos

VIDA NOCTURNA DE UN JOVENCITO

Mi padre estaba siempre afuera con sus amigos y probablemente con sus novias. Mi madre fue dejada sola mucho tiempo. Las cosas no iban muy bien con mis padres. Cuando las cosas no van bien con los padres, las cosas no van bien con los hijos. Mi padre seguía siendo estricto con nosotros durante el tiempo que estaba en casa. Eddie andaba con sus amigos, y yo andaba con los míos. Algunas veces andábamos juntos.

Cuando yo estaba entre los trece y los quince años, mi vida nocturna consistía en arreglar mi cama como si estuviera durmiendo, y luego me arrastraba hacia afuera por la ventana. Mi amigo Art y yo hacíamos esto para salir a emborracharnos. Disfrutábamos eso. Las 'Casas Tropicana' fueron construídas en ese tiempo, también la tienda departamental Newberrys y la tienda de ultramarinos sobre King e Story Road. Art y yo caminábamos sobre esa calle para llegar a Newberrys. El parque y la vía libre no estaban ahí, solo bardas de alambres de púas, campos y granjas de vacas lecheras.

Leímos en el periódico un día, que la Señora Prush, quien era propietaria de los terrenos detrás de nuestra casa, iba a donar su casa y su propiedad a la ciudad para que hicieran un parque infantil. Todo lo que ella pedía a cambio de la ciudad era que le pintaran su casa una vez al año por el resto de su vida. Recuerdo que los niños estábamos entusiasmados porque íbamos a tener un parque cerca de nuestra casa. Mi padre se rió y dijo -El parque no va a ser para ustedes niños; ¡Va a ser para sus hijos!

Art y yo caminábamos por King Road a Tropicana. Hablábamos acerca de lo que íbamos a hacer esa noche después de que nos emborracháramos. Caminando dentro de la tienda Tropicana, andábamos chequeando por el departamento de Alimentos. El departamento de Licores estaba cerca de los dulces. Nos acercamos a los licores baratos. Estaban siempre en el mismo lugar. Agarré una botella de whiskey, me acerqué al mostrador de caramelos y la dejé ahí. Esta era nuestra rutina regular. Solíamos caminar a través de la tienda para estar seguros que nadie nos miraba. Una vez que no había moros en la costa, regresábamos y pretendíamos que estábamos buscando caramelos. Antes de entrar a la tienda, me aflojaba el cinturón. Si nadie estaba viendo, solía meter la botella de whiskey barato entre mi cinturón y mi pantalón y me sacaba las faldas de la camisa para taparlo. Recogía algunos caramelos y los pagaba.

Una vez que regresábamos a Virginia Place, vendíamos la botella a un tipo viejo por $2.00. Con los dos dólares, íbamos a esperar cerca la tienda Pink Elephant, al final de la calle. Esperábamos afuera hasta que alguien venía hasta donde estábamos y le pedíamos ayuda. Les preguntábamos si ellos podían comprarnos algo de cerveza. Algunos hombres simplemente decían -¡Lo siento, muchacho!- Y seguían caminando. Otros levantaban su dedo, lo balanceaban y decían -¡No, no!- finalmente alguien decía -Seguro, ¿De cuál quieres?- Bebíamos la cerveza y nos emborrachábamos. No fue si no hasta que éramos un poco más grandes que nos tomábamos el whiskey, en vez de vendérselo a los vagabundos.

En la esquina de Virginia Place y King Road había un lote vacío. Un día, unos camiones trajeron una tienda de hamburguesas (burger bar). Digo que ellos la trajeron porque fue construida en otro lado. Era prefabricada. Los adolescentes hicimos de la tienda de hamburguesas nuestro lugar de reunión. Ordenábamos nuestra comida desde afuera o dentro de la hamburguesería, donde había un salón de comedor.

Permanecer ahí por un rato, era una de las alternativas. Nuestro lugar de reunión regular era en la casa de las muchachas López; pero cuando su padre estaba en casa; el 'Burger Bar' era un buen lugar.

Una vez que me deslizaba por mi ventana hacia fuera como era usual todos los días, Art y yo íbamos a conseguir nuestra botella a Tropicana como siempre lo hacíamos, robándola. Para ese tiempo ya no la vendíamos, la conservábamos. Yo me había emborrachado esa noche de tal modo que me costaba mantenerme vertical. Fuimos a la barra de hamburguesas, porque Fred, el papá de las muchachas estaba en casa.

Los muchachos que trabajaban en la barra de hamburguesas eran un poco mayores de veinte. A ellos les gustaba retenernos hasta

muy tarde ahí. En esta noche en particular no podía permanecer
bien parado, estaba muy borracho. Tenía mi botella en mi cinturón y
estaba cerca del mostrador, por la ventana donde se pedían las
órdenes del comedor platicando con un tipo que trabajaba ahí. Él me
contaba historias de su juventud, de cuando era tan joven como
nosotros.

Entonces me dijo -¡Esse, tu madre está aquí!

-¿Qué dices?

-Que tu madre está aquí- repitió en voz un poco más fuerte.

¡No podía ser mi madre! Ella estaba durmiendo en casa. Yo sabía
que ella no estaba en la tienda de hamburguesas. Este tipo estaba
jugándome una broma. Mi madre no podía dejar la casa estando mi
padre ahí. Este tipo ha de haber tenido un repentino ataque de
enfermedad. -¡Hey, esse, sería mejor que te dieras la vuelta y te fueras
porque tu madre luce muy enojada!- dijo. Esta vez no me sonó como
si estuviera bromeando.

-¡Mi madre no está aquí, esse! Ja, Ja, Ja- me reí con una voz de
borracho.

-Estás logrando que tu madre se enoje más- y el tipo me miró
azorado como si no supiera que hacer.

-¿Qué? ¿Qué quieres decir con que mi madre está aquí? Si ella
está aquí te daré un trago de mi botella- dije, dándome la vuelta y
riéndome -Ja, Ja, Ja- Dejé de reirme de inmediato.

Mi madre estaba ahí parada. Permanecía como a medio metro de
mí, vestida con un gran abrigo, con los brazos cruzados, sin decir una
palabra, mirándome, y con una expresión de enojo en su cara. Todos
los jovencitos que estaban en el área de la hamburguesería se
quedaron en silencio y observando, preguntándose qué es lo que iba
a suceder. -¡Oh-h-h, Hola, mamá!- Mi madre no respondió; solo se
quedó ahí parada observándome. Yo no sabía que decir. Estaba muy
borracho. Mi madre se había dado cuenta. Había hecho esto a
menudo y nunca había sido atrapado.

Mi madre finalmente dijo -¡Ven conmigo!- Me tomó del brazo y
me llevó, mientras todos mis amigos observaban. Sentí como si me
llevara de la oreja, jalándomela, cuando nos alejamos.

Cuando nos íbamos, me di la vuelta para dirigirme a la casa, pero
mi madre me jaló y me llevó sobre King Road. Antes de ir a casa,
teníamos que ir a la tienda, esto es lo que mi madre le había dicho a
mi padre que haría para poder dejar la casa. Ella encontró mi cama
arreglada como si durmiera en ella, al hurgar se dio cuenta que no

estaba y tenía que salir a buscarme. Cuando salimos y cuando cruzábamos la calle rumbo a la tienda, mi madre iba regañándome.

-¿Qué va hacer tu padre si encuentra tu cama vacía? ¿Por qué estás tomando? ¿Dónde conseguiste el alcohol? ¿Qué anda mal contigo?

Estaba tratando de pensar cerca de lo que ella me iba preguntando y también tratando de caminar en una línea recta al mismo tiempo. Entramos a la tienda Pink Elephant y compramos una bolsa de pan. Me olvidé de la gran botella que traía debajo de la camisa. El dependiente de la tienda conocía a mis padres desde muchos años antes. Cuando nos paramos frente al mostrador el dependiente miraba mi camisa. Él sabía que yo tenía una cosa bajo mi camisa y entonces me observaba. Pienso que él sabía que estaba borracho. Miró a mi madre. Mi madre también lo vio y le sonrió. Ella había dejado de preocuparse por mi borrachera. Ella estaba en un trance, preocupada pero pensando en mi padre y en lo que podía hacer si él se daba cuenta que yo estaba borracho.

Una vez que regresamos a casa, ella me llevó por la puerta de atrás tratando de mantenerme en silencio. Mi padre y yo habíamos estado teniendo muchos problemas, y no los habíamos resuelto. Antes de ir a la cama, llegué a sentirme muy mal, me sentía enfermo. Usualmente, yo vomitaba antes de llegar a casa, para no despertar a nadie. Mi madre estaba tratando de mantenerme en silencio, para que no despertara a mi padre.

¿Cuándo comencé a tomar? Pensando en el pasado, yo creo que cuando pasé un tiempo en el área de LA, cuando era un jovencito que quería parecerse a sus tíos.

Capítulo Treinta y Tres

LOS ANGELES

Cuando era jovencito, mis abuelos se mudaron al área de Los Angeles. Ellos vivían en los proyectos de Harbor City. Cuando yo tenía como trece años, mis abuelos se mudaron a una casa en San Pedro, California. Tía Connie, tía Maryann y su esposo, tío Fred y tío Joe, todos vivían con mis abuelos.

Durante ese tiempo, mi tía Connie no estaba casada con tío Ray. Ray era su novio, y ella estaba saliendo con él. Tía Connie era como de la edad de Eddie. Maryann era como dos años mayor que Connie, y mi tío Joe dos años mayor que Maryann. Cuando visitábamos a mis abuelos, tía Maryann le pedía a mis padres que me permitieran quedarme con ellos unas semanas más.

Maryann era una buena tía con nosotros, no obstante que tenía casi la misma edad que nosotros. Ella era cuatro años mayor que yo. Recuerdo cuando éramos niños pequeños, ella disfrutaba mordiéndonos, pero no por ser ruín. Pienso que ella podía sentir que nos amaba más, si nos mordía. No, ella no estaba loca; solamente era una amorosa tía. Este era su modo de besarnos y de abrazarnos. Mis padres me permitían quedarme más tiempo con ellos por la forma que usaba para persuadirlos. Regresaba a casa después en un autobús de la Greyhound.

Tía Maryann estaba casada con tío Alfred, quien era un individuo independiente no obstante que fuera un hombre casado. A él todavía le gustaba ir a las fiestas y tomar como si fuera un muchacho. Tío Joe era también un individuo libre, muy libre, casi sin control. En ese tiempo, él no se había casado. Tenía un apodo en las calles, le llamaban 'Güero'. Tenía la piel clara, cabello castaño claro y era uno de los Locos de Harbor City.

Cuando tenía como trece años, me quedé con mi abuela por tres semanas más después de que mis padres se fueron. En la casa de mis abuelos tenía libertad de hacer lo que se me antojara. Durante ese tiempo empecé a fumar regularmente.

Recuerdo a la tía Connie, la hermana menor de mi mamá diciéndome -Arthur, puedes fumar cuando estás aquí. A mi padre y a mi madre no les importa.

Si esto era verdad, era muy agradable que pudiera fumar sin tener que esconderme. Lo probé. Me senté en el frente del porche y fumé para ver si alguien me decía algo. Ni una palabra. Fumé mucho esos primeros días, tanto que llegué a enfermarme del estómago. Los cigarrillos Camel y los Pall Mall eran muy fuertes, tanto que me hacían vomitar.

Un día, mi tío Joe, me preguntó -Art, ¿Quieres salir conmigo? Voy a Harbor City- Harbor no estaba muy lejos, solo a unos pocos kilómetros.

-Seguro, Tío Joe- respondí.

-Si vienes conmigo, tendrás que respaldarme si hay algún problema.

Pensé que estaba bromeando, por lo que le pregunté -¿Qué tipo de problema?

-¡Vamos, ya lo verás!- Mi tío era un 'Loco' y muy bien conocido en todo el vecindario.

Iba muy divertido con mi tío Joe. Me sentía como si yo también era un tipo rudo, ya que iba sentado con él en el sillón de enfrente, dando un paseíto por Harbor City. Al dar la vuelta en la esquina aparecimos en una calle amplia que tenía movimiento todo el día, nos colocamos detrás de otro automóvil (low rider) (achaparrado).

-¡Agárrese!- exclamaba el tío Joe.

El auto de enfrente de nosotros era un auto más viejo, con la ventana de atrás tan alta que era duro mirar quien estaba dentro del auto. Noté que tío Joe hizo el cambio de velocidades hasta la primera haciendolo saltar y estremecerse sin que las llantas se movieran. Entonces soltó el clutch. Golpeamos el auto que iba enfrente, pero de forma tan suave que lo hacía para llamar su atención. Vi un grupo de cabezas asomar mirando por la ventana de atrás. El bien arreglado, y limpio 'low rider' estaba lleno de Locos. Probablemente habían cuatro cabezas, solo en el asiento de atrás. El tío Joe dijo de nuevo -¡Agárrese fuerte esta vez!

Sumió el clutch. El auto estaba todavía en primera velocidad cuando el auto de enfrente de nosotros encontró un semáforo en rojo. Nuestro auto se estremeció y se lanzó hacia delante cuando mi tío liberó el clutch.

No no habíamos detenido detrás del 'low rider' en cambio le habíamos dado un golpe. Cuando lo golpeamos, volteé y vi a mi tío. Tenía una sonrisa en su rostro como si supiera lo que harían esos tipos. Nuestro auto se detuvo y por tercera vez, mi tío liberó el clutch de nuevo. Para este momento yo ya me había dado cuenta que los tipos del otro auto no era sus amigos. ¡Golpeó el auto fuertemente! -¡Qué diantres!- pensé. ¡Quería decirle a mi tío que había muchos tipos dentro del auto, pero las cosas sucedieron demasiado rápido! Las cuatro puertas del auto de adelante se abrieron de repente. Ocho hombres que tenían tipo de los 'Locos' saltaron fuera del auto en medio de la calle. Se miraban enojados.

Sin mirar las cosas como yo las miraba pero abriendo su puerta, mi tío dijo -¡Vamos, vamos a atraparlos!

-¿Qué, escuché que ahora mismo? ¡Había oído que mi tío era un verdadero Loco en las calles, pero yo no sabía que fuera este tipo de demente!- pensé dentro de mí.

El tío Joe saltó fuera del auto y comenzó a correr hacia donde estaban los tipos. Cuando se aproximaba levantó los brazos y colocó los puños en defensa y comenzó a danzar en una postura de boxeo.

Salí del auto y pensé -¡Oh, bueno, supongo que voy a conseguir que me den una paliza el día de hoy!- Mi tío había ido al encuentro de cinco individuos cuando yo todavía estaba saliendo del auto. Él danzaba alrededor de ellos. Recuerdo que pensé -¡Hombre, mi tío realmente es rudo! ¡Quiero ser como él! ¡Seguramente les dará una buena batalla a esos tipos!- Mientras yo pensaba esto, tres individuos vinieron corriendo hasta mí. Levanté los brazos y comencé a danzar como mi tío Joe. ¡Aquí voy!

Repentinamente alguien gritó -¡Hey, Güero!- Unos muchachos que estaban por la esquina frente a una tienda de licores vinieron corriendo hacia nosotros. Al mismo tiempo unos autos que venían moviéndose en sentido opuesto, nos vieron y se detuvieron en medio de la calle. Los muchachos saltaron de sus autos para ayudar al tío Joe con la pelea ya que los muchachos en el 'low rider' que habíamos molestado eran de otro pueblo.

Ninguno de ellos me tiró un golpe a mí. ¡Salvados por los Locos de Harbor City! Aquellos Locos los del 'low rider' estaban en el pueblo equivocado. Ellos fueron golpeados y no tuvieron ni una oportunidad. Mientras ellos trataban de huír en su auto, después de haber sido golpeados, mi tío Joe todavía estaba tratando de jalar a uno de los tipos para seguirlo golpeando.

Algunos de los amigos del tío Joe, le decían -¡Orale Güero, déjalos ir; ya tuvieron suficiente! Ellos sentían preocupación por los otros. Finalmente lograron huír en su auto, y comenzamos a caminar hacia el nuestro.

Escuchamos el rugido de un motor y volteamos a ver, era un carro de la policía con sus luces destelleantes que casi volaba al dar la vuelta en la esquina. Conforme entrábamos a nuestro auto, el cual estaba en medio de la calle, el policía se colocó detrás de nosotros.

-¿Qué quiere?- preguntó el tío Joe.

El policía se apeó de su auto y preguntó a mi tío Joe -¿Qué es lo malo? ¿Qué ha pasado aquí?

El tío Joe miró al policía y sarcásticamente contestó -¿Qué le parece, hombre?- Pensé que íbamos a meternos en problemas por el modo en que mi tío le habló al policía. Pensando en ello ahora, creo que éstos policías estaban acostumbrados así. Este policía nos dejó ir ya que él no pudo ver ninguna señal del problema.

Regresé y le dije a mis otros tíos que habíamos estado en una pelea con ocho individuos. El tío Joe se rió y dijo que eso no era una pelea. Si yo quería ver una real entonces ellos me llevarían otra noche donde podrían mostrarme lo que era una pelea real.

Unas noches después, ellos trataron de encontrar alguna. Fui con ellos y trataron de empezar una pelea con unos tipos. No obstante que nada sucedió, ellos consiguieron que me emborrachara, tanto que el siguiente día me pasé toda la mañana limpiando los interiores del auto de tío Alfred. Eché toda la comida ahí porque me sentía muy enfermo. No sé porque me gustaba tanto emborracharme si al otro parecía que iba a morirme.

El tío Joe se disparó a sí mismo una bala en la cabeza pocos años después, cuando había llegado a estar muy deprimido por la vida. Más tarde tía Maryann se divorció de tío Alfred. Pocos años después de eso, el tío Alfred murió de un mal del hígado, el resultado de vivir una vida libertina. El tío Ray murió años más tarde, también de la misma enfermedad, un mal del hígado.

Mis pobres tíos, yo los amaba mucho. Vivieron vidas duras, su muerte fue dura.

Capítulo Treinta y Cuatro

Mis tíos

Cuando andaba con mis tíos Joe, Alfred y Ray, era realmente divertido. Recuerdo cuando ya era un adulto joven, después de ser liberado de la cárcel, fui a visitarlos. Ellos vivían en Wilmington en ese tiempo. Anduvimos tomando juntos y visitamos las casas de algunos de sus amigos. De regreso a casa nos detuvimos a comer en un restaurante de buena calidad, eran como las 3 a.m., el lugar estaba lleno de gente. Éramos los únicos Chicanos en todo el lugar. Mis tíos estaban todavía, un poco borrachos pero con espíritu divertido. El encargado nos encontró una mesa en medio del restaurante. Estaba lleno y el ruido que hacía todo el mundo parecía un gran estruendo. La gente reparó en nosotros y volteaban a vernos, pensé que era porque éramos los únicos Chicanos en el restaurante.

El tío Ray siempre saltaba con sus buenas ideas. Esta vez no creo que me haya preguntado porque yo estaba muy borracho. Mis otros tíos usualmente eran solidarios a las ideas o los acontecimientos siempre y cuando los divirtieran. Para este tiempo de mi vida ya me había vuelto un poco más listo.

-Hey, Joe y Alfred, veamos quien puede dar el más fuerte grito mexicano- dijo mi tío Ray, riéndose.

Volteé a ver alrededor y vi a todos los gabachos (norte americanos blancos). Que estaban bien vestidos como salidos de una noche de fiesta. Nosotros estábamos vestidos con camisas "Pendleton", mis tíos con pantalones kahki y yo con pantalones Levis.

Pensé dentro de mí -¡Oh no! Esto va a ser realmente embarazoso!

El tío Alfred dijo -No, No; Ray, ¿Quieres que nos echemos un grito mexicano con todos esos gabachos aquí?

El tío Ray, respondió -¡No! No quiero que sólo ustedes lo hagan. Yo voy a gritar con ustedes.

Yo pensé -Sí. Buena idea

-Hey, Ray, ¿Por qué no gritas tú primero? Si creemos que es un buen grito mexicano, entonces luego nosotros también gritamos- dijo mi tío Joe.

Pensé -Buena idea

El tío Ray no se daba por vencido fácilmente. -Vamos muchachos. ¿No me van decir que tienen miedo por todos estos gabachos? ¿Tienen miedo? Yo voy a gritar con ustedes y yo no tengo miedo. Vamos. Todos al mismo tiempo ¿O.K.?- Eso dijo. Mis tíos tenían que probar ahora que no tenían miedo.

-O.K.,- dijo tío Joe -Lo vamos a hacer todos juntos. Tú también Art.

-Hey, hombre, déjenme fuera de esto. Yo no me voy a echar un grito mexicano. De todas maneras no sé como- dije.

-O.K., O.K. Ustedes.- Replicó tío Ray -Voy a contar hasta tres y gritamos todos juntos. ¿Listos? Miré al tío Alfred y a mi tío Joe. Tenían una mirada de anticipación en sus rostros, esperando que Ray comenzara a contar.

-O.K, ¡Uno! -Ray comenzó a contar, haciendo una pausa entre números. El tío Ray estaba muy divertido con esto; él estaba riéndose de una manera tonta, y siempre lo hacía cuando se divertía. -¡Dos!- El tío Joe y el tío Alfred abrieron la boca un poquito, listos para echarse su grito mexicano tan fuerte como pudieran. -¡Todos juntos! ¡AHORA! ¡TRES!

-¡AYYY, AYYYYY, AYYYYY!

El tío Ray no gritó. Él tomó una respiración profunda y abrió la boca como si se preparara a gritar, pero no lo hizo. Mis otros dos tíos no se dieron cuenta, hasta que era demasiado tarde. El tío Ray los había entrampado.

Recuerdo esa noche, porque fue una de las más embarazosas de toda mi vida. ¡Y una de las más divertidas!

Había mucho ruido antes del grito ahora hasta podías escuchar tus pensamientos. Inmediatamente después del grito los doscientos o más individuos del gran restaurante quedaron en silencio y observándonos. Aún el encargado vino a mirar a los dementes mexicanos. En su mirada se notaba que quería que nos fuéramos pero me siento complacido que no nos lo pidió. Porque si lo hubieran hecho, mis tíos hubieran tenido un repentino ataque de enojo y hubieran querido armar un escándalo.

Unos días después de ese incidente, el tío Ben, el otro hermano de mi mamá, llegó de San José. Él había estado en Nuevo México, y uno de sus primos, le dijo que en nuestro lado de la familia había más sangre india de lo que pensábamos. De hecho le dio una grabación con música india. Era de tambores y sonaba como una danza de la guerra o una danza de la lluvia.

Pasé la noche en el departamento de tío Ray y tía Connie. En la mañana me preguntaron si quería ir a la casa de mis abuelos. Todos estaban ahí de visita porque el tío Ben tenía que regresar a San José.

-Seguro, iré a verlo no obstante que lo veo a él todo el tiempo en San José.

El tío Joe vivía dos cuadras adelante. Los apartamentos donde mi abuelo vivía tenían una simple historia; había seis departamentos en cada edificio, todos en una fila. El pequeño complejo completo lo formaban cuatro edificios de apartamentos. El paisaje de alrededor era bonito y muy limpio, verde y con árboles y flores, aunque el departamento donde vivían era pequeño lo arreglaron de tal modo que el área de la estancia era parte del comedor.

Caminé por el pasillo y cuando llegué a la entrada del apartamento oí la música de tambores, la música de los pieles rojas. Alguien estaba oyendo en un fonograma un canto de guerra(pow wow). Mi familia vivía como a tres puertas de la entrada entonces cuando entraba, oí la música rural viniendo de la casa de mi abuelo. Era la 1 p.m.

Cuando entré al departamento, alguien dijo -¡Llegó Art!- El tio Joe estaba sentado en una silla de la mesa de cocina. El tío Alfred estaba cerca de él y junto al tío Ben. Mi abuela estaba en la cocina con tía Maryann. Todos estaban tomando.

-Hey, Art, ¿Quieres una cerveza?- alguien preguntó.

Era muy temprano pero qué diantres -Sí, Dame una- respondí.

Realmente no me gustaba la música que estaban tocando pero mi abuelo la amaba. Él iba siguiendo la música y cantaba siguiendo las notas en voz alta por el efecto de la cerveza que ya había tomado. Durante ese tiempo mi abuelo era un 'tomador pesado'.

Tomé como tres cervezas. Alguien tocó en la puerta de pantalla. Yo estaba sentado en un sillón platicando con tía Maryann cuando miré hacia la puerta para ver quien tocaba. ¡Un policía! Eran como las 2 p.m. para entonces. ¿Qué quería? Mi abuelo se acercó al tocadiscos y le bajó el volumen y observó al policía.

-¿Qué pasa?- preguntó mi abuelo. La forma de hablar de mi abuelo era un mescolanza de inglés y español, más español que inglés. El inglés no era su fuerte.

El policía miró el apartamento a través de la puerta de pantalla y dijo a todos -Recibimos una queja de que su música es muy ruidosa. ¡Bájenle y manténgala así!

En este punto, el tío Joe se levantó y caminó hacia la puerta de pantalla pero no la abrió. El no se asustaba ante nada ni ante nadie.

Con su botella de cerveza en la mano, dijo -¡Hey, hombre!, ¿Por qué no te vas a molestar a alguien más? ¿Qué traes con nosotros que vienes a molestarnos? Apenas son las 2 de la tarde.

El policía lo vio sin decir nada y examinó con la vista la estancia, y entonces dijo -No quiero oir a nadie más quejándose- Y se fue, pero se notaba que no se iba muy contento con la actitud del tío Joe.

Como quince minutos, la música permaneció con sonido moderado. Como a mi abuelo le gustaba una canción, de nueva cuenta le subió el volumen al aparato. Estábamos sentados alrededor platicando. Repentinamente alguien tocaba en la puerta de enfrente una vez más. Miré y era el mismo policía que se había aparecido. Se quedó en la puerta un momento y parecía como que iba a entrar. Habíamos muchos de la familia en el departamento mi abuela, tíos, tías y primos. El oficial puso la mano sobre la puerta escénica y la empujó tratando de abrirla pero la puerta estaba trabada. El tío Joe se levantó de su silla. Yo estaba esperanzado de que el policía no entrara. El tío Joe había tomado muchas cervezas y estaba listo para pelear. Una vez que el tío se tomaba más de tres cervezas estaba listo para pelear con cualquiera, aún con los policías.

El policía permaneció en la puerta. Mi abuelo le bajó al estéreo de nuevo, y el policía permaneció por unos segundos viéndonos. Otro policía estaba detrás de él esperando a ver que iba a decir el primer policía. Parecía como si el policía esperara que alguien le dijera que podía entrar. Si lo hacía, mi tío estaba listo para pelear. -¿Qué debería hacer yo entonces?- Pensé -Había salido de Preston pocos meses antes. Si me metía en problemas, sería enviado de regreso a prisión. Se suponía que debía avisarle a mi 'oficial de palabra' que había ido a LA, pero no lo había hecho. Bueno, ¡Qué diantres! Si el policía entraba y comenzaba la pelea, yo iba a respaldar a mis tíos y a mi abuelo.

El policía que estaba parado frente a la puerta vio a mi tío sentado cerca de la mesa. Lo apuntó con el dedo y le dijo -¡Será mejor que no vuelva otra vez. Si regreso, tú vas a meterte en un lío!

El tío Joe se paró de la silla donde estaba sentado cerca de la mesa. Con la cerveza en su mano, dijo -¡Sí, sí, sí, sí!- Los policías dieron la vuelta y se marcharon. Después de que se marcharon, mi tío dijo -¡Ellos piensan que son tipos rudos, pero no lo son!

Todo regresó a la normalidad por un momento. En quince minutos o más uno de mis primos entró al departamento y dijo -Un grupo de policías viene.

-¡Aquí vamos!- pensé. Me levanté y me moví hasta el estéreo, del lado opuesto donde mis tíos estaban sentados en la cocina. Vi a los policías caminando rápidamente sobre el pequeño pasillo enfrente del departamento. De donde yo estaba parado no podía saber realmente cuantos eran. El policía que había estado regresando al apartamento fue el primero en alcanzar la puerta. Sin detenerse en la puerta como lo había hecho otras veces sujetó la perilla y la abrió. Entró a la sala con otro policía detrás de él.

Cuando estaba en medio de la sala se detuvo y miró a tío Joe, apuntándolo con su cachiporra . El policía dijo -Tú...- Cuando las palabras salieron de su boca, el tío Joe se levantó de atrás de la mesa, con su botella de cerveza en la mano, se inclinó hacia atrás y la tiró tan duro como pudo. ¡La botella fue volando por el cuarto y se estrelló justo en la cabeza del policía! El hombre cayó como un pino de boliche, y el tío Joe saltó sobre la mesa para atacarlo. Mis otros tíos, quienes estaban ahí también, empezaron a pelear con los policías. Cuando mis otros tíos se metieron a la pelea, un policía quedó a la deriva frente a mí, entonces le dí un puñetazo en la cara con todas mis fuerzas. Yo sabía que esto iba a llevarme de regreso a la cárcel, sin embargo en el destello de mi pensamiento creí que era más importante respaldar a mi familia que pensar en las consecuencias.

Entonces me metí a la pelea y comencé a tirar swings (tipo de golpe) a los policías, derecha... izquierda, realmente sin saber a cuál le pegaba. Recuerdo solamente que apuntaba al uniforme azul. Todo esto sucedió en unos segundos. La puerta de entrada del departamento estaba repleta de uniformes azules, los otros estaban alineados afuera y empujándose queriendo entrar. Los policías que estaban enfrente de la puerta, comenzaron a sacar a todos fuera.

Pensé en lo que sucedería después. Sabía que esto me enviaría de regreso a la cárcel y no quería que esto sucediera. Tendría que haber una escapatoria.

Por ahora había muchos policías en el apartamento. Retrocedí como medio metro hacia la pared que estaba cerca del estéreo y vi la puerta del departamento abierta detrás de la puerta había un hueco donde podía caber, cuando la puerta se cerraba; ese hueco quedaba al descubierto y cuando la puerta se abría tapaba el hueco. Yo estaba como a un metro y medio de la puerta. La mayoría de los policías me daban la espalda porque estaban tratando de sujetar al tío Joe con las esposas tratando de desprenderlo del policía al que le había tirado la botella. Me metí al hueco que estaba detrás de la puerta y jalé la puerta detrás de mí sosteniendo la perilla fuertemente hacia mí tapando el hueco con la puerta pero dejando la entrada del apartamento abierta. A través de una rajadura de la puerta podía ver a los policías entrar, uno atrás de otro. Había muchos, no sabía como podían caber tantos en el pequeño apartamento.

En unos segundos, los policías comenzaron a sacar a mis tíos del apartamento, esposados. Podía verlos a través de la rajadura abierta de los ensambles de la madera de la puerta. Una vez que todos estuvieron fuera sentí que la puerta se movía. Pensé que si un policía jalaba la puerta y me encontraba lo iba a golpear muy fuerte y correría. Pensaba que si corría conseguiría que me dispararan por la espalda. Sin embargo, si yo corría suficientemente fuerte, podría alcanzar la esquina del edificio de departamentos.

Nadie jaló la puerta. De hecho el departamento se había quedado en silencio. Permanecí quieto, sin mover un músculo. ¿Debería salir ahora? Pensé que era mejor esperar unos minutos más.

Justo en ese momento, escuché a los policías regresando al departamento. Uno entró y registró el departamento por última vez. El otro se quedó a un lado de la puerta de la alacena. La abertura entre las junturas de la puerta estaba a diez centímetros de mi ojo. El policía que estaba parado ahí, permanecía a centímetros de mí pero no me moví. Parecía como que se iba a asomar a la abertura de la puerta y encontrarme, llegué a pensar que él sabía que yo estaba ahí; si se asomaba y me miraba iba a tener una pelea en sus manos. Me preguntaba a dónde había ido el otro policía. Los ojos del policía parecían mirar de nuevo en la abertura de la puerta, como si tratara de hurgar desde ahí lo que había del otro lado. Mantuve la respiración y esperé a ver qué iba a pasar.

En ese momento, el otro policía dijo -No, nadie se ha quedado aquí. Vámonos.- Qué cerca estuvo. Esperé por unos minutos en caso de que alguien hubiese quedado parado afuera. Todo estaba en silencio adentro y afuera; no había moros en la costa. Eché una mirada furtiva alrededor de la puerta, caminé dos pasos, y hurgué afuera de la entrada. No había policías. Eché una mirada afuera, por la calle y vi a todo mundo en la banqueta cerca del pequeño complejo de edificios. Arreglé mi camisa y peiné mi cabello, para que no pareciera que yo había estado en una pelea. Salí.

Todos estaban gritando y diciéndoles a los policías que no molestaran a mis tíos. Tenía la esperanza de que ninguno de los policías me reconociera. Había tres oficiales parados enfrente de los autos de la policía para impedir que los espectadores se aproximaran a ellos. El tío Ben estaba en el asiento de atrás del auto de la policía y tenía un par de policías escoltándolo. Las puertas se abrieron y comenzaron a golpearlo con sus cachiporras.

Yo estaba muy enojado y listo para correr a ayudarle. Para entonces había como veinte policías parados alrededor, esperando y platicando.

—¡HEY! ¡HEY, HOMBRE DEJA DE PEGARLE!— grité.

Un policía que estaba parado enfrente de los autos tenía las manos en sus caderas como si estuviera cuidando el auto de la policía. Cuando grité, volteó a verme. Capté su atención. Bajando las manos y jalando la cachiporra del cinturón caminó hacia mí con destellos en la mirada y con el ceño fruncido. Apuntándome con la cachiporra, gritó —¡Hey! ¡Tú eras uno de los que estaban dentro del apartamento!

—¿En qué apartamento? Yo vivo allá— y apunté a una unidad habitacional más lejana de donde mis abuelos vivían. Se quedó mirándome preguntándose si le estaba mintiendo. Por un minuto pensé que me arrestaría.

Otro oficial se acercó a nosotros y le preguntó al policía —¿Cuál es el problema?

—¡Creo que este individuo estaba en el apartamento con los otros!

El segundo policía tenía un poco de sangre en la frente. Él me observó bien como si tratara de recordar, luego dijo —No, yo creo que no estaba ahí, porque nosotros regresamos al apartamento a revisar y no estaba ahí.

Mi abuela era una dulce ancianita. Ella trataba siempre a todos con respeto y era una muy amable persona. Cuando era joven fue maestra de escuela. Ella daba clases en una vieja casa escolar en San José, la Horsemen School. Una casa escolar anticuada con todos los grados en un salón. La escuela estaba cerca de Farmer's Market (Mercado de los Granjeros) sobre Story Road.

Mi abuela seguía rogando a los policías —¡Por favor, deje de pegarle a mi hijo! ¡Por favor, déjenlo tranquilo!

Un policía se acercó a mi abuela y le dijo -¡Señora, si no se calla, voy a tener que llevármela a la cárcel también!

El primer policía que había llegado al apartamento y fue golpeado duramente había quedado con la cabeza abierta por el botellazo que el tío Joe le había tirado. Los otros policías habían sacado magullones menores.- Mis tíos, en cambio fueron maltratados un poco frente a los apartamentos pero esto no fue nada comparado con la golpiza que les dieron camino a la cárcel. Fueron golpeados duramente. Pienso que ellos sabían que eso iba a suceder por la expresión que tenían en sus rostros cuando se los llevaban.

Los policías no me llevaron pero sí se llevaron a todos mis tíos. Las circunstancias no se presentaban sencillas. Mis tíos tuvieron que ir a la corte varias veces por meses. Tuvieron que pagar abogados y les costó muchísimo dinero. Finalmente el proceso de la Corte terminó. Todos ellos tuvieron que pagar multa e ir a la cárcel por un tiempo. De seguro que no era una cualidad virtuosa el pegarles a los policías y luego pagar por ello. Mi vida no se veía muy prometedora. Estaba teniendo una época muy difícil para mantenerme fuera de los problemas. ¿Podría enderezar mi vida? ¿Cuándo comenzaría? ¿Sería atrapado por algunas de las cosas que estaba haciendo y sería enviado de nuevo a la cárcel? ¿Terminaría muerto como muchos de mis viejos amigos? Algunos de mis amigos estaban viviendo en las calles, otros habían caído al mundo de la drogadicción y otros habían sido asesinados. ¿Cómo iba a terminar yo?

Capítulo Treinta y Cinco

DE REGRESO A SAN JOSÉ

Cuando regresé a San José y me reuní con mi hermano y nuestros amigos comenzamos a hacer cambios en nuestra manera de divertirnos, de tomar y solo emborracharnos, pasamos a emborracharnos y drogarnos. Al principio fue marihuana. En esos días la ciencia médica reportaba que no había nada de malo con la marihuana. Los expertos clamaban que no haría ningún daño. La comprábamos en bolsitas de emparedados llamadas tapaderas. Cuando fuimos a San Francisco, en el distrito de Haight y Ashbury compramos un kilo de una vez.

Haight y Ashbury es donde la calle de Haight y Ashbury se encuentran. Cuando fuimos a esta área en San Francisco, aparcamos el auto y caminamos por la banqueta. No era un área normal. Los 'hippies' bailaban en las calles. Las banquetas estaban llenas de estos, en movimiento o inertes.

Para comprar lo que buscábamos, solamente teníamos que caminar por la banqueta. Las gentes venían a ofrecernos sus productos caminando en nuestra dirección, les escuchábamos para ver si lo que ofrecían era lo que nosotros queríamos comprar. Los vendedores, al mirarnos, dejaban de hablar lo que estaban hablando y comenzaban a ofrecernos lo que vendían; luego continuaban su conversación. Caminamos lejos de la banqueta. Alguno de los caminantes solía decir -

¿Coca?- (cocaína) Alguien más se aproximaba y decía -¿Ácido?-. Cuando alguien decía el nombre de la droga que queríamos oír, lo llamábamos aparte para hacer el trato. Bueno, si el precio era correcto.

Por la mente de mi madre, nunca pasó la idea de que estuviéramos comprando marihuana. Nunca supo que la fumábamos en el patio de atrás. Esto me recordaba al famoso gángster de los años treintas, Al Capone. Le preguntaron a su madre lo que ella pensaba acerca de su hijo. ¿Su respuesta? -¡Mi Al es un buen muchacho!- Las madres siempre piensan que sus muchachos son buenos.

Teníamos una mesa de billar en la casa de atrás. Un día, Richard, Ventura y los otros amigos estaban con nosotros en la casa. Decidimos ir a San Francisco a conseguir nuestro kilo (un kilogramo de marihuana). Cuando regresamos a nuestra casa todos trabajabámos quitándole las semillas a la yerba. Al rato ya teníamos unos montoncitos regados por toda la mesa de billar. Al mismo tiempo, todos estábamos fumando las hojitas de marihuana.

Repentinamente mi madre se asomó por la puerta y entró al cuarto. Todos dejamos de hacer lo que estábamos haciendo y la quedamos viendo. ¡Petrificados!

Mi madre dio un vistazo a la estancia y cuando me encontró me dijo- Arthur el teléfono.- Ella amablemente cerró la puerta y se regresó a la casa de enfrente. No podíamos creer que ella no supiera lo que estabamos haciendo. Fumar marihuana y estar en posesión de ella era algo que podia enviarnos a la carcel por largo tiempo. Y si éramos cachados vendiéndola podíamos conseguir veinte años en prisión.

No habíamos considerado las consecuencias. Afortunadamente nunca fuimos sorprendidos.

Más tarde, esa misma noche cuando mi madre había irrumpido dentro de la casa de atrás, recibí una llamada de mi amigo Dennis.

Él quería que yo lo recogiera en su casa. No podía venir en su auto porque lo estaban reparando.

-Hey amigos tengo que ir a recoger a mi amigo Dennis en Virginia Place. Regreso en un ratito.

En ese momento ya estábamos 'cargados' de marihuana y drogarnos se había vuelto habitual, lo hacíamos durante todo el día: en la mañana, en la tarde y en la noche.

Cuando abrí la puerta para salir Ventura dijo -Hey Art hice esto para ti, cuando regresen pueden fumarlo- Y me pasó tres 'bombas' gigantes de cigarros de marihuana.

-Ventura, yo no puedo llevar esto hombre. Hay muchos policías allá afuera. Hoy es sábado. En las calles los policías se estan moviendo.

-Vamos Art, no te van agarrar hombre. Llévalos- Ventura insistió con su mano extendida con las tres 'bombas' gigantes.

Cuando casi las alcanzaba, dije -No, mejor no Ventura.

Ventura era del tipo de gente que no se daba por vencido facilmente. Quería hacerme un favor e insistió -llévalos, fúmatelos de regreso.

Di un largo soplido y aparté mi mano pensando -¿Qué tal si me atrapan?-. Si yo tenía uno o dos pequeños cigarrillos y era detenido como lo había sido muchas veces, los colocaba en mi boca y los tragaba. No había problema. ¿Y que iba a hacer con estos cigarrillos gigantes? Pensé que no iba a poder tragarlos.

Salí del cuarto, cerré la puerta y coloqué las 'bombas' en el bolsillo de mi camisa. Luego salí a la calle me metí a mi auto y me fui manejando por Emory Street. Era una noche silenciosa y oscura; No había otros autos moviéndose en la calle. En la esquina di una vuelta a la derecha sobre Wallnots Street. Justo cuando me aproximaba a la interseccion de Walnut y Ashbury con la siguiente calle enfrente (Taylor Street), un auto de la policía dio la vuelta en la esquina, quemando las llantas y con las luces rojas destellantes. Otro auto de la policía venía exactamente detrás de él. ¡Me habían cachado!

Me busqué en el bolsillo, y hurgué por los tres cigarros gigantes. Sobre mi lado derecho, otro auto de la policía venía corriendo hacía mí. De mi lado izquierdo dos autos más de la policía venían acercándose muy rápido con sus luces rojas ¡Y sus sirenas chillando! Coloqué los cigarros en mi boca y comencé a mascarlos tan rápido como podía sin saber si esto iba a funcionar. El auto de la policía que había quedado detrás de mí fue el primero en alcanzarme. Se deslizaba a los lados de mi auto. Me había detenido completamente y ya había tragado lo que tenía en la boca sabiendo que tenia que hacer lo mismo con el otro a tiempo. Los otros autos de la policía, que venían acercándose por los lados de la calle, se detuvieron rechinando las llantas. Los policías corrieron saliendo de todas partes. Metí el último cigarro gigante en mi boca al mismo tiempo que estaba tratando de deglutir los otros dos. Los cigarros no querían ir más abajo y estaban detenidos a la mitad del camino en mi garganta. Los policías que habían salido de sus autos se escondían detrás de ellos y extraían sus armas apuntándolas a mí. Siete u ocho autos de la policía rodearon mi auto, con sus fanales alumbrando en mi dirección.

Un policía gritó -¡NO TE MUEVAS! ¡CONGÉLATE¡- de todos modos no podía moverme. ¡Me estaba atragantando! Sentí como que gritaba -¡Ayúdenme!-. Sin embargo no pude.

Un policía estaba apuntando su arma hacía mí a una distancia de cinco metros. Otro corrió hasta la llanta de enfrente de mi auto y colocó su mano abierta en ella sintiendo la llanta para ver si tenía algo de calor. Sin duda el que ellos estaban persiguiendo debe haberse estado moviendo rápido y debería tener sus llantas calientes. Después de dos segundos el policía grito -¡NO, NO ES ÉL! ¡VÁMONOS!- Todos los policías se regresaron a sus autos se metiéron y se marcharon. Todo fue tan de repente que me dejaron solo en medio de la calle atragantándome.

Permanecí ahí cerca de diez minutos pensando que iba a morir, finalmente tosí un como globo de mala hierba. Parado fuera de mi auto no podía creer lo que casi estuvo a punto de sucederme. ¿Qué dirían los periódicos al otro día? "Jovencito que muere por exceso de marihuana". Caminé alrededor del auto dos veces tratando de reponerme. Regresé a casa sint1éndome enfermo y sin deseos de recoger a Dennis para la fiesta de esa noche.

De la marihuana nos graduamos al LSD (droga alucinógena). Recuerdo a Art yendo conmigo al Rainbow Dance Hall (Salón de Baile Arco Iris). Me sentía tan bien, que creía que lucía fantástico y hablaba con todas las muchachas, tratando de bailar con ellas. Sin embargo ninguna de las muchachas quería bailar conmigo. Una que ni siquiera conocía me miró como si pensara que era yo un demente por pedirles bailar.

Cuando fui al baño miré en el espejo y di un salto hacía atrás. Me asusté de mí mismo cuando me di cuenta de mi apariencia, parecía como si me acabase de despertar, después de tres días de estar dormido. Mi cabello estaba todo despeínado (parecía un como un borracho de First Street). Tan pronto como salí del baño olvidé como lucía y pensé que era yo 'Don Juan' de nuevo. Eso es lo que el LSD hace contigo.

Esa noche no podía pelear con ninguno. Sentía como si todos fueran mis hermanos y mis hermanas. Nos habíamos ubicado en una mesa y vi a alguien acercarse a nosotros. Era Noah, el que Eddie y yo habíamos golpeado antes. El ex novio de Tita. Llegó hasta mí y me preguntó algo con todos sus compañeros rodeándolo. Él dijo -Esse....

No pude escuchar lo que dijo; la música estaba haciendo un

sonido estridente. Mi amigo Art puso su brazo sobre mí y trató de susurrarme algo, pero tampoco pude escuchar lo que me decía. Estaba tan 'cargado' de LSD que sentí como si ese tipo fuera mi amigo. Lo que había pasado sucedió hacía muchisísimo tiempo. Estaba esforzándome por olvidar que él estaba tratando de hacerme enojar.

La siguiente mañana mi amigo Art me dijo que Noah tenía un cuchillo como de veinte centímetros de largo. Lo había mantenido bajo su camisa. Art me dijo que pensaba que iba yo a ser apuñalado. Llegué a estar realmente enojado. -¡Hoy no estoy 'cargado'! ¡Ese tipo no me gusta mucho de todas maneras. Lo voy a atrapar y lo voy a fregar por quererme clavar su cuchillo! Salí buscando a Noah por el vecindario y planeaba pelearme con él. Más tarde lo encontré pero nada pasó. Ambos sentimos que todo se había terminado entre nosotros y así fue como se quedó.

Para este tiempo fui llamado a la oficina del encargado en Master Metal Products, quería saber la causa de mi pobre rendimiento en el trabajo. Perdía mucho trabajo los lunes a causa de mis 'crudas'. Me costaba mucho trabajo mantenerme despierto, y a menudo llegaba tarde. El encargado había tenido suficiente. Me llamó a la oficina y me dijo que estaba despedido. Me sentí aliviado. Sin embargo yo sabía que no había estado haciendo un buen trabajo diario. Mi padre me había educado con fuertes normas éticas de trabajo. Mi conciencia me molestaba porque no estaba trabajando productivamente y yo sabía que mi tiempo estaba llegando. Y llegó. Además, yo quería estar en casa por un tiempo así podía dormir hasta muy tarde a causa de mis actividades nocturnas.

Me tomó cerca de una semana para recuperarme de mi sueño. Mi madre llegó a estar muy enojada conmigo. Ella quería que me levantara temprano para que buscara un trabajo y me dijo que no iba a tolerar a un mendigo haragán viviendo en su casa.

Un día me levanté de la cama como a las 11, esperanzado de que mi mamá pensara que iba a buscar empleo. Después de haber llegado a casa muy tarde esa noche, noté un montón de cajas y maletas en el porche de enfrente. Me acerqué a ellas y me preguntaba -¿A quién pertenecen?-. Pensé que alguien había llegado a la casa y las había dejado en la entrada. Alcancé la perilla de la puerta de enfrente. ¡Cerrada! ¡Esto no era usual! . Yo sabía que mi madre estaba en casa. Conforme pensaba en esto, revisé entre las cajas y vi algo adentro de las maletas, y me pareció como si fueran pertenencias mías. Metí la

mano y jalé una camisa. -¡Qué diantres! ¡Esta es mi camisa!- pensé.
Miré en una de las otras cajas y descubrí mis otras ropas. -¿Qué está
pasando aquí?- Me pregunté. Parándome frente a la puerta de nuevo
toqué un poco fuerte -¿Mamá, estás ahí?

Mi madre abrió un poquito la puerta y dijo -¿Qué quieres?

-Mamá, ¿Qué está pasando aquí?- pregunté en tono de preocupación, anticipando su respuesta.

Sin abrir la puerta completamente pero dejándola entreabierta y
alcanzando un máximo de volumen en su voz dijo -¡Si no quieres trabajar, entonces tienes que vivir en otra parte! ¡No quiero haraganes
aquí! ¡Regresa cuando consigas un trabajo!

Tenía que buscar un trabajo. Por unas noches, dormí en mi auto.
¡ Mi madre no podía tolerar que no trabajara!

Durante este tiempo cambiaba de empleo seguido. Fui un
aprendíz de pintor, pero no duré mucho tiempo. Estaba trabajando
en uno de los altos edificios en South Tenth Street (Décima Calle Sur)
que acababa de ser construído. Estábamos pintando las paredes del
dormitorio. Todos los hombres viejos con los que trabajaba eran alcohólicos. Ellos me dijeron -¿Te gusta lo que vez enfrente de ti? Eso es
lo que vas a ver el resto de tu vida. Conseguirás salirte de este negocio si eres listo. Todos los colores van a parecerte iguales en pocos
años-. Con todo ese desánimo tuve que buscar otro trabajo.

Mi amigo Art y yo conocimos a dos hermanas. Él se casó con una
y yo me casé con la otra. A pesar de ser casado todavía me gustaba
andar 'cargado' de marihuana y salir con mis amigos. Tener amistad
conmigo cuando era joven, era muy difícil; tenía mal carácter y me
enojaba fácilmente. Era difícil estar casado cuando yo todavía necesitaba crecer. Todavía amaba hacer cosas que no debería haber estado
haciendo aunque era un hombre casado. ¿O debería decir un muchacho casado?

No podía mantenerme alejado de mis amigos y estaba pasando
un tiempo muy difícil. Vivíamos a la altura de la Thirteen Street
(Calle Trece), a una cuadra de Hedding cerca de North Side
Market (Mercado del Lado Norte). Era una calle llamada Horning,
un pequeño lugar donde sólo pagábamos 18 dólares por la semana.
La sala era la recámara. Ciertamente no había espacio para darle
vuelta a la cama. La cocina era muy pequeña. El cuarto más grande
era el baño. Pienso que hasta diez personas juntas podían tomar un
baño a la vez.

En ese tiempo encontré un trabajo en Owens-Illinois, sobre

Campbell Avenue (Avenida Campbell). A la altura de Newhall Street (Calle Newhall). Trabajé como celador en Owens-Illinois durante tres meses. La paga no era tan buena como en los otros trabajos que había conseguido antes. La compañía hacía botellas de plástico para negocios como Clorox. Me aseguraba de que la gente que trabajaba en sus máquinas tuviera todo lo que necesitaban: cascos, tarjetas de identificación y cajas.

Había una muchacha a quien yo surtía de suministros Cathy, era bonita y tenía muy buena figura. Le hablaba cuando le pasaba lo que necesitaba y ella gritaba como todos los demás y pedía lo que necesitaba. Si algo se terminaba en su zona de trabajo me aseguraba que lo recibiera. Ella nunca me hablaba más de lo necesario a causa de que en la hora del almuerzo los muchachos y yo le hacíamos pasar un mal rato.

A la hora del almuerzo a los otros individuos y a mi, nos gustaba pararnos cerca de la pared para dar la apariencia de individuos malos. La compañía tenía algunas mesas para picnic afuera, para los empleados. Nos manteníamos contra la pared esperando a que salieran las muchachas para hablar con ellas. Cuando todos habían salido, nos sentábamos en las mesas para comer nuestro almuerzo. Era muy agradable ver salir a Cathy y cuando pasaba cerca de nosotros ella caminaba como si moviera partes de su cuerpo a propósito. Aprendí más tarde que ésa era su forma natural de caminar.

-Hey, hombre- dijo uno de los muchachos -¡Ahí viene!- Todos nos preparábamos para verla pasar. Conforme se aproximaba comenzábamos -¡Hey, bebé! ¡Ven acá! ¡Chula! ¡Mielecita! ¡Mamacita!. Éramos vulgares, pero no importaba. ¡Amábamos hacerlo! Esto pasaba siempre que ella venía al almuerzo, y esperábamos que ella regresara al trabajo para verla pasar después del almuerzo. Parecía como si a Cathy no le importara lo que hacíamos. Siempre nos ignoraba de todos modos.

Un día, después de comer nuestro almuerzo, esperábamos para regresar a trabajar reclinados en la pared. Ella estaba en su auto. Todos sus admiradores estábamos ahí, esperando el momento en que se aproximara a nosotros. La vimos salir del auto y caminar al lugar donde estábamos. Uno de los individuos dijo - ¡Aquí viene la Chula!

Otro respondió -Hey, hombre, ¿No saben ustedes que ella es una persona muy religiosa?- Sentí que mi corazón se me caía al suelo.

-¿Qué?- pregunté muy avergonzado. Instantáneamente pensé en alguien que me había cuidado, alguien a quien yo le había importado cuando estuve preso, el Señor Gorman.

-Sí hombre, ella es una verdadera devota de su religión. Ella ha estado hablando a las otras muchachas acerca de esto.

No podía creer lo que escuchaba. Todo el tiempo yo había estado mofándome de alguien que era devoto en su religión. Levanté la vista en dirección de Cathy, y ella venía caminando hacia nosotros. Una nueva luz la iluminaba.

-Hey, hombre- Me adelanté un paso de la pared y miré a todos los tipos en una forma muy seria y agregué -¡Nadie le dice una cosa más hombre!

-¡Hey, Art, ¿Qué hay de malo contigo?- Preguntó uno de ellos.

-¡Hey, si alguien le dice algo a ella, quien quiera que sea, voy a pelearme con él!- Todos me miraron como si yo estuviera demente. Ella pasó caminando por la banqueta, y ninguno dijo nada. Todos estaban en silencio. Pienso que ella ha de haber extrañado el bullicio y que nadie hiciera comentarios de su belleza.

Regresé al trabajo. Trabajé realmente duro para abastecer todas las líneas para que pudiera hablar con Cathy unos minutos. Quería averiguar quien era y quería disculparme por la manera en que yo había hecho comentarios acerca de ella. Finalmente le hablé. Ella era una persona realmente agradable y aceptó mis disculpas. Me dijo que ella y su esposo querían ir a mi casa para hablarme.

En pocos días ellos vinieron y me hablaron acerca de su religión por un rato. Todo sonaba muy bien. La última vez que yo hablé de religión fue en Preston, con el Señor Gorman. Realmente nunca le escuché lo que me estaba enseñando, pero yo sabía que él compartía información que era muy buena para mí.

Cathy y su esposo hicieron arreglos para regresar a hablar conmigo de nuevo, pero las cosas no funcionaron.

Dos noches más tarde, salí con mis amigos. Estábamos en una estación de gasolina y había terminado una pelea con uno tipo que se creía rudo porque acababa de regresar de Vietnam. Lo derrotamos. Al siguiente día los periódicos cambiaron los sucesos; decían que lo habíamos golpeado por nada. Y él había sido el primero en lanzar golpes. La policía nos andaba buscando. Además de esto, tenía una gran pelea con mi esposa. Era tiempo de dejar San José; por esa razón me mudé a Wilmington con mis tíos. Este era el único modo en que me mantendría alejado del problema.

Fue una buena decisión mudarme a Wilmington. Encontré un trabajo en la American Can Company. Mi padre había trabajado para esta compañía por veinte años en San José. No obstante que yo estaba trabajando permanecía con mis tíos. Las drogas eran un gran problema en mi vida. No había un solo día aburrido en Wilmington.

Capítulo Treinta y Sies

PLAYA REDONDO

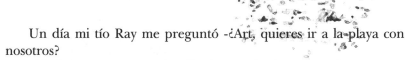

Un día mi tío Ray me preguntó -¿Art, quieres ir a la playa con nosotros?

-¿Quienes van tío Ray?- Mis tíos y mis tías eran solo cuatro o cinco años mayores que yo. Éramos cercanos en edad pero siempre les mostré respeto y les llamé siempre como tío y tía.

-Solo tu tía Connie, mis muchachos y yo.

-Seguro. No he estado en la playa en mucho tiempo.

Esto sucedió al final de la primavera y el clima comenzaba a ponerse cálido. Llegamos a Redondo Beach, (Playa Redondo) como a la 1 p.m. Cuando salía del auto me detuve en la banqueta pensando en la última vez que estuve en Redondo. Me fui nadando lejos dentro del océano y estaba siendo barrido por las olas y no me dejaban regresar. Me daba cuenta que ahora tendría que ser más cuidadoso.

Se sentía más calor conforme la tarde avanzaba. La playa estaba llena de gente. Caminé sobre la playa sin zapatos; esto quemó mis pies. Colocamos nuestras mantas sobre la arena y nos pusimos cómodos.

Después de estar sentado por un rato, mis primos jugaban en la arena. El tío Ray me preguntó -Hey Art ¿Te vas a meter al agua?- tenía mi traje de baño puesto y estaba listo para mi primera zambullida. Era corpulento y musculoso y usaba una perilla (barba en la punta del mentón). Yo amaba meterme al agua y nadar, a menudo me alejaba de la playa metiéndome al océano hasta que nadie podía verme. Mientras estaba sentado ahí y miraba a todas las muchachas bonitas, pensé acerca de lo que tenía que hacer para que esto fuera agradable.

-Sí tío Ray. Regresaré en un momento.

Cuando me alejaba mi tía Connie gritó -¡Art, no te vayas muy lejos!- Yo no sabía por que me había dicho eso, ella sabía que yo era un buen nadador.

El agua lucía refrescante. Vi una gran ola viniendo de lejos y quise atraparla; por esa razón aceleré el paso corriendo un poco más rápido hacia el agua. La ola estaba levantándose con rapidez. Unas muchachas estaban sentados cerca del agua cuando pasé corriendo hacia la ola que se rompía, les tiré mi más agradable sonrisa. La ola estaba casi en la playa. Cuando estaba como a seis metros del agua, corrí muy rápido el resto del camino pensando -¡Atraparé esa ola!

Apuré más el paso y corrí con más velocidad. Mis pies golpearon el agua. El agua estaba fresca. La ola se hacía más alta conforme se acercaba a la orilla. Se miraba como si fuera de un metro y medio de altura. Me imaginé clavándome en el agua fría y cuán refrescante iba a sentir. Este era el momento. Salté desde la arena y me clavé en medio de la ola. En un instante la ola se desbarató, bajó ¡y me sentí en la arena! En medio segundo la ola cambió, de un metro y medio se redujo a treinta centímetros. Mi clavado fue como uno que se hace en una alberca, primero la cabeza. Mi cabeza se estrelló en la arena.

Quedé sentado en la playa, mirando estrellas y pequeñas luces a mi alrededor. Las olas rompían sobre mí mientras yo trataba de recuperarme. Me había echado un clavado en la arena y la gente que estaba a mi alrededor, ni cuenta se había dado. Nadie se acercó a verme para ver cómo estaba. Ellos han de haber pensado que yo estaba sentado ahí divirtiéndome cuando las olas venían hacia mí. ¡No sabían que había realizado un clavado violento!

Cinco minutos después, las luces y las estrellas desaparecieron. Me levanté todavía sintiéndome un poco mareado. Me palpé la cabeza y sentí algo hinchado. Regresé a donde tío Ray y la tía Connie estaban sentados sobre las mantas.

-Hey Art esa fue una zambullida rápida. ¿Qué pasó? ¿No te gustó el agua?- preguntó el tío Ray.

-No, me estrellé en la arena- le aclaré.

¿Qué quieres decir con que te estrellaste en la arena?- Mi tío se sentó para escuchar mi historia.

-Sí, corrí y me clavé en medio de una gran ola. Cuando la ola venía me clavé pero no había agua. Tú sabes, como las que se ven en las caricaturas. ¡Excepto que yo no me quedé clavado en la arena!- El tío Ray no podía parar de reírse y yo no podía reírme porque comenzaba a dolerme, exactamente en la parte de arriba de mi cabeza.

-¿Art, quieres decirme de nuevo cómo pasó?- Ray continuaba riéndose. Yo no creía que eso fuera tan divertido.

Me recosté sobre la manta como una hora, con un gran dolor de cabeza. Finalmente me senté. Toqué la parte de arriba de mi cabeza y dije -Hey, tío Ray, siente esto- Puso su mano y la pasó en mi cabeza, luego la movía hacia atrás y hacia delante, como si me sobara.

-Guau Art pienso que te rompiste la cabeza. Se siente blandito.- La parte de arriba de mi cabeza se sentía esponjosa. -Mejor te llevamos al doctor inmediatamente- dijo mi tío. Miré que mi tía se despertaba de su siesta y le pregunté -¿Qué piensas, tía Connie?

Mi tío se dirigió a mi tía Connie -Siente su cabeza Connie. ¿Qué piensas?

Mi tía se levantó y colocó su mano sobre mi cabeza y la palpó - ¡Art! ¿Cómo dices que te hiciste esto?

Lo expliqué una vez más.

Recogimos todas nuestras cosas. Ellos creyeron que era importante llevarme al hospital inmediatamente. No querían que ninguna cosa mala me sucediera temiendo que pudiera morir en la playa o de camino a casa. En el poco tiempo que nos tomó prepararnos para partir mi dolor de cabeza llegó a ponerse peor.

Llegando al hospital tuvimos que esperar un rato para ver al doctor. Esperamos en el pequeño cuarto de exploración -¿Qué pasó?- preguntó mirando sus apuntes. -Parece como si algo te pasó en la playa.

-Sí, me clavé en el agua de la playa, mi cabeza golpeó la arena y mi cabeza ahora se siente como un chichón (inflamándose).

-Sí, nos aseguraremos que todo esté correcto- dijo el doctor, levantando su mano y examinando mi cuello.

Pensé -¿Porqué esta examinando mi cuello?

-Bien- dijo el doctor -Vamos a tomar rayos X de tu cuello.

Ahora pensé dentro de mí -¡Éste tonto doctor ni siquiera miró mi cabeza!

-Hey doctor- dije, cuando dejábamos el cuarto -Mi cuello está bien.- Moví el cuello de un lado a otro -Es mi cabeza. Hay algo malo ahí. Mire- bajé la cabeza y apunté donde me dolía.

El doctor regresó y me explicó -Mira, la mayoría de accidentes que suceden en la playa, semejante al tuyo, pueden causar daño en la columna vertebral, no en tu cabeza. Por eso queremos asegurarnos de que tu columna vertebral, no fue dañada-. Se alejó del cuarto sin permitirme que le dijera otra vez que mi cuello estaba bien. El doctor tomó rayos X y todo estaba bien. Regresamos a casa sintiendo que habíamos perdido el tiempo.

Cuando llegamos a la casa de mis tíos me fui a la cama esperanzado en que me sentiría mejor. Desperté al otro día y me sentí diferente. Algo no estaba bien. Me senté en la cama y sentí mi cabeza -¡Ay!- dije en voz alta, levantándome de la cama y dirigiéndome al baño. Cuando entré al baño y miré en el espejo no podía creer lo que veía. Justo en la linea de mi cabello mi cuero cabelludo se levantaba una pulgada y media. No en forma gradual, era como una montaña. Lucía como si estuviera usando un sombrero.

Me dirigí a la cocina cuando escuché que mis tíos estaban ahí. -¡Hey, tío Ray!- Y no tuve que decir otra palabra.

Cuando me vieron, ambos exclamaron al mismo tiempo -¡Guau!

Mi tía agregó -¡Mejor te llevamos al hospital!

Ya que yo no tenía mi doctor personal y no sabía a donde ir, fui al hospital del condado y esperé como cuatro horas para ver al doctor. Todos los que andaban por ahí en la gran sala de espera, me observaban. Probablemente pensaban que tenía cáncer en el cuero cabelludo. Finalmente, la enfermera me llamó para ver al doctor. Me llevó al pequeño cuarto de exploración y me preguntó qué había pasado. -Oh, eso suena terrible!- dijo ella cuando abandonó el cuarto. Al poco tiempo, el doctor entró al cuarto.

-¿Qué te pasó?- De nuevo tuve que contar la historia. Ya me estaba cansando de decirle a todos los mismo detalles. El doctor me observó, ¿y qué piensa que hizo? ¡Exactamente eso! Palpó mi cuello.

-¿Cómo se siente aquí?- preguntó.

-Se siente bien. Ayer otro doctor tomó rayos X de mi cuello y dijo que estaba muy bien- le dije.

-Bien, vamos a tomar otros rayos X de la misma área, sólo para estar seguros que todo está en su lugar.

-Mire Doctor, ya me tomaron unos rayos X de mi cuello. Mi cuello está bien. Mire- Y moví mi cabeza en todas direcciones y estiraba el cuello. Luego continué -Nada está mal con mi cuello. Es mi cabeza. ¡Mire!- Apunté de nuevo a mi cabeza agachándome.

-Bien, me sentiría mucho más seguro si tomamos una radiografía de tu cuello.

Estaba comenzando a enojarme -No quiero una radiografía de mi cuello. ¿Me entiende? ¡Quiero que usted observe mi cabeza!

El doctor permaneció ahí y me miró preguntándose, tal vez, por qué estaba yo enojandome tanto, luego dijo -Mire, yo soy el doctor y usted es el paciente ¿De acuerdo?- mientras sí salía del cuarto. No examinó mi cabeza, como repetidamente se lo solicité. Olvidemos esto. Me bajé de la mesa de exploración y me salí. Camino a casa estaba esperanzado que la hinchazón de mi cabeza bajara al siguiente día ya que ellos decían que nada estaba mal.

Me desperté la siguiente mañana y sentí lo anormal de nuevo. Saltando de la cama, corrí al baño y miré en el espejo. No podía creerlo. La montaña se había movido hasta mis cejas. Hombre, yo parecía un monstruo. Mis cejas estaban una pulgada y media más altas de donde supuestamente debían estar. Mi cabeza lucía como una pelota de playa.

Mi tío decidió llevarme a una pequeña clínica en Wilmington en la esquina de Avalon y Anaheim. Era una clínica privada que costaría más de lo que mi seguro social podía pagar, pero no me importaba. Si ellos podían cuidarme y aliviarme, yo podía pagarles lo que costara. Entré a la sala de espera y me arrimé al escritorio. -¿Qué le pasó?- preguntó la recepcionista.

Hombre, ¿Tenía que pasar por esto de nueva cuenta? Después de explicarle a ella me llevó a una sala de exploración. No tuve que esperar mucho en este lugar. Tan pronto como la recepcionista salió y cerró la puerta alguien tocó la puerta. El doctor entró. Él debe haber estado esperando a un paciente.

-¿Qué le pasó?

Realmente ya me estaba cansando de decir la misma historia. Él era diferente a los otros doctores, muy joven, casi de mi edad.

-Mire doctor, quiero que revise mi cabeza. Ya he visto a otros dos doctores y ambos querían inspeccionar mi cuello. No hay nada malo con mi cuello.

-Bien, usted sabe, ahí es donde los daños ocurren, en el cuello. Quiero ver por mí mismo, por lo que voy a tomarle unos rayos X de nuevo- dijo. No podía creer lo que acababa de oír.

-No quiero rayos X de mi cuello. Quiero que usted revise mi cabeza ¡MIRE!- y agachándome apunté a la hinchazón.

-Lo siento, pero tengo...

-¡Olvídelo, hombre!- Me levanté y salí abruptamente del cuarto. Cuando caminaba fuera de la oficina, alguien entró y se detuvo a mirarme -¿Qué te pasó en la cabeza?- preguntó.

La siguiente mañana cuando desperté, de nuevo me dirigí al espejo ¿Qué vi? ¡Un monstruo! Eso era. ¡Parecía un monstruo! La hinchazón bajó a mi cara. Mi nariz estaba como de dos pulgadas de gruesa y la hinchazón hacía que mis ojos parecieran como una anormalidad en la cual el ojo torna hacia la naríz como un caballito del diablo (libélula).

Durante este tiempo iba a trabajar y me sentaba con los amigos mientras tomábamos café y donas. Esa mañana entré a la enorme cafetería de la American Can Company. Vi a unos tipos sentados en la mesa platicando y tomando café. Compré mi café y mis donas, fui a la mesa, me senté en una de las sillas y comencé a agregarle azúcar a mi café.

Uno de ellos me miró y luego volteó a ver a los demás, moviendo la cabeza al mismo tiempo, como si fuera a preguntarme quién era yo.

Levanté la vista de la mesa y le dije -Hey, ¿Cómo les va?- Se quedó admirado y se agarró la cabeza con las manos, tratando de reconocerme por mi comentario. Ellos platicaban acerca de algo; los interrumpí y di mi opinión. Dejaron de hablar y se quedaron viéndome.

Después de un momento, uno de ellos dijo -¿Art, eres tú?

-Sí, soy yo. ¿Qué pensabas?- Ellos querían saber lo que me había sucedido. Cuando se los dije, todos comenzaron a reírse y querían que yo le contara la historia a todos los que entraban en la cafetería. La mayoría de los sujetos con los que trabajaba eran más viejos que yo. Después de un rato me había enojado y comencé mi trabajo quince minutos antes.

Tomó mucho tiempo para que la hinchazón bajara y mi cara permaneció negra y azul por muchos meses. Nunca me fue dada una explicación médica de los efectos físicos que había provocado esta lesión a mi cabeza.

Capítulo Treinta y Siete

CAMBIOS

Cuando estaba viviendo en LA, lejos de mis amigos, las cosas comenzaron a mejorar para mí. Me estaba ayudando a reunir las piezas de mi vida. Todavía acostumbraba 'cargarme' de marihuana todos los días durante todo el día; todavía estaba teniendo dificultades para controlar mi temperamento.

Algunas personas venían a mi pequeño departamento a visitarme. Me hablaban acerca de su religión y les permitía que me predicaran todo lo que quisieran. Yo sabía que un día tendría que hacer grandes cambios en mi vida.

Sal era un amigo con quien fumaba marihuana en el trabajo como un principio fundamental. Le dije a él que cuando mis hijos crecieran ellos iban a poder andar 'cargados' de marihuana todo lo que quisieran.

Un día me reconcilié con la idea de que era tiempo de hacer grandes cambios en mi vida. Me preguntaba cómo iba a hacerlo. Primero pensé que los cambios debían ser graduales. Luego decidí que si hacía esos cambios, tenía que hacerlos de una vez, al mismo tiempo.

Al siguiente día estaba trabajando en mi línea de producción, transportando con una 'máquina de horquillas' las latas de lámina. American Can Company era un lugar muy ruidoso. Trabajaba en la bodega. Las latas de lámina eran hechas en la fábrica y se iban a través de rieles balanceándose y golpeándose unas a otras y haciendo mucho ruído. Las latas caían a mi línea de un golpe donde yo las recogía con la 'máquina de horquilla' y las colocaba en cajas. Estaba colocando las latas cuando vi a Sal manejando su monta cargas (máquina levantadora).

Estacionando su monta cargas no muy lejos de donde yo estaba, saltó hacia abajo, se acercó a donde yo estaba trabajando y dijo -Hey, Art, ven a mi auto a la hora del almuerzo. Tengo un buen material de Colombia. ¡Buen material, hombre!- detuve mi máquina alzadora y volteé hacia Sal. Me preguntaba lo que él diría cuando le diera las malas noticias.

-Hey Sal no puedo ir a tu auto, hombre.

-¿Por qué nó?

-Bueno hombre, no quiero andar 'cargado' nunca más.

Se quedó ahí, tratando de entender lo que había dicho. Se me quedó viendo como que si no hubiese entendido correctamente. No dijo nada por un par de segundos pero entonces replicó -¿Qué quieres decir con que no quieres andar 'cargado' nunca más. Tú andabas 'cargado' ayer.

Yo pensé -Él tiene razón.- Probablemente él se está preguntando lo que me pasó esta mañana cuando no llegué a 'cargarme' con él a las seis, como habíamos planeado.

Entonces le contesté -Bueno, Sal, decidí que voy a parar completamente de 'cargarme'. Hey hombre nosotros nos 'cargamos' en la mañana, a la hora del almuerzo, cuando nos vamos a casa y hasta antes de ir a la cama. Entiendo que si quiero que mi vida sea una buena vida, necesito hacer algunos cambios hombre. Por lo que como te dije Sal, así estan las cosas.

Sal permaneció viéndome, tratando de juntar sus pensamientos. Él me preguntó -¿Y qué con tus hijos esse, no les vas a permitir que anden 'cargados'?

En este momento de mi vida las cosas comenzaron a cambiar. Tenía un trabajo de tiempo completo y estaba cambiando mis pensamientos acerca de qué era correcto y qué era incorrecto. ¡Qué diferencia comparado con mis días de juventud! Todavía tenía un gran problema con mi temperamento. Me tomó un tiempo obtener el control de esto. Si yo no tomaba el control pronto terminaría de regreso en la cárcel por noquear a alguien o por lastimarlo. Aún yo podría ser asesinado por explotar y perder el control y hacer que brotara mi temperamento malo muy rápido.

Capítulo Treinta y Ocho

El trato

Vivía en Long Beach, una ciudad cercana a Wilmington, en un apartamento agradable construído sobre Chestnut Street, a diez cuadras de la playa. La American Can Company estaba como quince a kilómetros de distancia. Podía darme el lujo de vivir en ese departamento costoso porque mi paga era razonable. Traía a casa, después de los impuestos, 103 dólares por cuarenta horas de trabajo en una semana. Realmente 103 dólares era bastante dinero en esos días.

Un sábado en la mañana, me levanté temprano para llevar la batería de mi auto a cargar a la estación de gasolina. Un día antes había tenido que empujarlo y alguien me dio un empujón para poder llegar a casa. Me di cuenta que mi batería no estaba bien ya que nunca había comprado una, pero quería probarla dándole una última carga en la estación de gas.

No tenía quien me diera un 'aventón' a la estación y la batería estaba muy pesada para llevarla cargando. Una idea cruzó por mi mente. Tenía una cortadora mecánica de césped. Me di la vuelta y coloqué la batería encima del aparato. Me encaminé a la estación de gasolina, empujando mi cortadora mecánica con mi batería encima. Eran como las 7 a.m. y la calle estaba vacía, todavía nadie andaba por ahí a esa hora.

Cuando iba empujando mi batería pensando en mis asuntos personales, unos tipos se aproximaron a mí. No me detuve, seguí empujando. Ya me faltaban como seis cuadras para llegar a la estación de gasolina. El auto que se aproximó a mí, traía las ventanas de los pasajeros abiertas y el auto se movía como a dos o tres millas por hora, justo para poder ir caminando a mi ritmo.

-Hey, Camarada, ven aquí. ¡Tengo un negocio para ti!- dijo con un acento de Brooklyn (en el este).

En la American Can Company recibía mi paga semanalmente. Después de pagar mis cuentas de la semana conservaba 40 dólares en mi bolsillo.

-No necesito nada hombre- dije sarcásticamente. En el área de LA todo mundo quiere hacer operaciones fraudulentas o engañosas tratando de vender relojes, anillos o cualquier otra cosa.

Él seguía manejando su auto cerca de la banqueta y en mi camino. -Hey, camarada, trabajo para una distinguida tienda en LA; y estoy entregando estos suéteres. Me dieron demasiados y tengo que deshacerme de ellos antes de regresar. Échales un vistazo. ¡Te los doy muy baratos!

Dejé de empujar y volteé a verlo. Colocando la manija de la cortadora de césped en el suelo y caminando hacia su auto, llegué hasta una de las cajas de suéteres.

-¿Qué es lo que tienes?- pregunté. Luego pensé -¿Quién sale lastimado por mirar?

Detuvo su auto y parecía complacido de que me hubíera detenido. Probablemente pensó que yo era un 'pecesito' y que él me había pescado. Él quería venderme los suéteres por 80 dólares cada uno. Era extraño que la etiqueta del precio la trajera dentro de la envoltura de la caja. Me dijo que los suéteres de muy buena confección y que yo estaba haciendo un gran negocio.

-Puedes conservarlos o venderlos y hacer un poco de dinero para ti.

-¿Cuánto quieres por ellos?

Realmente yo no quería los suéteres pero si podía hacer unos dólares con ellos, no me importaba.

-Aceptaré $100 y te puedo dar los dos.

Coloqué la caja en su auto y me encaminé a mi máquina cortadora.

-¡Hey, muchacho ven aquí! Dime cuánto quieres pagar por ellos. ¡Aprovecha la ventaja porque yo no puedo regresarlas conmigo!

Ya iba empujando la cortadora de césped de nuevo y razonando al mismo tiempo. Pensé -Si él está tan desesperado aceptará lo que yo quiera darle. ¡Este es un tipo tonto! No debería haberme dicho que tenía que venderlos.

-Hey, te daré 20 'lanas' (dólares) por las dos.

-No puedo hacer eso. ¿Qué tal $80?

-No tengo $80- contesté.

Suspiró y dijo -¿Cuánto tienes?

-Solamente tengo $40 pero necesito este dinero.

-Hey, muchacho- continuó, mientras una mirada convencedora

se dibujaba en su cara -Tú puedes hacer dinero con estos suéteres. Puedes venderlos a uno de tus amigos y conseguirás duplicar tu dinero.

Pensé -Él tiene razón. Esos suéteres se ven buenos y tiene un precio alto dentro del paquete-. Me detuve y coloqué la manija de la máquina cortadora de césped en el suelo, de nuevo. Me acerqué a la ventana de su auto.

-Déjeme verlos. ¿Estás seguro de que son buenos suéteres? ¿No son chatarra, verdad?

-Hey camarada, solo míralos. Tú mismo puedes ver que no son chatarra. El tipo había obtenido un punto. En verdad que los suéteres lucían de gran calidad.

-Mira. Tengo que cargar mi batería y necesito algo de gasolina. Por lo que te daré $35. ¡Tómalos o déjalos!

-De acuerdo muchacho. Voy a hacerte un favor. Tomaré los $35.

Compré los suéteres y los llevé al trabajo. A un amigo del trabajo le gustaron pero no tenía suficiente dinero. Tenía una chamarra de piel casi nueva que había comprado unas semanas antes, la cual había traído al trabajo para mostrarla orgullosamente. Hablé con él para cambiar la chamarra por mi suéter. Una semana más tarde vino a trabajar y venía echando humos (enojado).

-Ese suéter era chatarra- dijo cuando se acercaba a mí.

-¿Qué quieres decir con 'era'?

-Sí. Lo lavé y desapareció- dijo.

Lo miré como si fuera un demente por lavarlo y repliqué -¿Lo lavaste en tu lavadora de ropa?

Moviendo la cabeza él aclaró -No, lo lavé a mano y se arruinó en un segundo.

Hey, se suponía que no debías lavarlo.

Me miró como si fuera mi culpa y dijo -¿Qué se supone qué debía hacer?- la etiqueta decía: ¡NO LAVAR EN LAVADORA DE ROPA, NO LIMPIAR EN SECO, NO LAVAR AL VACÍO, NO HUMEDECER!

Conforme me alejaba de él, repliqué -¡Es tu culpa por no seguir las instrucciones!

Vendí el otro suéter a otro individuo del trabajo por $45. Él hizo que el suéter durara. Lo usó solo un par de veces porque pensó que era de muy buena calidad para usarlo todo el tiempo.

Un día estaba sentado en la sala de mi casa un sábado en la mañana cuando sonó el teléfono -M'ijo ¿Cómo estás?

-Papá ¿Dónde estás?

-Estoy aquí en San Gabriel- San Gabriel está como a treinta y cinco minutos de Long Beach -Ven a verme m'ijo, solamente estaré aquí por dos o tres días.

Era agradable escuchar la voz de mi papá. No sonaba igual que cuando era más joven y cuando me gritaba -¡ARTURO!

Cuando era joven recuerdo que deseaba que mi padre fuera como otros padres con los cuales uno podía hablar y estar sin tener problemas. Podríamos llamarle un amor natural.

-Iré Papá. Dame la dirección de donde estás.

Fui a ver a mi padre. Él se había casado con una muchacha de México que tenía la misma edad que mi hermano Eddie. Su nombre era Angelita y ella era la más joven de su familia. Su mamá vivía en San Gabriel con otra hija y su yerno. La mamá de Angelita tenía veintitrés hijos y todos estaban vivos y pasándola bien. Se veía bien a pesar de que había tenido tantos hijos.

De aquí en adelante mi padre iba a LA cada tres o cuatro meses. Cuando estaba en el área, yo viajaba hasta donde él estaba. Algunas veces me visitaba en mi apartamento. Empezábamos a acercarnos.

Cuando mi madre y mi padre se divorciaron, mi padre tomó su parte de dinero al vender la pequeña casa; se fue a Mexicali donde puso una farmacia. Mi tío Jorge tenía su consultorio médico en la otra puerta. Mi tío daba sus recetas y enviaba a sus pacientes a surtirse a la farmacia de mi padre.

A causa de que a mi padre le gustaba viajar alrededor de México y gastar dinero, no le iba muy bien en sus negocios. También compraba y vendía diamantes. El hombre a cargo de su negocio lo dejó caer, no lo cuidaba bien. Mi padre pensaba que su encargado le había robado algunos diamantes.

Para cuando mi padre fue a visitar a la familia de su esposa y a mí, él había perdido su tienda en un incendio. Comenzó a vender otras cosas. A mi padre le gustaba gastar el dinero; lo ganaba fácil y lo gastaba fácil, por miles.

Recibí una llamada para recoger a mi padre. Estaba en San Gabriel y quería que yo fuera con él a manejar algunos de sus negocios.

-De acuerdo, papá. Ahí estaré.

Conforme el tiempo pasaba, podía conocer mejor a mi padre. Cuando era joven, llegué a creer que no le importaba. Pero ahora sabía que me amaba. Era su dura personalidad que lo hacía comportarse de ese modo. Mi padre, a través de los años, nos perdonaba cuando llegábamos a estar enojados con él o cuando él llegaba a estar enojado con nosotros. Al pasar el tiempo, permitía que se le fuera de la cabeza, lo olvidaba. Y créame, él no hacía eso con todos, ni con su madre. Cerca de ocho años antes de que mi abuela Lucita muriera en México, porque era muy ancianita, mi padre se enojó con ella y dejó de hablarle. Cuando ella murió, fue al funeral y pagó por todo. Él lloró por ella mucho. De nuevo, era por su personalidad fuerte. Él amaba a su madre mucho. Ese era el modo de ser de mi padre. Una vez, su hermano, el doctor, se enojó con él; mi padre no le habló por siete años.

Recuerdo cuando visitábamos a mi tío Jorge. Cuando el nombre de mi padre salía a relucir, se veía realmente triste y decía de mi padre -Ay, José. Siempre ha sido de este modo, aún cuando era un muchacho.- La familia de mi padre en México, lo amaban y trataban de entenderlo.

Encontré a mi padre en San Gabriel -Arthur, vamos a ir primero a LA, a ver si puedo hacer unos negocios. Necesito dinero. Gasté todo mi dinero en un pequeño pueblo de México.

Cuando mi padre dijo que gastó todo su dinero en un pequeño pueblo; yo sabía lo que quería decir. Probablemente cuando llegó al pueblito, fue a una fiesta, compró tragos y pagó por música de mariachi para todos. Él solía gastar miles en unos minutos.

Cuando llegamos al centro de LA, me dijo que camino tomar, ya que yo no conocía ese rumbo en ese tiempo. Estábamos en una calle que solamente tenía tiendas. Me bajé del carro y noté que algunas de las tiendas tenían un guardia parado afuera para evitar que el público entrara.

-Papá, ¿Por qué tienen guardias parados ahí?- le pregunté. Me parecía que los propietarios querían que la gente entrara y comprara toda su mercancía.

-Porque si no lo tuvieran toda la gente entraría y quisieran comprar las cosas.

-¿No es eso lo que los dueños quieren, que la gente compre cosas?- le pregunté, sin entender.

-Estas tiendas no quieren vender una cosa (menudeo). La gente puede entrar en estas tiendas si tiene licencia para venta al mayoreo. No puedes comprar una sola, pero sí cientos o miles. Algunas veces, si ellos te conocen, puedes comprar unas cuantas cosas solamente.

Conforme caminábamos por la banqueta, mi padre me señaló la tienda en la que entraríamos. En la primera tienda en la que entramos, todos conocían mi padre. Lo conocían con el sobrenombre de 'Pepe'.

-¡Hola, Pepe!- gritó un hombre que estaba ayudando a alguien más.

El hombre detrás del mostrador dijo -Pepe, ¿Cómo estás? No te había visto en unas semanas. ¿Dónde has estado?

Mi padre se detuvo un momento mientras se arreglaba con las manos, el cabello que le caía en la cara, luego le dijo -Estaba en México haciendo negocios, John. ¿Cómo has estado?

-Estoy bien. ¿Desplazaste toda la mercancía que recogiste la última vez que estuviste aquí? - preguntó el hombre curiosamente.

-Oh sí, el mismo día. ¿Qué tienes ahora John? ¿Algo diferente?

-No, Las mismas cosas que tenía la última vez que viniste. Conseguiré algunas cosas nuevas, tal vez en una semana. Un embarque está por llegar.

-De acuerdo, John. Regresaré entonces.

El otro hombre nos saludó, moviendo el brazo, cuando salimos por la puerta. Una vez afuera, mi padre dijo -Solo le compro a él cuando no me queda remedio, o cuando tiene algo realmente bueno. Ahora vamos a visitar a mi amigo Max.

Entramos a la siguiente tienda y Max estaba realmente emocionado de ver a mi padre. Actuaba como si mi padre fuera de su familia. -¡Pepe! Qué bueno es verte- dijo cuando le daba a mi padre un abrazo y palmeaba su espalda. Max continuó -¿Cuándo llegaste?

Mientras mi padre le platicaba a Max, cómo había estado y cuándo había llegado de México, yo andaba observando las mercancía. Había estantes y más estantes de ropa, también cajas y cajas de mercancía provenientes de muchos lugares. A mí me parecía como un tiradero o un desorden de ropa. Algunas cosas estaban bien organizadas y otras estaban amontonadas unas sobre otras.

-Max, este es mi hijo Arthur. Él vive en Long Beach.

Iba a estrechar la mano de Max, pero él se paró cerca de mí y me dio un abrazo, como si yo fuera su primo de mucho tiempo. -Ya he oído hablar de ti, Arthur. Tu padre me ha hablado de ti. Él está muy orgulloso de ti.

¿Mi padre estaba orgulloso de mí? Yo siempre había tenido la impresión de que no me amaba. Tal vez yo estuve siempre equivocado. Mi padre me dio una mirada de aprobación. Un segundo más tarde volvió su atención a Max.

-Max, ¿Qué tienes para vender?- Cuando él dijo eso, yo miré a la parte de atrás de la tienda.

-¿Qué es esto?- me pregunté a mí mismo, cuando algo atrapó mi atención, porque creí reconocerlo. Me encaminé a la parte de atrás y vi cientos y cientos de cajas apiladas contra la pared de atrás. Continué acercándome a las cajas.

Cuando me alejé unos pasos de donde mi papá estaba, notó la dirección que había tomado y dijo -¡Arthur! ¡No vayas atrás! ¡Ahí es donde Max guarda sus baratijas.

Max habló también casi al mismo tiempo -No, no. No vayas ahí. Solo los artistas de lo fraudulento van ahí- No me detuve. Tenía que ver por mí mismo si era lo que estaba pensando.

Levanté una de las cajas y no podía creerlo, el de $80. Cientos de ellos. El individuo con acento de Brooklyn dijo que ellos venían de una tienda de calidad. -Max, cuánto cuestan estas cajas?- pregunté recordando que yo había pagado $35 por dos.

-¡Oh no, Arthur! Tú no puedes querer eso. Son baratijas. Regresa aquí.

Mi padre dijo -Arthur, ven aquí, m'ijo; tú no puedes querer esas baratijas.

-No las quiero. Solo quiero saber lo que cuestan.

Max me miró con los lentes en la punta de la naríz. Inclinando la cabeza un poco hacia adelante para echar una mirada a lo que yo tenía en la mano, me dijo -Esos son a $1.50, pero si compras muchos, te daré un mejor precio.

$1.50 y yo había pagado $35 por dos suéteres. Y todavía 'quemé' a mis amigos del trabajo, vendiéndoles estos estúpidos suéteres.

Regresé al mostrador, sin creer todavía que había sido 'quemado' por mucho dinero. En esos días $35 era mucho dinero. Cuando pensaba en esto, noté cierta mercancía detrás del mostrador, "The Famous Six Perfumes, (Los seis famosos perfumes) anunciados en el Espectáculo de Jhonny Carson". El precio dentro del paquete era $60.

Permanecí ahí esperando a que mi padre y Max dejaran de platicar -Hey Max, ¿Cuánto valen estos perfumes?

-Ahora, ese es un buen negocio, $1.50. Esos son buenos; acaban de llegar en un embarque. Tengo muchos de ellos. -Compré quince, para ver si podía vender The Famous Six Perfumes.

-Oh Pepe, recibí estos el otro día, no se si estás interesado- Max levantó una caja. La apariencia externa se veía muy bien. En rojo con grandes letras, "Tiffany" estaba escrito en el frente de la caja. Era negra y parecía como si la hubiesen hecho de piel. Abrió el frente. Tenía dos tapas que se abrían al frente y dentro de la caja, estaba adornado de terciopelo rojo. En la esquina de arriba, contenía una pequeña botella de perfume, en la otra esquina una botella de colonia para hombres. En las esquinas de abajo, tenía dos pequeñan barras de jabón de muy buena forma y agradable olor. Mi padre la levantó.

Sosteniéndola en las manos le preguntó a Max -¿Cuánto quieres por esto y cuántos tienes?-

Rascándose la parte de atrás de la cabeza Max dijo -Quiero tres dólares por cada uno de ellos y tengo cinco mil.

-De acuerdo Max, los tomaré. Te mandaré un muchacho a recogerlos en un par de días. Permíteme que me lleve tres como muestra- dijo mi padre.

Así de fácil. Mi padre debía saber lo que estaba haciendo.

Dejamos la tienda y mi padre me llevó al Hotel Alexandra en el centro de Los Angeles. De camino, mi padre iba diciéndome que todo lo que traía con él en el viaje, era un billete de $100. Eso era todo lo que tenía y tenía qué hacer dinero rápido. -Necesito dinero- dijo -Por lo que hoy voy a trabajar.

El Alexandra era un hotel de primera clase. Tenía un ring de boxeo y hacían peleas de campeonato ahí. Fuimos al salón de descanso. El salón era muy agradable. Había una pequeña plataforma para una banda, que tocaba música en la noche. Al final del salón, había un hombre acompañado de una mujer, tomando un trago en una de las mesas. Además de ellos, la única otra persona en el salón, era el que atendía el bar. Estaba oscuro. El barman estaba haciendo algo cuando nos sentamos en los bancos del bar. Levantó la vista para vernos. Cuando vio que era mi padre, levantó los brazos al aire y noté su emoción.

Cuando caminaba hacia nosotros, dijo con acento mexicano -¡Pepe! ¡Es bueno verte! ¿Cómo has estado mi amigo? ¡Mi buen amigo!

-Estoy bien, Beto. Estaré por aquí solo unos días.

-¡Ven a quedarte a mi casa, Pepe!

Ahí estaba yo sentado en el banco del bar, admirado al darme cuenta de que todos conocían a mi padre y lo trataban a él como si fuera parte de su familia.

-Beto, este es mi hijo, Arthur.

Beto me miró y extendió su mano para extrechar la mía. Cuando estrechaba mi mano dijo -Tú sabes, tu padre es número uno por aquí. Él es bueno con todos, tú sabes. Él me ha ayudado mucho.

Mi padre ordenó un trago y yo ordené una Coca. En ese momento, un grupo de gentes bien vestidas, con trajes de calle, entraron al salón. Di la vuelta y los observé. Uno de ellos se desprendió del grupo y se arrimó a nosotros -¡Pepe! ¡Hey, Pepe está aquí!- Todos se emocionaron y vinieron a abrazar a mi padre. No podía creer que toda esa gente, fueran amigos de mi padre. Me había dicho en su última visita, que sus amigos eran gente importante, pero pensé que todo eran habladurías. Mi padre me presentaba con todos los hombres. Detuvo a uno de ellos y me preguntó si sabía quién era.

-M'ijo, ¿Sabes quién es él?

Miré al individuo, pero no tenía ni idea de quién era -No- dije.

Todos comenzaron a reírse y mi padre preguntó -¿No miras el box, m'ijo?

-Sí, siempre lo hago- dije vacilante.

-¡Este es Mando Ramos, el campeón mundial!- dijo mi padre y todos se rieron con él. Sacó su único billete de $100 y lo puso en el bar -Beto- mi padre lo llamó, moviendo la mano -Ven aquí.

-¿Sí, Pepe?

-Aquí tienes un billete de $100. Tragos para todos. Déjame saber cuándo se acaba y no olvides tomar tu propina de ahí- dijo señalando su dinero.

Beto se movió para acercarse a mi padre y colocó su mano sobre el brazo de mi padre. Él dijo -Pepe, tú no tienes que dejarme una propina. Tú me has dado suficientes propinas que duran para toda la vida-. En eso días $100 era muchísimo dinero.

Mi padre platicaba con uno de los tipos que estaba sentado cerca de él, acerca de algunas gentes que ellos conocían y de algo que les había pasado. Yo solo estaba sentado ahí, sin decirle nada a nadie, pero pensando. Si mi padre llamaba a esto trabajar, este era el tipo de trabajo que yo quería encontrar. Luego vi a mi padre hurgar en su maleta. Sacó una caja de perfume Tiffany y se lo pasó al hombre.

-Esto está muy bueno, Pepe ¿cuánto quieres por esto y cuántos tienes?- preguntó el hombre cuando abría la caja para mirar adentro.

-Tengo cinco mil y quiero $5 por cada uno de ellos.

-Bueno. Los tomaré. Pienso que puedo venderlos.

Mi padre no se notaba como si estuviera emocionado o algo parecido. -De acuerdo, mandaré un muchacho a entregártelos, en tu tienda en Pasadena, mañana. -Y eso fue todo. ¡Qué negocio tan rápido! No podía creer que mi padre pudiera hacer tanto dinero tan rápido. Ni siquiera lo había pagado. Cuando dejamos el bar, mi padre dijo que había estado haciendo trabajo para un par de meses.

Llevé mis "Famoso Seis Perfumes" al trabajo y los vendí en media hora en el tiempo del almuerzo. Regresé a la tienda de Max repetidamente para comprar diferentes cosas: sacos deportivos, aceites de baño, más perfumes y otras cosas. Hice mucho dinero, al margen de mi otro trabajo y esperaba que no tuviera que trabajar en la American Can Company toda mi vida, claro que yo tendría que hacerme tan bueno para las ventas como mi padre.

Estaba planeando tener un trabajo fácil y no trabajar duro. Cuando miraba los grandes camiones pasar, pensaba dentro de mí - Algún día, este es el tipo de trabajo que voy a tener.

Cuando el tiempo corría, tuve que mudarme de regreso a San José. Mi madre estaba pasando dificultades para manejar su casa en Emory Street. Se mudó de regreso a Virginia Place y rentó la casa de Emory. La gente de Emory estaba destruyendo el lugar y ella no podía costear los arreglos, por esta razón mi madre estaba perdiendo. Los arrendatarios que vivían ahí, no estaban pagando la renta y mi madre no podía hacer los pagos.

En Wilmington, la American Can Company se estaba preparando para una gran huelga con la 'unión' (el sindicato). La compañía había rentado una gran bodega y estaba rellenándola de envases de lata, anticipándose a la gran huelga.

Mi madre me llamó y me preguntó -Arthur, si quieres la casa de Emory Street, la puedes tener, pero tienes que regresar a San José, recuperar la hipoteca y arreglarla.- Me sonaba bien. Mi vida se había enderezado lo suficiente, ahora sí sentía que podía manejarlo.

Capítulo Treinta y Nueve

UNA NUEVA VIDA

Hice la gran mudanza a San José y viví con mi madre mientras arreglaba la casa de Emory Street. No tenía experiencia en reparaciones de construcción, pero tenía la mejor ayuda que podía conseguir. La hermana de mi madre, mi tía Anabel estaba casada con mi tío Bob. Mi tío Bob iba a la casa de Emory Street todos los días para ayudarme. A causa de que la tubería de agua se había dañado había que recolocar el cielo raso. El Aeropuerto municipal de San José estaba a unas cuadras y la casa estaba considerada bajo los diseños de pista de aterrizaje para aeropuertos. Todas las veces que los grandes aviones pasaban sobre la casa, las paredes vibraban y se perdía un poco más de cielo raso.

Cuando tenía como cinco o seis años y vivía en Spencer Street, mi tío Bob y mi tia Anabel vivían en un trailer en nuestro espacio privado que comunicaba la casa con la calle. Mi tío trabajaba para la Marina y fue asignado a la policía militar. Venía a la casa para el almuerzo y nosotros lo esperábamos para ver a los criminales en la parte de atrás de la camioneta de redilas.

Lo miraba detenerse y solía decirle -Hola tío Bob.

-Hola, Arthur. ¿Cómo estás hoy?

-¿Traes tipos malos ahora?

-Hoy no, mañana quizás- Pero no le creía, así que me aseguraba de que estuviera diciéndome la verdad. Tan pronto como entraba al largo terreno de la casa hasta su trailer para almorzar, yo me deslizaba hacia la redila de rejas de la camioneta cuidadosamente para que los tipos malos no pudieran verme. Sin embargo me decepcionaba porque él nunca traía tipos malos.

Más tarde, mi tío y mi tía se mudaron del trailer y compraron una casa. Cuando era pequeño, pasé varias noches con ellos en su casa. Casi siempre que fui, me lastimaba mientras estaba jugando y mi tío y mi tía me llevaban aprisa a la sala de emergencias. Ellos siempre nos trataron bien y estaban listos para ayudar a quien fuera con cualquier cosa que pudieran. Fueron gente buena y en algunas ocasiones tuvieron a mi problemático tío Joe, viviendo con ellos, tratando de ayudarle a enderezar su vida. Él les provocó mucho sufrimiento emocional.

Cuando me mudé a San José, comenzamos a arreglar la casa. Tan pronto como terminaba su faena de trabajo, venía a Emory Street con sus herramientas y se ponía a trabajar. Algunos días, yo realmente no quería trabajar en la casa y me iba hasta allá manejando, esperanzado en que mi tío no llegara. Estaba dispuesto a tomar un día libre. Sin embargo, él nunca falló. Realmente aprecio todo el apoyo que él me dio.

Una vez que el trabajo de la casa fue completado, me mudé y viví ahí por unos años. Mi segundo hijo, Daniel, nació durante el tiempo en que viví en Emory Street.

Comencé trabajando en diferentes sitios, pero no me gustaban los trabajos de tan poca paga que conseguía. Finalmente encontré un trabajo en Owens Corning Fiberglass en Santa Clara. Y era mejor pagado que en los otros trabajos. Trabajé en períodos rotatorios de trabajo, siete días a la semana, dos libres y luego cambiaba el período de trabajo. Algunas veces no sabía si venía o si iba.

Estuve en Fiberglass (Fibra de vidrio) por cinco años, tratando de hacerme cargo de mi familia. Un día, se presentó la oportunidad, se necesitaba un chofer para un camión de la compañía. Esto era lo que yo quería hacer. Uno de mis sueños finalmente se hizo realidad, tener un trabajo fácil, manejando un camión. Me encargaba de llevar los desechos de fibra de vidrio al basurero. La compañía tenía sus propios camiones que tiraban la basura que se producía.

Todos los días, tenía que dejar el recipiente recolector a las 4 a.m. Una mañana prendí el camión como lo hacía todos los días. Dejé el recipiente y me alejé del terreno. Lafayette Street era una pequeña carretera rural, un carril venía, otro iba. Casi todas las mañanas, en los meses de invierno, la neblina flotaba. Manejaba entre la niebla y tenía que ser cuidadoso porque estaba espesa. Aunque mi camión tenía una gran estructura, la niebla llegaba tan alto como mi parabrisas. Para mí no había ningún problema de visibilidad mientras manejaba. Los autos viajaban muy despacio, engullidos por la niebla. Iba junto con ellos y los veía, moviéndose a tan poca velocidad. Pasaba corriendo a un lado de ellos, un poco más rápido que lo que ellos se movían. Ellos probablemente pensaban que yo era un demente al pasar tan rápido. Desde su punto de vista todos estaban en la niebla. Pasaba auto tras auto, por todo el camino de Lafayette Street.

En esta mañana en particular cuando llegué hasta el basurero, en Alviso, todo estaba en silencio y quieto. La niebla estaba tan densa que yo tenía que palpar la entrada para abrirla. Podía decir donde había dejado mi camión, por el sonido del motor de diesel que había dejado encendido. Una vez que la entrada estuvo abierta y el recipiente fue colocado, regresé, trepándome a mi camión y me dirigí a la montaña, al área de descarga.

La montaña se había formado, de años de juntar desechos que se habían traído al basurero. Cuando mi camión subió la loma, quedé fuera de la niebla. Retrocedí con el trailer los 12 metros al área donde debía tirar los desechos. Me bajé del camión y me encaminé a la parte de atrás del trailer, permanecí ahí un minuto para mirar alrededor. Me gustaba hacer esto en la mañana, mirar toda la niebla y ver las luces de todo el camino a San José. Era una vista muy bella.

Me di la vuelta y alcancé la manija para abrir la gran puerta de atrás del trailer. La manija quedaba horizontal cerca del nivel de mi nariz. Jalé la manija, no se abría. Jalé de nuevo con toda mi fuerza. No podía moverse a causa de la presión que había adentro. Toda la basura estaba empujando contra la puerta de atrás del trailer. Traté de nuevo, pero todavía no podía abrirla. Algo más andaba mal con esto. Algo se ha de haber doblado en alguna parte. Le había dicho a uno de los mecánicos de la compañía, un par de días antes, que la puerta de atrás estaba muy difícil de abrir.

Busqué algo alrededor, algo como un dos por cuatro o una barra que estuviera tirada. Vi una tabla y la recogí -Esto lo hará funcionar- dije, hablándome a mí mismo. Apalanqué la tabla, detrás de la manija de acero del trailer y jalé fuerte, pero no se abrió. Traté de nuevo. Esta vez jalé más fuerte; mis pies casi habían dejado el suelo. De repente la manija de acero cedió y se destrabó. Sucedió tan rápido que no supe que fue lo que me pegó. ¡Me pegó directamente en la nariz!

Lo siguiente que supe, es que estaba yo como a cinco metros del trailer, rodando, gimiendo de dolor, ¡y que al final yacía en el suelo lleno de sangre! Permanecí en el piso por un buen rato.

Antes de que el dolor comenzara a ceder, vi alrededor. El motor de mi camión estaba funcionando. La puerta del camión estaba abierta y los desechos estaban cayendo por la parte de atrás del trailer. Esto quería decir que no era solo cuestión de levantarme, cerrar la puerta y regresar manejando a la planta. Había costado mucho trabajo destrabar la última parte de la palanca para abrir la puerta. Tenía que enganchar una línea de aire del camión y luego enganchar una pistola de aire a una cadena y levantar la puerta, para que pudiera tirar los desechos, si no, la puerta trababa el sistema al atorarse entre la basura que caía. Usualmente, tomaba veinte minutos la descarga. No sabía que hacer. Ahí no había teléfono y tampoco traía radio de dos vías en el camión. Mi nariz continuaba sangrando. Cada vez que trataba de levantarme del suelo, comenzaba a dolerme y a sangrar. ¡Qué diantres! Me di cuenta que lo que debía hacer, era permanecer ahí e el suelo hasta que el individuo que trabajaba ahí comenzara su horario de trabajo a las 8 a.m.

Permanecí ahí como dos horas. Si no me movía, no me dolía la nariz. El tiempo pasó, me sentí cómodo y esperé. El sol apareció por encima de las montañas donde yo estaba tirado. No podía creer la vista, un manto bello parecía haberse tendido sobre el pantano, un manto de hierba verde se extendía por kilómetros. Mientras yacía ahí, vi la niebla levantarse y desaparecer. Vi a un pobre conejito siendo perseguido por tres perros durante una hora. Mientras un perro descansaba, el otro perro seguía su cacería. Finalmente el conejo se cansó. Fue hecho pedazos por los tres perros.

La sangre de mi cara se estaba secando. El tiempo en que no me movía, mi nariz no sangraba. El hombre que trabajaba en el tiradero, llegó a las 8 a.m., pero no se dio cuenta que estaba en la loma. Pensó que había dejado abierta la puerta a propósito. Podía verlo desde donde estaba. Ya que todo estaba en silencio, él podría escuchar el motor de diesel de mi camión. La herida me dolía mucho. No podía gritar. Finalmente, vino y me llevó al hospital

Trabajé en Fiberglass por cinco años. Luego encontré otro trabajo, manejando un gran camión Mack de diesel con remolques dobles. Cuando fui contratado para el trabajo, el dueño habló conmigo y me preguntó: -¿Has manejado este tipo de camiones antes?- El camión que conducía en Fiberglass tenía trece velocidades, era fácil de manejar. Estábamos en su oficina y ahí le contesté -¡Oh sí! No hay problema. Puedo manejarlos fácilmente. He manejando por años. Puedo manejar lo que sea.- Entonces él me preguntó si yo sabía conducir estos camiones con este tipo de transmisión. No tenía idea de lo que me estaba hablando, así que no dije nada. Solo actué como si supiera todo acerca de camiones. No sentí que hubiese mentido, sólo lo dejé hablar.

Capítulo Cuarenta

Primer trabajo

Un día de verano, cuando yo tenía ocho años y Eddie tenía diez, habíamos sido levantados temprano. -¡Edmundo, Arturo! ¡Levántense!- Ambos nos levantamos sin saber lo que mi padre tenía planeado para nosotros. Era más temprano que lo usual para levantarse y para trabajar en el patio. Nos dijo que nos hiciéramos un emparedado para nuestro almuerzo porque íbamos a ir a trabajar. ¿Trabajar? No teníamos idea lo que estaba planeando para nosotros. Cuando estuvimos listos, nos dijo que fuéramos al auto a esperarlo. Obedeciendo su orden, nos sentamos en el auto, sin decir mucho porque todavía estábamos medio dormidos.

Mi padre salió de la puerta de enfrente, subiéndose aprisa al auto. No dijo nada al principio. Una vez que dejamos Virginia Place, comenzó con su habitual plática instructiva de lo que un buen trabajo debería ser. Él nos dijo que cuando era un muchacho joven, su madre le enseñó a trabajar. -Si no había trabajo, mi madre agarraba un poco de arroz y un poco de frijoles, los mezclaba y los tiraba al suelo. Entonces tenía yo que separarlos. Si no lo hacía suficientemente rápido, mi madre solía castigarme-. Mi padre nos explicó que su madre era quien se encargaba de educar a los niños, porque su padre estaba muy ocupado con los asuntos de su profesión de abogado y de médico.

Mi padre iba manejando hacia el este sobre Mckee Road. Dimos vuelta a la izquierda sobre Capitol Avenue. Toda esta área, era de huertos de albaricoques en ese tiempo. Mi padre condujo el auto sobre la esquina del noreste. Este era un camino rural sin banquetas.

Al principio no vimos una sola alma por ahí. Mi padre nos dijo que saliéramos del auto y que lo siguiéramos. Cuando salimos, yo eché un vistazo por el huerto donde la gente estaba trabajando. Esa

240

era la dirección en la que mi padre iba caminando. Cuando nos aproximamos al primer trabajador, que iba caminando con una gran escalera para colocarla a su nueva posición, mi padre le preguntó -¿quién es el capataz aquí?

El hombre fijó la mirada en Ed y luego en mí y dudó un momento. Noté que no había otros muchachos trabajando en el huerto, recogiendo albaricoques. Miró en otra dirección y señaló a un hombre que se movía cerca de unas cajas vacías. -Allá. El hombre que sostiene la caja y que usa una camisa verde- dijo el trabajador cuando comenzaba a trepar en su escalera, sin esperar a perder su tiempo. Él sabía que el calor del día empezaría pronto.

-Vamos- dijo mi padre con sus ojos fijos en el hombre de la camisa verde.

Nos aproximamos al capataz. Detuvo lo que estaba haciendo y nos miró. Mi padre habló primero -Hola, necesito trabajo para mis muchachos. Me gustaría dejártelos aquí por todo el día, para que ellos sepan lo que es trabajar para la vida.

Cuando el hombre iba a responder, mi padre sacó un billete de diez. En ese tiempo, diez dólares eran mucho dinero. Los ojos del hombre se posaron en el billete y mi padre continuó -Quiero un reporte al final del día cuando los recoja. Quiero saber cómo se portaron y si hicieron un buen trabajo. Y tú no tienes que pagarles a ellos; ellos trabajarán gratis. Quiero que aprendan 'a trabajar como hombres'.

Cuando mi padre estaba hablando, el hombre nos miró con la más triste expresión que yo había visto. Sus ojos mostraron que sentía pena por nosotros. Él sabía que teníamos un padre estricto que nos estaba dejando con completos extraños para enseñarnos cómo trabajar. Mi padre ya nos había enseñado como trabajar en nuestra casa, ahora el nos quería fuera en el mundo real. Sabíamos que si no cooperábamos con el capataz, recibiríamos cinturonazos por la tarde y nosotros no queríamos eso.

El hombre accedió y dijo que nos supervisaría. Mi padre volteó a mirarnos y dijo que regresaría a las 3:50 y que sería mejor que obtuviéramos un buen reporte del capataz.

-Bueno. Muchachos, vámonos. ¿Han cosechado albaricoques alguna vez?- preguntó el capataz, tratando de sonar amable.

-No- contestó Eddie.

-Agarren esa escalera y pueden cortar los de las ramas más bajas. Llenen la cubeta y póndanla en la caja. Por cada caja que llenen, yo

241

les pagaré.

Ed y yo nos miramos uno al otro. Nuestro padre dijo al capataz que no debía pagarnos, pero iba a pagarnos de todas maneras. -Gracias- dijimos los dos cuando íbamos por la escalera. La escalera era muy grande, manipularla ya era todo un trabajo para nosotros.

Durante el día, trabajamos realmente duro. Queríamos que el capataz le diera a mi padre un buen informe, además estábamos haciendo dinero real. A la hora del almuerzo comimos la comida que trajimos. Por las 2:00 p.m. habíamos ganado dos dólares. No estaba tan mal para dos muchachos que no sabían recoger albaricoques. El camión de comida venía al huerto por una carretera de terracería. Algunos de los trabajadores dejaban su trabajo y venían a comer un bocadillo. Los demás continuaban trabajando, esperanzados en hacer mucho dinero aprovechando completamente el tiempo. Eddie y yo dejamos de trabajar. Nos sentíamos muy cansados y ya habíamos ganado dos dólares. La última hora o más nos la pasamos jugando. El capataz nos miraba a menudo; esperábamos no le reportara esto a mi padre. El camión de comida se llevó nuestros dos dólares. Nos sentamos debajo de un árbol y comimos todas las buenas cosas que habíamos comprado. Para esa hora del día, estábamos enfermos de comer albaricoques.

Mi padre llegó justo a tiempo. Estábamos preocupados de que el capataz fuera decirle que habíamos estado jugando al medio día. Mi padre nos llamó para acercarnos hasta donde el capataz estaba.

Conforme nos acercábamos, le dijimos -Hola, papá- Sabíamos que si no lo saludábamos, él estaría muy a disgusto con nosotros.

-Hola. ¿Cómo se portaron mis hijos hoy?- preguntó, mirando al hombre desde antes.

El capataz respondió, mirando hacia nosotros, -Tus muchachos, lo hicieron muy bien. Ellos son buenos muchachos. Y buenos trabajadores. Trabajaron muy duro todo el día, sin rendirse.

Nuestro padre parecía complacido y dijo -Entonces los traeré de regreso mañana.

Nuestros corazones se sumergieron al estómago. No nos gustaba este trabajo.

-Oh, lo siento mucho, caballero. Pero el propietario del huerto vino y me preguntó qué hacían estos jóvenes muchachos. Me dijo que no quería que ellos trabajaran solos. Además me dijo que si usted quiere trabajar con ellos, entonces todo estará bien.

Nuestros corazones subieron de regreso a donde se supone que debían estar. Nosotros sabíamos que nuestro padre nunca aceptaría estas condiciones. Había muchos jovencitos trabajando en los campos y en los huertos durante este tiempo, pero la mayoría de ellos trabajaban junto a sus padres y a sus familias. Para muchos, trabajar en el campo era su entera forma de subsistencia.

Cuando llegamos, entramos al auto y nos alejamos, yo sabía que habíamos hecho lo correcto. Mi padre mostraba una placentera emoción. Desde ese año en adelante, nosotros trabajamos en los campos todos los veranos.

◆ ◆ ◆

-Tienes el trabajo. Puedes comenzar mañana- dijo el propietario de la compañía de camiones.

Llegué a las 6:45 a.m. y listo para salir. El patio donde se guardaban los camiones tenía como treinta enormes camiones. Cerca de diez de ellos eran de mi patrón y el resto era de propietarios individuales que manejaban sus trailers.

Cuando el propietario me vio entrar y me señaló un gran camión que tenía que manejar ese día. Era un Mack.

-De acuerdo. No hay problema- dije.

Este camión era mucho más grande que el otro que manejaba en Fiberglass. El propietario estaba parado en medio del patio hablándole a los choferes. Noté que me estaba observando, como tratando de ver que hacía. Una vez que inspeccioné el agua, el aceite y las llantas, me subí a la cabina del camión.

-Aquí voy- pensé.

Le di la vuelta a la llave y nada pasó. Oí al camión de enseguida al mio hacer un chillido y la maquina encendió. Empecé a jalar diferentes cosas en el tablero para mirar como se encontraba. Alguien me había dicho acerca de esto, pero no sabía exactamente que lo hacía o cómo trabajaba. Se suponía que debía jalarlo y que con eso el encendido tomaría más poder. El propietario se mantuvo viendo hacía donde yo estaba, preguntándose por qué no había encendido el camión y probablemente preguntándose si yo sabía xomo manejarlo.

Se aproximó y me preguntó -¿Está todo bien? ¿Estás seguro de que sabes cómo manejarlo?

-Oh sí. Me gusta asegurarme que todo esté bien con mi camión antes de que salga- contesté nerviosamente. Justo en ese momento coloqué mi mano en una palanca cercana a mi rodilla y la jalé. Hizo el ruido que quería oír. Sonó como si esto hiciera el encendido más fácil. Di la vuelta a la llave y el motor encendió inmediatamente.

El propietario regresó al patio. Miré hacia abajo para ver la palanca de velocidades, esperanzado de que fuera uno de trece velocidades. '¡Pues ya que!', tenía dos palancas de diferentes posiciones con dos engranajes para la transmisión. Traté de imaginarme cómo hacerle, porque yo solamente había oído de esto. Recordaba a alguien explicándome cómo operar este tipo de transmisión con dos engranajes separados.

Hice presión para meter el clutch, lo puse en velocidad y solté el clutch. Nada pasó.

Los otros camiones comenzaron a moverse fuera del patio. Cuando un camión atravesó entre el propietario y yo, solté el clutch de nuevo. El camión se apagó, pero lo reencendí antes de que el dueño mirara donde yo estaba. Yo podía ser despedido antes de haber comenzado mi nuevo trabajo. Yo era el único chofer de camión que no había abandonado el patio. El propietario se acercó de nuevo a mí. Se paró cerca de la puerta de la cabina.

A causa de que la cabina estaba muy alta, levantó la vista y me preguntó -¿Está todo bien?

-Seguro que sí. Quiero asegurarme que el camión, del que seré responsable, se caliente bien antes de salir- dije. Tenía mi mano en la otra transmisión, tratando de jugar con ella cuando él estaba hablando.

Con una mirada llena de dudas, dijo -¿Estás seguro de que todo está bien?

Justo en ese momento escuché que entraba el otro engrane de la transmisión y el camión se zarandeó un poco.

-De acuerdo. Lo veo luego- dije cuando salía del patio muy despacio. Manejaba despacio no porque quisiera manejar así, sino más bien porque no sabía qué velocidad de la transmisión había entrado. Si la sacaba del engranaje, probablemente no podría colocarla de regreso en su lugar.

En toda mi vida ese ha sido el día más difícil manejando un camión. Me detenía a cada momento en la vía libre, a causa de que perdía los engranajes de la transmisión. Tenía que pararme y comenzar desde la primera velocidad una vez más. En un momento, estaba yo perdido de nuevo. Todo el día fue del mismo modo. Recuerdo que algunas veces, mi visión fue empañada por el sudor que corría por mi cara. Acarrear un vagón doble por primera vez fue un poco espantoso. Cuando iba dando la vuelta a una esquina, miraba hacia atrás, a través de mi espejo. Mis cajas de trailer todavía no terminaban de pasar.

Una vez que todos los camiones recogieron sus cargas de rocas en Stevens Creek Quarry, retornamos a nuestro destino. El hijo del propietario, quien era uno de los choferes, no sabía que habían puesto un radio de dos vías en mi camión. Podía oír a todos los otros choferes de nuestra compañía platicando.

Conforme nos acercábamos al sitio de trabajo, no me miraba que iba detrás de él. Él preguntó a uno de los choferes -Hey, ¿Dónde está ese chofer tonto mexicano que mi padre contrató?- dijo esto porque todos los otros choferes eran gabachos. Una vez que nos detuvimos, vio mi camión detrás de él.

-¡Ahí está ese tonto! No sé por qué mi padre contrata mexicanos- dijo a través de la radio. Estacioné el camión cerca del de él, me bajé y caminé hasta su lado. Me vio acercarme a su cabina a través de su espejo y me sonrió. Movió la cabeza, saludándome. Abrí la puerta de la cabina, sin decir nada al principio. Él no sabía lo que yo quería.

-Hey, ¿Qué pasa?- preguntó.

-¡Mira Junior! ¡Mi nombre es Art! ¿Lo entiendes?- esperé su respuesta.

-Sí- contestó, sin saber por qué le estaba diciendo yo eso.

-No es tonto.

Mi padre nació en México y estoy orgulloso de ello. Su cara se tornó roja, no sabía que decir.

Después de algunos segundos el dijo -Yo no sabía que tuvieras un radio en tu. Lo siento.

Lo miré, cerré su puerta y dije -¡Todo listo! Cuando regresaba a mi camión, no sabía si iba a tener un trabajo al siguiente día. Sin embargo, lo tenía. Después de eso pudimos congeniar bien. Continué trabajando para esa compañía por dos años.

Capítulo Cuarenta y Uno

UNA MINA DE ORO

La primera recesión golpeó a principios de setentas y había poco trabajo. Un amigo mío, Leo, me pedía que fuera a su compañía a trabajar con él. Finalmente acepté. Él habló con su jefe y consiguió que entrara. Era una compañía de recolección de desechos y el trabajo era manejar un camión desmontable, recogiendo y tirando grandes cantidades de desechos. En esta compañía de desechos, manejábamos camiones más pequeños de los que usualmente había manejado.

Un camión desmontable, tiene largos rieles detrás de la cabina. Para montarla retrocedíamos el camión hasta una caja recolectora que estaba en el suelo. Con el sistema hidráulico del camión bajábamos los rieles. El extremo de los rieles tocaban el suelo enfrente de la caja recolectora. El camión tenía un cable largo de acero que podía sostener veinticinco toneladas de peso. Se enganchaba en el frente del cajón recolector. Desde dentro del camión jalaba una palanca que hacía funcionar el sistema hidráulico. El cable de acero del camión jalaba la caja recolectora que la hacía subir por los rieles. Algunas compañías que usan camiones desmontables se refieren a ello como -camiones de carga en hombros-. Llevábamos el camión al basurero, lo retrocedíamos hasta donde se suponía que debíamos vaciarlo, abríamos las puertas de atrás de la caja recolectora y levantábamos los rieles. Todo caía de la caja del mismo modo como un camión de basura. Me divertía cuando trabajaba con Leo. Los días que trabajé con Leo, él solíalevantar cosas del basurero. En el último día que él me entrenó, detuvó el camión y dijo -Ahorita regreso-. Salió del camión y recogió una caja de madera que estaba cerca de una de las pilas de desechos y caminó sobre la pila que uno de los grandes camiones había tirado en el suelo del basurero. Leo comenzó a levantar un poco de cable telefónico, del montón de cosas tiradas y lo colocó en su caja.

Se detuvo después de un minuto y gritó -Hey, Art, ven y recoge algo. ¡Hay suficiente para los dos!- Yo permanecía sentado en la cabina del camión.

Miré a Leo y moví el dedo hacia él, de un lado a otro, indicándole que -No-. Yo pensé -¡De ninguna manera! No necesito ir a un montón de basura por alguna cosa. Trabajo por dinero-. Leo regresó al camión con una caja de cable aislado.

Cuando Leo estaba atando la caja de cable aislado, de la compañía telefónica, a un lado del camión, dijo -¿Estás seguro que no quieres algo de cable? Hay mucho todavía allá.

-No, Leo, no quiero nada. No necesito eso.

-Hey, hombre, como quieras- dijo. Se metió al camión conmigo y nos alejamos.

Cuando terminamos de trabajar ese día me fui con Leo. Él me había dado un 'aventón' al trabajo -Hey Art, voy a detenerme en la compañía de metales por un minuto para entregar mi cable.

-Seguro Leo, no hay problema.- Cuando llegamos a la compañía de metales nos bajamos de su camioneta. Colocó su cable en una báscula. El tipo le dijo cuánto había pesado. Y luego agregó veintiséis dólares.

-¡Veintiséis!- Exclamé, sin creer que él pudiera recibir tanto por tan poca cantidad de cable.

Al siguiente día iba sólo, manejando y recogiendo las cajas recolectoras. Después de la tercera carga, Leo había entrado al tiradero. Había montones de basura alrededor del lugar y los tipos que operaban los grandes tractores estaban en su descanso del almuerzo. Leo vio mi camión estacionado cerca de los montones de basura, pero yo no estaba en ninguna parte del lugar. Detuvo su camión cerca del mío y no vio a nadie dentro de él. Abrió su puerta y se paró en el estribo. Miró alrededor y no me veía por ninguna parte. Pensando que quizás estaba herido en algún lugar, gritó tan fuerte como podía -¡Hey, Art! ¡Art!

Él vio mi cabeza aparecer repentinamente de un montón de desechos que provenían de la compañía telefónica. -¿Qué estás haciendo ahí? Sal de ese montón de basura- gritó riéndose, ya que el día anterior no había querido recoger nada de ahí. Al principio no le contesté a Leo; estaba yo trabajando muy rápido. En un minuto, más o menos, le grité -¡Consiguiendo dinero!- Este fue el día que comencé mi negocio en el reciclaje.

Trabajé para esta compañía por los siguientes diez años. Durante ese tiempo hice un poco de dinero al margen, comenzando con aluminio y cable telefónico. Mi hermano menor, Víctor, fue contratado también; por esa razón lo incluí en el reciclaje también. Era realmente divertido trabajar. Un día, alguien me dijo que las compañías a las que les prestábamos el servicio de recogerles sus desechos estaban tirando oro. ¡Es correcto! ¡ORO! -¿Por qué están tirando oro?- yo quería saber. El tipo dijo que las compañías de computadoras tenían tanto que no les importaba. Usaban oro en los circuitos de transmisión o en los chips. Todo lo que era rechazado lo tiraban en los contenedores que nosotros recogíamos. Me dijo que uno de los individuos con los que yo trabajaba, Gab, siempre vendía el suyo con los individuos del oro. -¿Individuos del oro? ¿Quiénes eran los individuos del oro?- yo quería saber. Había trabajado para esta compañía por unos años y nunca había escuchado de esto antes. Averigüé que los individuos del oro estaban en mi ruta. Eran pequeñas compañías y todo lo que ellos hacían era refinar el oro. Pasaba cerca de esos lugares todos los días en mi camino al trabajo.

Unos días después, recogí un contenedor de veinte metros con el camión. Mientras terminaba de colocar la lona para cubrir el contenedor, vi unos tableros de circuitos que parecían tener el mismo color del oro. Me preguntaba si podía ser oro. Yo no creía que lo fuera. Había muchos tableros. Ellos no podían tirar tantos. Me encaminé al tiradero. Lo que decidí hacer, fue tomar unos tableros de circuitos que transportaba en mi recipiente y llevarlos con el comprador de oro. Si no eran de oro, todo lo que podía hacer él, era reírse de mí y decirme qué buscar. Él también podía darme algunos buenos consejos.

Cuando llegué al tiradero, quité la lona y abrí las puertas de atrás. Parecía como si toneladas de tableros de circuitos cayeron, cuando abrí las puertas del contenedor. -No puede ser- pensé. Miré alrededor, había unas cajas en otra pila ahí cerca y las recojí. Eran cajas vacías de Budweiser. Agarré unos tableros de circuitos y los coloqué dentro de la caja. Cuando parecía que la caja estaba llena, los aplasté con el pie para que cupiéran más. Hice lo mismo con las otras cajas. Una vez que esto fue hecho, llevé las cajas, una encima de otra, al asiento del pasajero de mi camión. Regresé a terminar de tirar mi carga. Cuando la hube tirado, había muchos más tableros de circuitos que pensé que no podían ser. -¿Puede que no sea oro?- dije, mientras me quedaba ahí, rascándome la cabeza.-

Regresando por Lafayette Street miré las tres cajas de tableros de circuitos como si fueran sentadas a un lado de mí. Me preguntaba si debía llevarlas con el comprador de oro. Las cajas parecían desecho. Haciendo esto, yo podría quedar como un verdadero estúpido. ¡Qué diantres! Qué podía perder, al fin y al cabo ni siquiera conocía al comprador.

Manejé hasta la parte de atrás del edificio donde su tienda estaba localizada. Tenía una gran puerta que protegía la entrada Vi a un hombre que estaba dentro del edificio. El hombre miró hacia mi camión cuando iba a acomodarlo en el estacionamiento. Detuve el camión. El hombre salió a saludarme cuando abrí la puerta de la cabina y salté hacia abajo. El hombre se detuvo, me miró y dijo -Hey, pensé que eras Gab- Nuestros camiones lucían igual.

-¿Me trajiste algo de oro? Gab siempre me trae oro.

Tratando de actuar como si ya supiera de lo que me estaba hablando, le dije -Sí, tengo algo. Si tú me propones un buen negocio, te lo traigo a ti en vez de a otros compradores- Estaba tratando de que mi voz sonara como si yo estuviera acostumbrado a hacer esto todos los días.

-Déjame ver lo que tienes.

-Déjame sacarlo del camión.- dije, esperanzado de que no lo estuviera haciendo tan mal. Fui al lado del sillón del pasajero y abrí la puerta de la cabina. El individuo venía caminando detrás de mí. Me agaché para recoger las cajas. Cundo hice esto, observé su reacción. Entre más sorprendido mejor. Me incliné y dejé las cajas en el piso y miré sus ojos cuando las revisaba. Se inclinó y con las manos recogió algunos de arriba. Los levantó para mirar los tableros de circuitos en el fondo de la caja y dijo -Sí, es un buen material.- Yo estaba aliviado.

¿Pero qué tan buenos? El individuo se enderezó y se me quedó viéndo, mientras sacaba su billetera. Vi que estaba llena de billetes de $100.

-Sigue trayéndome material como este y yo te pagaré muy buen dinero, como le he pagado a Gab- dijo con una sonrisa, parecida a la de un gato que ha atrapado a un ratón. Sacó un billete de $100 y lo colocó en mi mano. Mantuve la compostura y actué como si esto ocurriera todos los días. Entonces él movió su mano a la otra, a la que sostenía la billetera. Sacó otro billete de a cien y lo puso en mi mano. ¡Y otro! ¡Luego otro! ¡En este momento, tuve el impulso de saltar y de gritar! No se detuvo. Sacó otros dos más, mientras me miraba y dijo -¿Está bien? ¿Estás de acuerdo?- Mantuve mi compostura todavía porque estaba pensando en la cantidad de tableros de circuito que había dejado en el basurero.

-Sí, eso está bien- le dije, en honor a la verdad.

-Tráeme de nuevo algo más. ¿Cuál es tu nombre, ya de paso?

-Mi nombre es Art y te traeré algo más- dije precipitadamente, pensando en todo el oro que había quedado en el tiradero.

-¿Cuándo crees que regresarás? Dijo, ansiando más oro.

-En unos veinte minutos.

-Bien- replicó.

Salté a mi camión y presioné con mi pie el pedal, llegándo hasta el piso. Esperaba que el tractor no hubiera enterrado la pila de tableros que yo había tirado. Nunca había ido al tiradero sin carga en el camión. Esta era la primera. Si mi jefe recibía un informe de esto, de seguro se enojaría. Por la cantidad de dinero que el oro producía no me importaba si él me regañaba.

Llegando al tiradero encontré que mi montón de tableros había desaparecido. Los tipos que operaban los tractores ya los habían empujado a una zanja y los habían sepultado. Estacioné mi camión donde tiré la carga de oro, miré alrededor del terreno y encontré solamente algunos pedazos de tableros de circuitos. Los recogí, los metí a una caja y regresé. Cuando llevé el recipiente de regreso a la compañía, vi los barriles que estaban listos para echarlos al contenedor; los toneles estaban llenos de tableros de circuitos. Todos los días encontraba oro u otros metales. Como dije, ¡Este era un lugar emocionante para trabajar!

Durante ese tiempo, la Ciudad de San José estaba comprando todas las casas cercanas al aeropuerto donde yo vivía. Muchos de los propietarios de las casas del área habían iniciado una clase de acción de reclamo por sus derechos. La ciudad me hizo una oferta por la casa de Emory Street. Yo sabía que si no tomaba lo que ellos me ofrecían, ellos tomarían la casa de todas maneras. El día que cerré el trato fui a la casa de mi madre. Ella no estaba esperando nada de la venta de la casa porque ella me la había regalado. Le dije que cuando recibiera el dinero de la venta le iba a dar la mitad. Esto la hizo felíz, pero a mí me hizo más felíz.

Tenía que mudarme y mi casa de pagos pequeños de impuestos de $65.64 llegaba a su fin. -Bueno, todos las cosas buenas llegan a su fin- pensé.

Un año después de que me mudé a mi nueva casa, mi matrimonio llegó a su fin. Duró ocho años y teníamos dos niños, Artie y Daniel. Las cosas fueron difíciles por un tiempo, ya que recibí la custodia de mis dos hijos.

Sin embargo, una muy buena cosa sucedió en Enero de 1979. Conocí a mi segunda esposa, Flora. Ella tenía tres hijos y yo tenía dos. Ahora no solo iba a criar a mis hijos, también lo haría con los de ella. Tito tenía diez cuando nos casamos, Gina tenía nueve y Elise tenía tres años. Mi hijo mayor Artie tenía nueve y Daniel tenía seis años de edad.

Entre las edades de Gina y Artie había semanas de diferencia. Algunas veces, la gente que no sabía que teníamos una familia de parentescos cruzados por nuestro nuevo matrimonio se preguntaban por qué Gina y Artie habían nacido con diferencia de unas semanas. Solían decirles en tono serio, -Bien, cuando Flora estaba en labor de parto, tuvo a Gina, los doctores no supieron que Artie estaba adentro de ella. Unas semanas más tarde la llevé de nuevo para que tuviera al otro niño.- Debo haber sonado convincente. Ellos solo me miraban, preguntándose si esto era en serio. Continué trabajando en esa compañía junto con mi hermano Víctor. Era muy divertido andar con él. Usualmente nos deteníamos todas las mañanas en un pequeño café en Agnews para desayunar. El lugar está lleno de la misma gente todos los días. Algunos trabajaban en la misma compañía que nosotros y otros trabajan por la ciudad de Santa clara. Combinábamos nuestro desayuno con nuestro almuerzo que traíamos de casa y nos quedábamos en el café por una hora. Durante ese tiempo nos divertíamos contando historias y bromeando.

Después de unos años, Víctor tuvo que dejar la compañía y se fue a vivir con su familia a Utah. Yo seguí trabajando ahí y lo consideraba un placer. Hacía negocios al mismo tiempo que hacía un buen trabajo para mi patrón. Más tarde, casi hubo una huelga entre la compañía y el sindicato. La compañía estaba teniendo una guerra con el sindicato y los trabajadores estaban trabajando sin un contrato. Uno de los choferes que estaba trabajando llegó tarde una mañana y fue despedido. Todos sabíamos que teníamos que ser cuidadosos. Alcanzó el punto en que el capataz no saludaba a los trabajadores.

En esta compañía había tres diferentes tipos de trabajo. Primero, un trabajador de camiones desmontables como mi trabajo. Había como cinco camiones desmontables. Segundo, los choferes de montacargas. Estos eran camiones con un gran trinche enfrente de ellos.

Ellos recogían pequeños contenedores, los levantaban y desocupaban los contenedores pequeños dentro del contenedor de atrás del camión. Cuando el contenedor del camión estaba lleno, ellos lo llevaban al tiradero. Había como seis o siete camiones montacarga. El último eran los camiones de basura, los cuales recogían basura de las casas. Teníamos como veinte camiones con tres individuos cada camión.

Capítulo Cuarenta y Dos

UNA NUEVA AVENTURA

Una tarde recibí una llamada de un amigo -Hey Art, ¿Te gustaría comprar un camión desmontable? Oí por ahí que hay uno de venta en Santa Rosa y escuché que es un buen negocio.- Luego me dijo todo acerca del camión. Tenía un motor nuevo con frenos, llantas, transmisión, todo nuevo. Me gustaba comprar y vender de todo. Él dijo que el tipo quería vender el camión con dos contenedores por $12,000. Yo podía venderlo de nuevo por $20,000.

-Sí, dame el número de teléfono del individuo. Si el negocio es como tú dices, probablemente lo compre.

Fui a Santa Rosa y miré el camión. Era exactamente como mi amigo lo había descrito. Traté de convencer al dueño para que le bajara un poco el precio, pero él no negociaba. Él sabía que estaba vendiendo un buen camión. Después de examinarlo me convencí que valía bien el dinero que pedían. Sabía que podía hacer buen negocio con él. Le pagué al tipo y manejé de regreso hasta San José. ¿Y qué iba hacer ahora con el camión? ¿Empezar mi propio negocio? ¿Venderlo y obtener buenas utilidades? Realmente no sabía.

Unos días después de que comprara el camión encontré a otro tipo que había sido despedido de la compañía por casi nada. No pensé que tuviera que preocuparme acerca de eso porque yo era un buen trabajador y me llevaba bien con todos, aún con los jefes. Muchos de los trabajadores que laboraban ahí eran alcohólicos y eran suspendidos en ocasiones por venir a trabajar borrachos. Me sentía orgulloso de mi trabajo y no estaba preocupado de que pudiera perderlo.

Un día me fui a trabajar y estacioné mi camión a la vuelta de la esquina de la compañía. Quería mostrarle a mis amigos lo que había comprado. Cuando regresé al patio al final del día me acerqué a la ventana donde nuestros choferes checaban sus notas por los viajes hechos. La oficina era una casa mobible muy amplia. La mujer que trabajaba en la oficina tenía el mismo tiempo trabajando que yo, diez años. Ella estaba sentada detrás de la ventana en su escritorio. Le di las notas y le di el reporte de los problemas que había encontrado, como siempre lo hacía. Me dirigí en dirección del lote de estacionamiento; el propietario de la compañía salió y me siguió.

-Hey, Art- gritó. Cuando me di la vuelta, lo vi moviendo la mano, llamándome para que regresara a la oficina.

Regresé y le pregunté -Hey, Rick ¿Cómo estás?- Le había hablado a él muchas veces y sentí que teníamos una buen relación de trabajo.

-¡Art, entiendo que quieres entrar al negocio!- dijo en una forma muy amable.

-¿Negocios ¿Quién te dijo eso?- le pregunté. Estaba sorprendido que él supiera ya que tenía un camión.

-Compraste un camión desmontable, ¿No es así?

Antes de que le contestara, me preguntaba quien le había dicho de mi compra. No tenía nada que esconder y no estaba haciendo nada ilegal; por lo tanto, le dije -Sí, compré un camión .

-¿Vas a entrarle al negocio en este pueblo?

Me estaba haciendo muchas preguntas. Yo repliqué -No sé que voy a hacer. Puede que me meta a los negocios; puede que lo venda. ¿Por qué? Quieres comprarlo?

-No, no quiero comprarlo. Pero si no lo vendes ¿Vas a meterte en los negocios en este pueblo?- Quería saber porque no le gustaba la competencia y era el único que tenía permiso de la ciudad para hacer negocios de éste tipo.

Rick se había vuelto muy persistente. Yo me preguntaba qué quería. Había trabajado para él los últimos diez años y conocía muy bien su forma de ser. Necesitaba tener mucho cuidado con lo que decía ó me iba a meter en algún tipo de problema.

-Art, espero que te vaya bien en tu nuevo negocio- dijo, con una agradable y calurosa expresión en su rostro. Cuando dijo esto, extendió su mano para estrechar la mía. Eso fue algo que nunca había hecho antes. Yo también extendí mi mano para estrechar la de él.

Mientras estrechábamos las manos, le dije -Realmente no sé si voy a meterme en los negocios, Rick. Puede que venda el camión ¿Quién sabe?- Parecía que él hombre había dejado de escucharme.

Cuando liberó mi mano, dijo -¡Felicitaciones, Art!- Se dio la vuelta y se alejó como si se hubiera sumido en profundas reflexiones. Yo me quedé ahí, sin saber que pensar.

Se había comportado de una manera muy agradable, yo me preguntaba -¿Por qué?-   ¿Qué iba a hacer con mi nuevo camión? ¿Empezar un nuevo negocio?- Sería bueno que me convirtiera en mi propio jefe. Todo lo que tenía que hacer era conseguir cinco recipientes recolectores y podría sostener a mi familia. Sentí que debía tratar. Podría dedicarme a trabajar para mí mismo, de este modo seguiría teniendo un trabajo fácil. Me fui pensando acerca del nuevo negocio, todo el camino a casa y me hacía a mi mismo unas preguntas ¿Podría hacerlo? ¿Conseguiría suficiente dinero ya que no tengo más porque gasté todo en el camión? Me preguntaba que tan duro sería ya que yo realmente no conocía mucho del negocio.

Estacioné el camión en la calle frente a mi casa. El fabricante era White (Blanco) y el color del camión era Blanco. Me metí a la casa y me pareció que había pasado mucho tiempo desde que lo había dejado en la calle. Cada ratito lo inspeccionaba desde la ventana de la cocina para estar seguro de que el camión estaba bien. Me sentía como niño con juguete nuevo. Realmente me parecía odioso tener que venderlo. Sería muy bueno conservarlo. Pero pensaba en mi empleo. Había ganado buen dinero y además tomaba en cuenta todo el dinero que había hecho al margen con los tableros de circuitos. De este modo me había acostumbrado a tomar agradables vacaciones. Siempre contaba con suficiente dinero para gastar con mi familia y para mí.

Al siguiente día me levanté y fui al trabajo como usualmente lo hacía, decidí llevar mi auto al trabajo y dejé el camión en la casa. Acarreé muchas cargas ese día. Cuando hacía un trabajo de calidad me iba a la casa sintiéndome bien conmigo mismo; este día era uno de esos días.

Durante el día, diferentes individuos del tiradero y del patio del estacionamiento me decían -Qué bién Art, compraste un camión nuevo. Vas a sacar al patrón del negocio- Parecía como si todo el mundo sabía que había comprado un camión, aunque solo se lo había dicho a poca gente. Algunos me felicitaban por comprarlo y otros me felicitaban por iniciar mi negocio. Sentía como que estaban orgullosos de que intentara esta nueva aventura. Aunque ellos ya asumían que iba a iniciar mi nuevo negocio, yo me encontraba en el punto en que no sabía que hacer.

Mike, uno de los otros choferes de camión desmontable, era un buen amigo. Cuando nos detuvimos a desayunar ese día, discutimos diferentes nombres que debía darle a mi negocio. Estábamos sentados en Agnews Café y él dijo -¿Qué te parece The Dumpster Company?, ¿A-1 Disposal? ó ¿Number 1 Disposal?- me dijo uno y luego el otro.

-¡Detente! ¡Detente, Mike! De los nombres que dijiste, el que más me gustó fue Number 1 Disposal (Desechos número uno), si empiezo un negocio ese es el que quiero.

Al final del día, llevé el camión de la compañía al patio donde los guardábamos. Lo estacioné cerca del estacionamiento del mecánico porque tenía una llanta desinflada. Las ponchaduras sucedían prácticamente todos los días, a causa de toda la chatarra por la que pasaban los camiones en el vertedero de desechos.

-Hey Pudgie, tengo una llanta desinflada atrás- dije, saltando desde la cabina.

-Art, ¿Compraste un camión, eh? ¿Vas a meterte al negocio?

-No se qué voy a ahcer, Pudgie.

-Tenía mis notas en la mano y me dirigía la ventana a entregarlas. Cundo me aproximé a la ventana, noté como si Jane, la mujer que había trabajado casi el mismo tiempo que yo en la compañía, diez años, estaba llorando. Tenía un pañuelo y se limpiaba los ojos.

Abrí la pequeña ventana y dije -Aquí están las notas de mi trabajo, Jane. ¿Qué te pasa? ¿Estás bien?

Ella levantó la vista, bajó el pañuelo y haciendo un esfuerzo, dijo -Debiste haberle mentido a él, Art. ¡Debiste haberle mentido!

Sin saber de que estaba hablando, le dije -¿Mentirle, a quién? ¿De qué estás hablando, Jane?

En este momento dejó de llorar y recogió una carta que estaba sobre el escritorio. Ella dijo -¡Debiste haberle mentido a Rick!- Mientras la veía, me preguntaba por qué estaba tan indispuesta. Nunca la había visto así antes.

-Jane, yo he trabajado contigo por diez años y ¡Tú sabes muy bien que no le miento a nadie!

Jane me miró y me dijo tristemente -¡Debiste haberle mentido y decirle que no tenías un camión! ¡Ahora yo tengo que darte esto!- Estiró el brazo y me dio un sobre blanco.

-¿Qué esto, Jane?- Pregunté, sin tener idea de lo que era. Mis pensamientos regresaron al tiempo cuando había manejéado por primera vez el camión de la compañía dentro del patio.

Vi a Rick salir de su oficina, subirse a su camioneta y alejarse manejando.

Alcancé el sobre. Jane comenzó a llorar de nuevo. Cerré la ventana y me di la vuelta, abriendo el sobre y preguntándome que contendría. En pocos pasos ya lo había abierto y había sacado una hoja que tenía el emblema de la compañía: "A quien concierna: Art Rodríguez está despedido, debido a que se ha colocado en directa competencia con esta compañía." Lo leí de nuevo pensando que podía haber un mal entendido. Esperé un minuto. Esto no podía estar correcto. Yo había estado trabajando ahí por diez años y nunca había tenido un mal reporte. Había trabajado ahí todos los días y había mantenido una buena relación con todos.

Regresé a la ventana y la abrí. Le pregunté a Jane -¿Qué quiere decir esto?- No podía creer todavía lo que había leído.

-Te lo dije. Debiste haberle mentido a él Art.- Sentí que mi cara se volvió roja, queriendo golpear al propietario. Recordé que él se había ido. Me retiré todavía sin creer que estaba despedido.

¿Despedido? Me pregunté a mí mismo en voz fuerte. Eso no sonaba bien. Yo había crecido y me había convertido en lo que era, trabajando para esta compañía ¿Despedido? ¿Qué le iba a decir a mi esposa cuando llegara a casa ¿Despedido? ¿Por qué? ¿Qué hice? ¿No era suficientemente bueno mi trabajo? No, mi trabajo era bueno. Tal vez era porque había hecho un trato por un camión que nada tenía que ver con mi trabajo. No debería sentirme mal. No había sido despedido a causa de mi trabajo; era porque deseaba mejorar.

¿Qué iba hacer ahora? ¿Iba a buscar otro trabajo manejando un camión por un tiempo? No, yo tenía un camión y dos recipientes contenedores. Podía también empezar mi propio negocio inmediatamente. Me dispuse a entrarle al negocio y Rick no iba a detenerme.

Yo no sabía que era lo primero que debía hacer para instalar mi propia compañía. ¿Con quien iba yo a colocar los contenedores? ¿Dónde iba a comprar más contenedores para mi negocio? Me había quedado sin dinero. Gasté el dinero en el camión y planeaba vivir con lo que ganaba en mi trabajo, vivir al día por un tiempo. Ahora ya no contaría con mi cheque de pago. ¿Qué iba hacer con el pago de la casa, el gas, el recibo de la luz y la comida? ¡Estaba en un verdadero aprieto!

Le dije a mi esposa Flora que estaba planeando iniciar mi propio negocio.

-Cualquier cosa que quieras hacer te ayudaré y haré todo lo que pueda para respaldarte- dijo. Flora aportaba su voluntad como respaldo y ofrecía su ayuda para manejar mi negocio.

A la siguiente tarde, después de que fui despedido, me llamó el propietario de una de las compañías recolectoras -Art, realmente me sentí mal cuando escuché lo que te sucedió. Lo supe esta mañana cuando vine a trabajar. Realmente lo siento, Art. Si hay algo que yo pueda hacer por ti solo déjame saberlo.- Este hombre era una buena persona. Cualquier persona que necesitara alguna clase de ayuda él siempre estaba ahí. A veces él ni siquiera conocía a la persona. Tan solo que supiera que alguien la estaba pasando mal, él estaba siempre listo para ayudar.

Pensé -Sí él está ofreciendo, yo podría preguntarle- por lo tanto le pregunté -Mira, yo he visto todos esos contenedores viejos que tienes abandonados. ¿Te gustaría venderme alguno?- Era difícil de encontrar contenedores usados. Todos los que estaban en el negocio los andaban buscando ansiosamente. Comprar un contenedor de veinte metros usado, costaba entre $1,000 y $1,500 dólares. En ese tiempo un contenedor nuevo de veinte metros costaba cerca de $2,300. Un contenedor nuevo de treinta metros costaba cerca de $2,500.

-Seguro, Art. Te venderé, ocho de ellos. ¿Cómo te suena eso?

-Me suena muy bien.

-Lo que quiero que hagas inmediatamente, Art, es pintarlos al color de tu empresa. No quiero que se parezcan a mis contenedores. Te los venderé por $100 cada uno y puedes pagarme después cuando tengas el dinero.

¡Qué hombre tan generoso! Los contenedores usados estaban en muy mala forma, pero solo necesitaban un poco de trabajo. Al siguiente día, fui con mi camión a recogerlos. Él hombre me había dicho que tenía que pintarlos en mi color. ¿Cuál iba a ser mi color? Las otras compañías tenían todos los diferentes colores. Yo quería uno que ninguna compañía usara.

Había visto azules, blancos, diferentes texturas de café y diferentes combinaciones de verde. ¡Negro! Nunca había visto alguno negro. Este iba a ser el color de mis contenedores. Eso era, se volvieron negros. Las esquinas y los rieles fueron pintados de amarillo.

Coloqué el primer contenedor a través de un amigo que sabía que alguien necesitaba uno. Nuestro amigo les dijo que yo tenía contenedores. Hice mi primera entrega cerca del Parque Alum Rock.

Aquí iba, manejando mi propio camión para entregar mi propio contenedor. Esto era algo que pensaba que nunca sucedería.

Llegué a casa con el primer dinero de mi primer recibo. Flora y yo nos sentamos en el sofá y nos miramos uno a otro; sabíamos que nuestro negocio había comenzado. A través de los años hemos conservado este primer recibo y a menudo, nos detenemos a admirarlo. Recordamos el primer día que iniciamos "NUMBER ONE DISPOSAL".

En la primera semana, después que fui despedido, llamé al sindicato. -¡Sí, ellos me despidieron por eso!- dije en un tono vengativo.

-No te preocupes Art, ellos no pueden hacer eso. Los atraparemos por esto. Esa no es una buena razón para despedirte. Voy a hacer una reunión con la compañía y veremos que podemos hacer- dijo el agente de negocios.

A la mañana siguiente, recibí una llamada de los representantes del sindicato -Art, ¿Puedes estar en la compañía en una hora? Tengo una reunión con ellos para hablar de tu trabajo.

-Seguro. Ahí estaré. -¿Qué, si él conseguía que me devolvieran el trabajo? ¿Seguiría con mis planes de instalar mi negocio? Tenía un camión, dos contenedores y otros ocho más. En tan poco tiempo realmente no sabía si quería mi trabajo de nuevo.

Entramos a las oficinas de la compañía. Jane y la otra muchacha que estaba ahí actuaron fríamente conmigo.

-Hola Jane, ¿Cómo estás?

-Estoy bien, gracias. ¿Y tú como estás?

Jane probablemente se sentía en una mala posición debido a las circunstancias. Probablemente ella quería hablarme, pero tenía que ser leal a la compañía. Si ella se mostraba realmente amable conmigo podría parecer como que si ella estaba de mi lado.

El supervisor nos mostró cómo llegar hasta una de las oficinas del fondo. Nunca había estado en esa oficina. Esta oficina era donde el propietario se mantenía el mayor tiempo posible. El cuarto era realmente lujoso con un escritorio de madera de roble. Los otros muebles que ocupaban el cuarto eran muy caros; el cuarto tenía una alfombra verde afelpada. El supervisor, quien caminó hasta el cuarto con nosotros, cerró la puerta y se sentó detrás del escritorio. El hombre del sindicato y yo nos sentamos en sillas enfrente del escritorio. No vi al propietario alrededor del local. Su camioneta no estaba por ahí.

El supervisor de la compañía inició -¿Qué puedo hacer por ustedes?- preguntó fríamente. La compañía y el sindicato se odiaban en ese tiempo. Habíamos escuchado que el sindicato había llamado a la Internal Revenue Service (Servicio Interno de Fiscalización) a la compañía. También habíamos oído que el sindicato había llamado a la Highway Patrol (Patrulla de Caminos) a la compañía y le habían dicho que la compañía tenía camiones inseguros. Los últimos dos días antes de que fuera despedido, había dos oficiales de caminos en el patio de la compañía checando los camiones; a causa de eso, el propietario estaba furioso.

-Bien- dijo el hombre del sindicato -¿Por qué fuíste despedido, Art?

El supervisor de la compañía, replicó con un mirada dura en su rostro -Está en la carta, ¿Qué no sabes leer?

El hombre del sindicato se enojó -¡Hey, ahora no tienes que pasarte de listo! Esto no es entre tú y yo. Es asunto de Art. Él tiene una familia que cuidar. ¿Por qué no le regresas su empleo?

-Él empezó su negocio y no podemos tenerlo trabajando contra nosotros- Este supervisor estaba jugando el juego del tipo duro. Yo realmente creía que él no quería hablar con nosotros y hablaba de modo tan seguro que yo creía que ni siquiera había pensando en la posibilidad de devolverme mi trabajo. El representante del sindicato se colocó detrás de mí, puso su mano en mi espalda y dijo -Dale su trabajo al pobre hombre, por favor.

No me gustaba esto, el representante rogando por mi empleo. Pensé que quería hablar con el supervisor de la compañía para hacerle que me recontratara porque ellos me habían despedido por una razón inadecuada. El supervisor no sabía que decir. Él nunca me miró. Yo había tenido buena relación con él en el paso y nunca tuvimos un problema. En ese momento yo ya sabía cuál era el problema exactamente. Él no podía darme mi trabajo de regreso aunque quisiera. Yo sabía que él tenía órdenes del propietario de no recontratarme a causa de su pleito con el sindicato.

Por tercera vez, el representante dijo -¡Por favor, dale al pobre tipo su trabajo de nuevo!

Yo tenía que levantarme. ¡No podía aguantar que rogara! Me levanté, sabiendo que este hombre tenía órdenes de Rick y él no iba a contratarme de nuevo. Esto no era a causa de mi trabajo o de mi camión. Era a causa de la guerra que estaba teniendo con el sindicato.

-Vámonos. Ellos no quieren regresarme mi empleo- dije con

orgullo.

El representante de la unión y el supervisor de la compañía comenzar una argumentación acerca de la razón por la que estábamos ahí y casi terminan dándose de puñetazos. Salimos de la oficina. Todos estaban en silencio, no hubo un 'adiós', ni tampoco 'te veo después' o un 'que te vaya bien'. Salimos al estacionamiento y nos paramos cerca de nuestros autos.

-Art, este es el primer paso. Ahora vamos a negociar. Ellos no se han dado cuenta de que te despidieron sin razón. No hay razón. Vamos a hacer una reunión con los abogados del sindicato.

-¿Los abogados del sindicato? ¿Crees que ellos puedan hacer que la compañía me recontrate?

-Bueno. Déjame hablar con ellos primero.- Cuando entramos en nuestros autos, le di las gracias. Él me repitió que contactaría a los abogados.

Conforme las semanas pasaron renté un pequeño lote, no muy lejos de donde vivía. Guardaba mi camión y mis contenedores ahí mientras corría a anunciarme en el periódico. El plan estaba funcionando, colocando mis contenedores con compañías y con gentes del vecindario que limpiaban sus patios. Las cosas estaban mejorando; y realmente no sabía si quería mi empleo de nuevo, aunque ellos me lo ofrecieran.

Un día recibí una llamada del sindicato, para informarme de una reunión que tendría yo con los abogados en San Francisco. Quedé sorprendido al darme cuenta que los agentes legales de la compañía y del sindicato estuvieran en edificios de alto-rango en el centro de San Francisco. El abogado me dijo que íbamos a tomar acción legal contra la compañía por una razón injustificada y que tendríamos nuestra primera audiencia de corte en un par de semanas. Ellos dijeron que ganar era casi seguro. Iban a conseguir que me regresaran mi trabajo con la paga completa y además dinero por daños.

Mientras tanto mi nuevo negocio estaba comenzando a despegar. Había adquirido algunos clientes que querían los servicios de mis contenedores regularmente. Estábamos consiguiendo nuevos contratos y algunos constructores nos estaban usando diariamente en sus edificaciones. Yo manejaba el camión, dejando y recogiendo los contenedores; y mi esposa haciendo el trabajo de oficina. Pero aún teníamos mucho que aprender en el asunto de regentar nuestro propio negocio.

Un día recibí una llamada de John, quien construía contenedores para diferentes compañías alrededor del área. Cuando trabajaba en la compañía de la que fui despedido encontraba viejos contenedores y viejos compactadores arrumbados que ya no se usaban más. De hecho, iba a todos los traspatios de los edificios para conseguir los contenedores; cuando descubría algún contenedor viejo, llamaba a John por teléfono. John iba a buscar a los propietarios de los contenedores viejos y les hacía una oferta por los deshechos de contenedores o de compactadores. Entonces, él los reacondicionaba para vendérselos a alguien más. Él me pagaba $200 por honorarios de buscador.

-Hola- Dije, contestando el teléfono.

-Art, estoy realmente apenado acerca de lo que te pasó.

-Si, John. Todo lo que hice fue comprar un camión y el tipo se volvió paranoico. Así que no me dio opción y tuve que comenzar mi propio negocio.

-Bueno. Eso es realmente bueno, Art. Tal vez esto es una bendición escondida.

-¿Quién sabe? Tal vez estés en lo correcto, John. Las cosas están mejor cada día. Estoy consiguiendo más trabajo.

-¿Art, necesitas algo? ¿Necesitas contenedores?

-Sí, necesito más, pero el problema es que no tengo dinero.

-¿Dinero? Art, tu palabra es como dinero en el banco. Dime cuántos contenedores necesitas y los construiré para ti. Te los entrego en seis semanas. ¿Necesitas cinco? ¿Diez? ¿Dime cuántos?

-¡Déjame pensar! Puedo usar diez. Tal vez cinco, de veinte metros y cinco de treinta metros.

-¡Los tienes! Y me puedes pagar en abonos. Mándame $1000 mensualmente. ¿Cómo te suena eso?

Esto no estaba mal. Si yo colocaba los contenedores en una semana, después de pagar los cargos por tirar los desechos podía hacer $1000 en una semana, ya que había dejado contenedores en un lugar, por una semana a la vez. Algunas veces, cuando estaba ocupado, los contenedores se movían todo el día.

-Seguro, John, eso me suena bien- respondí y le di las gracias.

¡Qué tipaso! ¡Realmente yo no lo conocía muy bien y él me estaba dando crédito por $20,000!

Recibí mis nuevos contenedores dentro de las seis semanas, como lo había ofrecido. Estaba en mi camino de 'seguir comenzando' mi negocio.

Durante ese tiempo, fui a la corte con los abogados del sindicato dos veces. Ellos me dijeron que iba a tomar como un año y medio ganar este caso. Ellos estaban casi en lo cierto, porque yo debía ganar ya que había sido despedido sin una causa justificada.

El pleito entre el sindicato y la compañía se había agudizado y aún así el sindicato no había conseguido que los hombres trabajaran bajo contrato.

Capítulo Cuarenta y Tres

El impacto

Una mañana lluviosa, tenía tres cargas que llevar al vertedero. El terreno que había rentado para guardar mis contenedores y el camión estaba en Towers Lane (El sendero de las torres). Estaba a una calle de Aborn y King Road. Cuando llegué, estacioné mi camioneta y fui a abrir la reja de entrada.

La cabina del camión que cubre el motor y a los pasajeros, tiene un aditamiento de cierre atomático que traba el mecanismo de la cabina cuando se cierra. Mi camión era un poco más viejo. En vez que fuera automático, tenía una cadena que supuestamente debía ser enganchada manualmente cuando la cabina era bajada al camión, para checar el aceite o el agua. A veces, cuando dejaba el patio de estacionamiento, oía el golpe y la sacudida y me daba cuenta que había olvidado enganchar la cabina con la cadena. Tenía que detenerme y asegurar la cabina. Cuando me daba cuenta, un sentimiento como de espanto me invadía. Si yo entraba a la carretera y la tapa no estaba cerrada y asegurada, la cabina podía desprenderse y levantarse. La cubierta podía golpear el suelo, conmigo atrás.

Una vez que abrí la entrada, jalé la cubierta de la cabina para checar el aceite y el agua del motor. Todo parecía perfecto esa mañana. Cuando chequé el compartimento de aceite, jalé la cubierta de la cabina y la bajé. Luego caminé alrededor del camión para checar las llantas. Era mi rutina regular de las mañanas. Después de hacerlo trepé dentro de la cabina del camión y estaba listo parta irme a trabajar esa mañana lluviosa.

Salí del pequeño terreno, puse mis limpiadores a trabajar y detuve el camión afuera de la entrada. Brinqué de la cabina para cerrar la entrada antes de irme. Avanzaba por el camino de terracería, muy despacio. Normalmente, cuando llegaba a Torres Lane, notaba si no había asegurado la cabina. Cuando llegué a la parte de atrás de Target Store (La Tienda El Blanco), vi que no habían autos esperando en donde estaba la señal de parada para entrar a Capitol Expressway. Me aproximé a la señal de parada. Si hacía una parada completa, entonces podía sentir la cabina balanceándose como si fuera a desprenderse. Algunas veces que sucedió que la cabina no había sido asegurada, me preguntaba cómo sentiría si la cabina se desprendía a gran velocidad en la calle. Sabía que si esto llegara a suceder tendría grandes problemas.

Permanecía en mi carril para tomar la autopista y coloqué mi pie sobre el pedal para agarrar velocidad. Iba viajando a treinta millas por hora, en la rampa para el freeway. En ese momento ya estaba lloviendo. En San José, tenemos luces de señalamiento en la entrada de las autopistas, como en muchas ciudades metropolitanas. Las luces de señales son para controlar el tráfico de los que entran.

El motor de diesel estaba agarrando velocidad para entrar a la autopista. De repente vi las luces de la señal en operación. Tres autos esperaban en línea para entrar a la vía. Quité mi pie del acelerador y apliqué un poco de freno. Cuando mi pie tocó el freno la cabina se movió. ¡No estaba bien cerrada! ¿Cómo pude olvidar hacer eso? Cuando el freno comenzó a accionar sobre las llantas, la cabina se levantó. Me sentí como si estuviera flotando en el aire. En ese momento me percaté que iba a tener problemas en los siguientes segundos.

Los autos estaban detenidos frente a la señal de la luz, como a cien metros de mi camión. Al instante, me di cuenta de que unos niños iban en el asiento de atrás del auto que estaba en el último lugar de la línea. ¡Tenía que pensar rápido! ¿Qué iba a hacer? Podía girar el volante y volcarme en la curva. ¿Qué sucedería si no podía detenerme en la curva y continuaba hacia el auto donde estaban los niños? Los autos estaban ahora a solo a quince metros enfrente de mi camión y yo me iba moviendo a más de treinta millas por hora. Aunque tratara de aplicar mis frenos poco a poco, no tendría tiempo de detener mi camión. La cabina podía volver a levantarse y perdería el control. La única cosa que podía hacer, era poner mi pie en el freno y mantenerlo presionado tan fuerte como pudiera hasta que el impulso se perdiera. En este momento ya no tenía tiempo de decidir si era buena o mala idea. Iba a experimentar un impacto en cuestión de segundos.

Mantuve el volante y la dirección de las llantas tan fuerte como podía. Con toda mi fuerza coloqué mi pie en el freno y ahí lo mantuve. Instantáneamente los frenos presionaron ¡Y la cabina me levantó hacia arriba y hacia fuera! Recuerdo haber visto el parabrisas frente a mí, cuando el volante se doblaba. Me mantenía adentro con toda mi fuerza. Entonces vi el pavimiento pasando enfrente del parabrisas. En este punto yo ya estaba casi al revés. ¡Mi cuerpo estaba siendo aplastado! Lo último que recuerdo es que seguía empujando con los dedos del pie el freno tratando de detener el camión antes de que yo saliera volando. No quería matar a los niños enfrente de mí. ¡Boom! Todo se volvió negro.

-¡EN UN CAJÓN! ¡Estoy en un cajón! Hay un cristal encima del lugar. ¿Es una cueva o un cajón? ¿Dónde estoy? No puedo recordar-hablaba, preguntándome indistintamente y obsecionado.

-¿Está usted bien? ¿Está usted lastimado?- una voz.

-¿Qué es eso? ¿Qué quiere usted?- pregunté.

Mi cabina estaba casi volcada y yo había estado noqueado e inconciente solo un segundo. Tenía sangre cubriendo mis manos y no sabía de donde estaba saliendo.

-¿Está usted bien ahí adentro?- alguien me hablaba.

Las ventanas de la cabina estaban mojadas y empañadas. Alguien estaba golpeando la ventana del lado del pasajero. Quien quiera que fuera tenía sus manos cerca de su cara, en la orilla de la ventana tratando de ver adentro de la cabina. -¿Está usted bien?- gritó.

-¿Dónde estoy? ¿Qué es ésto? ¿Qué pasó? ¿De dónde proviene toda esta sangre?

La cabina estaba moviéndose de lado a lado y alguien más estaba tratando de abrir la puerta del conductor.

Las otras personas continuaban gritándome desde el lado del pasajero -¿Está usted bien ahí adentro? ¿Puede oírme?- En unos segundos comencé a recuperar la memoria. Recordé que estaba en la cabina de mi camión rota en pedazos y el parabrisas desecho.

-¿Pero qué pasó?- No podía recordar.

Alguien abrió la puerta y me miró -¿Está usted bien? ¡Venga para afuera!- Sujetó mi brazo y me jaló. Cuando fui jalado afuera de la cabina, recordé donde estaba y lo que había pasado. Miré alrededor. Enfrente de mí estaba el auto con los niños. Estaba a sólo veinticinco centímetros enfrente de mi camión. Me sentí aliviado de que no había matado a los niños. Mi camión tenía buenos frenos.

-¡Pero mi pobre camión! ¡Mi único camión! ¿Qué iba a pasar con mi negocio ahora?- pensé.

En pocos minutos los bomberos llegaron. Antes de que llegaran, uno de los hombres que me ayudaron a salir del camión, me preguntó si estaba bien y me dio algo para ponerlo en mi cabeza, para detener el sangrado. Pregunté al hombre si podía hacer algo por mí.

-Seguro. Trataré de hacer todo lo que pueda- dijo, tratando socorrerme.

-¿Puede ir a Torres Lane?- le pregunté, apuntando hacia la calle.

-Verá usted una gran casa con un taller mecánico en un terreno. El nombre del mecánico es Manuel. Él es el tipo que trabaja en mi camión. Lo necesito a él para que me ayude a regresar el camión al terreno. ¿Cree usted que pueded ir y decirle eso por mí?

-No hay problema. Ahorita mismo voy para allá.

Nunca pude agradecerle a ese hombre.

La Patrulla de Caminos querían enganchar a la grúa a mi camión y querían que fuese llevado al hospital. No podía ir al hospital hasta que mi camión hubiera sido auxiliado. El mecánico llegó con sus herramientas y cables para jalarlo, jaló la cabina hacia un lado y arrastró el camión con la grúa, hasta el patio de su taller mecánico. Fui llevado entonces al hospital y tuvieron que darme quince puntadas en la frente.

En la escena del accidente, el daño parecía peor de lo que realmente había sido. El parabrisas tenía que ser reemplazado. Todas las líneas de aire y las conexiones fueron reconectadas; y el volante tuvo que ser devuelto a su posición original. Mi camión estaba listo para volver al camino. La cubierta de la cabina tenía un visera que era parte del camión. Cuando la parte de arriba golpeó el pavimento, la visera protegió el frente del camión y de no ser por esta visera, hubiera sufrido mucho más daño. ¡Mi negocio se había salvado! Sabía que tenía que comprar otro camión como respaldo en caso de que algo como esto sucediera de nuevo.

Un día, recibí una llamada del sindicato. Querían que fuera a San Francisco a hablar con los abogados del sindicato -Seguro, iré a verlos- les dije. Una vez ahí, fui llevado a una de las oficinas de los agentes legales.

-Art, queríamos reunirnos contigo y decirte lo que sucedió. El sindicato estableció con la compañía un convenio y ahora el sindicato está trabajando con un contrato. La compañía te está haciendo a ti una oferta. Ellos dicen que te regresarán tu empleo y te darán todo tu dinero por el tiempo que no has trabajado. Como sabes, son algunos meses, casi un año. Lo único que ellos piden es que acabes con tu negocio. Pensamos que es una buena oferta. ¿Qué dices?

Me senté ahí, en profundas meditaciones, pensando. -¿Por qué debería acabar con mi negocio? Ellos fueron los que me despidieron. De hecho yo inicié mi negocio cuando ellos me despidieron. No puedo hacer esto. Mi negocio va muy bien ahora-.

Miré al abogado y pregunté -¿Puedo pensarlo?- No estaba esperando esa oferta.

-Seguro. Toma tu tiempo. Si quieres tu empleo de nuevo, ahí estará esperándote.

Me quedé un momento esperando y luego me encaminé a la puerta. El abogado estrechó mi mano y dijo -Trata de llamarme en un par de días.

Al siguiente día decidí hablar a la oficina legal para preguntarle algunas cuestiones acerca de la oferta de la compañía. Cuando llamé la recepcionista dijo que el abogado estaba fuera de la oficina.

-¿Puede usted decirle que me hable cuando regrese?- pregunté, esperanzado en que hablaría con él más tarde.

-Seguro. ¿Cual es su nombre y su número de teléfono?

Esperé todo el día por su llamada pero no la recibí. Le llamé de nuevo al otro día y la recepcionista tomó mi nombre de nuevo. Al tercer día, llamé otra vez y la recpcionista dijo que el abogado estaba con un cliente.

-¿Está bien si le llama él cuando se desocupe?

-Seguro- dije, pensando que al menos estaba en la oficina ahora. Antes no había regresado mis llamadas.

El siguiente día llamé al sindicato y la recepcionista dijo que le daría mi mensaje al agente de negocios. -Probablemente le llame esta tarde- me dijo.

-No hay problema. Estaré esperando su llamada- dije. Nadie quería hablarme. Me preguntaba, por qué. Yo había oído que recientemente el sindicato estaba haciendo funcionar bien los asuntos con las oficinas de la compañía. Los asuntos siguieron igual por semanas. Si hablaba con el sindicato o con el abogado no obtenía respuesta porque o no estaban o no me devolvían mis llamadas.

Uno de los individuos con los que yo trabajaba en la compañía me dijo que el sindicto me había vendido. Ellos habían hecho un trato. Era yo la carta que el sindicato se había jugado para obtener un trato beneficioso en otras materias que el sindicato quería. Tres semanas más tarde, aún estaba yo tratando de llamar al sindicato y al abogado y no podía conseguirlos; no retornaban mis llamadas.

Vi a Mike, el individuo con el que trabajaba, unas semanas más tarde. Me dijo que habían tenido una reunión de sindicato. Ahí alguien preguntó por mí.

-¿Va a conseguir Art que le devuelvan su empleo?- preguntó uno de los individuos durante una seción de preguntas y respuestas que había tenido el sindicato.

-Art dijo que no quiere que consigamos su empleo de nuevo y él contrató a su propio abogado- contestó el representante del sindicato desde la plataforma.

-Hey, Mike, eso es una mentira. No tengo otro abogado- le dije.

Así es como estaban las cosas. Yo estaba trabajando para conseguir que mi negocio adelantara y no me preocupaba mucho mi empleo. Un tío de mi esposa, era un negociador para las compañías y estaba listo para retirarse durante ese tiempo. Un día vino de Fresno a visitarnos. Estaba listo para contratar a un abogado aquí en San José para demandar a la compañía y al sindicato; supe que podía demandar al sindicato por no representarme apropiadamente.

Le pregunté al tío de Flora -Hey, Tommy ¿Qué piensas de mi situación? Fui despedido por comprar mi camión. Todavía no había comenzado mi negocio y el tipo me despidió. Estoy pensando en demandar a la compañóa y al sindicato. ¡Qué debería hacer?

Me pidió que le contara toda la historia. Me senté y le di todos los detalles de las pláticas que había tenido con el sindicato y con los abogados.

Cuando terminé, me preguntó -¿Y cómo te está yendo en el negocio ahora?

-Tommy, mi negocio va bien. Tengo clientes formales que me llaman y pienso que voy a poder hacer un buen negocio.

-Bien, ¿Tienes $50,000?- preguntó, ya sabiendo la respuesta. -Porque eso es lo mínimo que te costará. El gasto puede ascender hasta $100,000 o más y no hay garantía de que vayas a ganar. Puede que gastes todo tu dinero en abogados y perder el caso. Y además tienes que pensar en que vas a pasar mucha angustia y preocupación los próximos años. No Art, Yo creo qe estás mejor así. Olvidate de la unión y de la compañia y pon tus esfuerzos en tu negocio- me dijo, levantando los brazos. Luego continuó -Puedes hacerlo sin todo eso. Tener un negocio, es suficiente ansiedad.

Él estaba en lo correcto acerca de eso. Este hombre maduro de seguro que tenía mucha sabiduría. Me d gusto haber tomado su consejo.

Capítulo Cuarenta y Cuatro

El ataque al corazon

El trabajo de mi padre consistía en vender suministros médicos a los doctores en pequeños pueblos de México. Era propietario de su negocio. Un día recibí una llamada de un doctor de un pequeño pueblo, Pénjamo, México.

Hablando en español, él dijo -*¿Es usted Arturo Rodríguez?*

-*Sí.*

-*Bueno. Le estoy llamando para decirle que su padre está aquí, ahora. Él acaba de tener un ataque al corazón. No está muy bien; se está poniendo muy grave. No sé si se vaya a recuperar*- dijo en una voz consoladora.

No podía imaginarme a mi padre muriéndose. Había estado dos meses antes de visita en San José, y se encontraba muy bien. La última vez que estuvo aquí, estaba orgulloso de mí y de mi negocio. Tenía muchas preguntas.

-M'ijo, ¿cuánto cobras por cada viaje de cada contenedor? ¿Y cómo le hiciste para conseguir el camión? ¿Lo compraste al contado? ¿Cuándo vas comprar otros?- Mi padre miraba el camión orgullosamente.

-No sé cuándo voy a comprar más camiones, Papá. ¿Te gustaría ir conmigo a recoger un contenedor al sitio donde lo dejé y luego acompañarme al vertedero?

-Sí- contestó con orgullo.

Cuando íbamos por la autopista sobre el gran camión, volteé y miré a mi padre, que iba en el asiento del pasajero. Iba regodeándose y su cabello era agitado por el viento. Él miraba al interior de la cabina. Ahí estaba, yendo conmigo al basurero donde una vez me había prohibido ir.

Capítulo Cuarenta y Cinco

El lugar prohibido

Tenía diez años. Mi amigo Philip, que era también vecino de la cuadra, vino a la puerta de atrás de la casa. -Hey, Phil ¿Qué quieres hacer hoy?- le pregunté cuando lo saludaba.

Philip y yo, pasábamos juntos el verano muy divertidos en el vecindario.

-Encontré cosas primorosas cuando fui al basurero con mi tío. Hay de todo ahí. Voy a ir de nuevo a conseguir buenos materiales. ¿Quieres ir conmigo?- me preguntó Phil emocionado.

-¿Qué tipo de materiales?- le pregunté al mismo tiempo que pensaba en lo que se podía encontrar en un basurero. Nunca había visto uno.

Mi madre tenía que hacer unos mandados y mi padre no llegaría a casa hasta más tarde. Eran las 10 a.m. -Sí, voy contigo- le dije, cuando salí de la casa.

A mis padres no les molestaba que anduviéramos con nuestros amigos, siempre y cuando estuviéramos en casa cuando mi padre llegaba y que hubiéramos pasado un poco de tiempo limpiando la maleza del patio.

Llegar al basurero era fácil. Estaba sobre Story Road del lado este de Senter. En ese tiempo el área era de carreteras rurales.

Llegando al basurero, mi olfato percibió un mal olor. Fuímos del lado contrario, para que ninguna persona pudiera decirnos nada. Caminamos a través del campo; no había cercas para mantener a los niños afuera. Vi montones y montones de basura.

-Hey, Art- gritó Phil. -Aquí ¡Mira lo que encontré!- Phil mantenía algo en alto. No podía discernir lo que era y lo que le emocionaba tanto. Me acerqué a Phil, vi el saco viejo de alguien en su mano. Parecía estar en buenas condiciones.

-¡Guau! ¡Luce nuevo!- dije, cuando me acerqué a examinarlo.

-Hay un montón de cosas aquí. ¡Mira!- dijo Phil, señalándome alrededor de donde estábamos parados.

Miré hacia abajo y no podía creer lo que veía; sábanas, utensilios de cocina, ropa y libros. Me agaché y recogí un gran reloj que parecía funcionar bien. -¡Mira esto!

-Yo sé; eso era lo que te decía acerca de este lugar. Está lleno de cosas como ésa;- dijo Philip como si hubiera descubierto oro. -Vamos. Consigamos cajas y guardemos algunas de estas cosas. Mi madre nunca sabrá que provienen del basurero- dijo, convencido de que estaba haciendo algo bueno.

Vi a Philip y pensé lo mismo. Luego me pregunté si mi padre sabría dónde había encontrado toda esta chatarra. Mi padre nunca aprobaría que yo estuviera en el basurero. Una vez mi madre quería ahorrar algo de dinero y fue con una amiga a comprar cosas de segunda mano. Cuando mi padre lo supo tuvo un gran enojo. Hizo que mi madre tirara todas las cosas que había comprado. Pensando lo que mi padre podría decir acerca de lo que estaba haciendo, un escalofrío recorrió mi espalda.

-Hey. Consigue unas cajas y comienza a poner las cosas en ella- dijo Philip.

Preocupado acerca de mi padre, contesté -Cualquier cosa que yo lleve a casa, voy a decirle a mi madre que tú me la diste. Les diré que tu tía te las dio y que tú me las regalaste. ¿De acuerdo?

-Seguro. Si ella me pregunta, eso es lo que les diré. ¡Apúrate! Recoge esos botes y las cacerolas. ¡Mira!- dijo, apuntando a otro montón. Vi una caja con una manta eléctrica y estaba en su caja original. Estaba casi nueva. Las mantas eléctricas eran algo muy especial, en esos días.

Una vez que tuvimos nuestras cajas llenas de baratijas, vino la parte más difícil. Me preguntaba cómo diantres le íbamos a hacer para acarrear todas estas cosas hasta la casa -¿Podemos llevar todo esto a casa, Phillip? No creo que sea muy fácil.

-Hey, será fácil, ¡En aventones!- dijo Philip, confiadamente.

Eso sonaba muy fácil. Pediríamos aventones. Lo hacíamos siempre que regresábamos del Parque de Alum Rock.

Llegar hasta la calle de Story Road era difícil. Tuvimos que hacer dos viajes para mover todas las baratijas hasta la carretera. Pensé que mi madre iba a estar realmente contenta con todas estas baratijas que había conseguido por nada.

Colocamos nuestras cajas en la carretera donde los grandes eucaliptos crecían, no muy lejos del Arroyo del Coyote (Coyote Creek). Nos paramos cerca de las cajas y colocamos el dedo gordo en posición, haciendo señales a los conductores. Estábamos ambos cubiertos de suciedad, a causa de que habíamos estado hurgando entre los montones y ensuciándonos. El primer auto se acercaba a gran velocidd hacia nosotros. Observé al conductor cuando pasó, ni siquiera nos vió. De seguro que no quería levantar a dos niños sucios que apenas habían dejado el basurero. El siguiente auto venía; coloqué mi mano en posición con el dedo gordo levantado, esperanzado en que se detendría. No quería que nadie que conociera a mi familia, me viera ahí. Si esto llegaba a saberlo mi padre... este pensamiento hizo que otro escalofrío recorriera mi espalda.

-Hey, ¿qué hora crees que es?- pregunté, pensando en mi padre.

-No lo sé. Alrededor de las tres yo creo.

Mi padre terminaría pronto su horario en la American Can Company, que estaba sobre la Quinta y Martha. Yo no sabía si vendría directo a casa por Story Road. Las únicas veces que hacía eso, era cuando paraba en el Bar de Ralph sobre Keyes Street, una continuación de Story Road. El bar de Ralph estaba a una cuadra de su trabajo.

-Espero que mi padre no venga por esta vía a casa- dije.

Phil me miró. Él no tenía este tipo de pensamientos. Él sentía pena por mí, sabiendo cuán estricto era mi padre. -Na, no pienso en eso. ¿No va a casa por San Antonio Street?

-Yo creo- dije, cuando el otro auto se aproximaba a nosotros. Ambos extendimos nuestras manos en posición y con el pulgar levantado cuando el auto se acercaba. El hombre en el asiento del conductor bajó la velocidad como si fuera a recogernos. Cuando se fijó en las cajas de basura cercanas a nuestras piernas, no se detuvo. Puso sus dedos arriba y los agitó como si estuviera diciendo -¡No, no, no, no!- También movió su cabeza en señal de disgusto al mismo tiempo.

Justo cuando pasó, otro auto se aproximaba. La primera cosa que vi, fue una cabeza a la distancia. Cuando venía más cerca, vi a al hombre levantarse de su asiento como si nos observara. Tal vez pensaba darnos un aventón, ya que en esos días la gente se detenía facilmente para dar un aventón a un par de muchachos. La siguiente cosa que atrapó mi atención fue el color del auto. Me parecía muy familiar. Escuché a Phil decir en un tono muy bajo -¡Oh, no!

Luego caí en la cuenta ¡El ceño fruncido de mi padre! Venía

manejando su Pontiac verde moviéndose muy rápido, cuando nos vió. Repentinamente se detuvo, expresando una mirada de disgusto y de lástima. Miré a Phil; tenía una expresión de mucha pena por haberme traído al basurero.

Mi padre se apeó del auto y vio alrededor si alguien estaba por ahí. Estuvo ahí mirando a mi caja -Arturo, ¿Qué es esto?

No sabía si saludarlo antes de contestar, ya que esto es lo que nos habían enseñado hacer. -¡Hola, Papá! Estos materiales son de Philip. Solo estaba ayudándole a llevarlos a casa.

Mi padre me vió, sin saber si debía creerme o no. Yo sabía muy bien que sería castigado cuando llegara a casa -¿Son tuyas estas cosas?- le preguntó a Phil.

Si mi padre le creía a él, pensé que tal vez no sería golpeado. Sabía que sería nalgueado solo por haber estado en el basurero. Luego razoné, de nuevo. Nunca se me había dicho que no debía ir al basurero.

-Sí, mi madre dijo que estaba bien si llevo algunas cosas a casa- mintió.

Mi padre abrió el maletero y no dijo nada más. A él no le gustaba hacer esto, de llevar toda esa basura en su auto, pero no iba a dejar solo a mi amigo Phil en la calle.

De camino a casa mi padre iba en silencio. Tuve intención de decir algo para facilitar las cosas y poner de mejor humor a mi padre. Phil no decía nada. Él sabía cómo era mi padre y que probablemente yo sería nalgueado cuando llegáramos a casa. Nos detuvimos en la casa de Phil en Virginia Place, para dejarlo ahí. Me bajé del auto y le ayudé con las cajas.

-Te daré tus materiales luego- dijo en un susurro y sin mirarme. Él no quería que mi padre me viera hablando con él.

-No. No quiero nada de eso. Consérvalos. ¡Si él descubre que son mías, me matará!- susurré.

Yo realmente hubiera preferido caminar el resto del camino a casa, ya que estaba solo a unas casas. Le dije a Philip adiós parado en la parte de atrás del auto, cerré la puerta y me fui con mi padre por la calle a nuestra casa. Cuando nos acercábamos a la banqueta de la casa, mi padre se volteó y me miró. Su expresión era de espanto y el entrecejo fruncido. Él dijo en una voz severa -¡No quiero que vayas nunca, nunca, ahí de nuevo! ¿Entiendes Arturo? ¡Nunca!

-No lo haré, Papá. Te prometo que no lo haré- dije, sintiendo temor de lo que pudiera hacer.

Luego con una risa sarcástica, dijo -Ja, ja, ja. Si sé que tú vas ahí de nuevo, Arturo, ¿Sabes lo que te sucedrá?

-Te compro ropa y todas las cosas que necesites. ¡Si alguna vez, vas ahí de nuevo, verás lo que te va a suceder, Arturo!

Y ahora, mi amado padre estaba muy orgulloso de tener a su hijo en el mismo tipo de negocio que una vez él le había prohibido entrar.

◆ ◆ ◆

Sin creerle al doctor, pregunté -¿Quién es usted? (en español)- pensé que alguien estaba jugando conmigo. Mi padre jugaba con nosotros a veces, haciéndonos sentir mal, diciéndonos que él estaba muy enfermo. Solía poner a alguien en el teléfono para confirmarlo. Solía hacer eso para que sus hijos le diéramos atención

-El doctor le está hablando.

-¿Está mi padre ahora con usted?- le pregunté, tratando de que el juego se terminara.

-Sí. Él está aquí. ¿Lo puede poner al teléfono? Quiero hablar con él- dije.

No sabía po que a mi padre le gustaba jugar así.

-Lo siento señor.

Nunca olvidaré las palabras que dijo luego -Pero tu papi está muy grave. No puede hablar.- Dijo el doctor, esto lo dijo en un tono muy triste que hacía parecer que la condición de mi padre no era muy buena. Cuando escuché esto, sabía que mi padre no estaba solo tratando de llamar mi atención.

-Señor Rodríguez. Me tengo que ir. Solo quería llamarle y dejarle saber la situación- Antes de que colgara anoté su número de teléfono. Una vez que colgué el teléfono, traté de llamar a mi hermana Tita y a mis otros hermanos, Eddie y Víctor. Eddie estaba en LA, en el funeral de un amigo. Tita estaba afuera, igual que Víctor. Estaba tratando de localizar a Eddie, llamando a diferentes números donde se suponía que debía estar. Para esta hora, pensé que era bueno llamar de nuevo al doctor y tratar de ponerme al día con los sucesos en México. No tenía más de media hora que el doctor me había llamado.

-Hola. Este es Art Rodríguez llamando desde California. Estoy llamando para saber cómo está mi padre- dije en español.

-Oh, señor Rodríguez, siento mucho lo que voy a decirle, pero su padre ha muerto.

¡Quedé en shock! En ese instante no podía creerlo. Tomó unos segundos para que pudiera sumergirme en mis sentimientos. Luego lloré y lloré y lloré. Como lo hicieron mis hermanos y mi hermana.

Habíamos crecido para amar a mi padre intensamente. No obstante que había sido duro con nosotros cuando éramos jóvenes, él era un buen hombre. Tenía un buen corazón. Tenía sus modos y creció de una manera muy dura -en el tradicional estilo mexicano.- Él creyó que esta era la única forma decente de criar a sus hijos.

Cuando me casé con Flora y antes de que conociera a mi padre, le dije a ella -Quiero que sepas esto antes de que conozcas a mi padre, encontrarás que él es diferente.

-¿Qué quieres decir con que es diferente?- preguntó ella, sin saber lo que yo quería decir.

-Lo verás después. Solo quise dejártelo saber.

Bien, más tarde, cuando ella lo conoció, me dijo -Ahora sé lo que querías decir.

Para ver mi álbum de fotografías: www.EastSideDreams.com

ORDER FORM

Give a person a Gift.

No. of Copies:

_____**East Side Dreams by Art Rodriguez.** (Inspirational Story About Growing Up.)
.... $12.95

_____**The Monkey Box by Art Rodriguez.** (Romantic Family Story.) $12.95

_____**Forgotten Memories by Art Rodriguez.** (Sequel to East Side Dreams.) . $12.95

_____**Sueños del Lado Este by Art Rodriguez.** (East Side Dreams in Spanish.) . $12.95

Shipping & handling, first copy $4.00 plus $1.00 for each additional copy.
Five books or more, Shipping & handling, NO CHARGE. *We are prompt about sending books out.*

If you are paying with a credit card, you may fax or send to address below.

❑ Visa ❑ MasterCard ❑ American Express ❑ Discover Card

Card Number _____

Expiration Date _____

Signature _____

Check No. _____

Make checks payable to **Dream House Press.**

Your Name _____

Street _____

City _____

State _____Zip _____

Phone (_____) _____

Send to:
Dream House Press
P. O. Box 13211
Coyote, CA 95013
Phone: (408) 274-4574
Fax: (408) 274-0786
www.EastSideDreams.com

Dream House